洛陽海青青詩歌奮戰十八年

—《牡丹園》詩刊與《大中原歌壇》作者作品編目

陳 福 成 著

文 學 叢 刊

文史哲出版社印行

國家圖書館出版品預行編目資料

洛陽海青青詩歌奮戰十八年：《牡丹園》詩刊與《大中原歌壇》作者作品編目 / 陳福成著
.-- 初版 -- 臺北市：文史哲,民 113.09
頁; 公分. --（文學叢刊；485）
ISBN 978-986-314-686-5（平裝）

1.中國文學史 2.詩歌 3.文藝評論

820.9108　　113014202

文學叢刊 485

洛陽海青青詩歌奮戰十八年

——《牡丹園》詩刊與《大中原歌壇》作者作品編目

著　者：陳　福　成
出版者：文史哲出版社
http:// www.lapen.com.tw
e-mail：lapentw@gmail.com
登記證字號：行政院新聞局版臺業字五三三七號
發行人：彭　正　雄
發行所：文史哲出版社
印刷者：文史哲出版社
臺北市羅斯福路一段七十二巷四號
郵政劃撥帳號：一六一八〇一七五
電話886-2-23511028・傳真886-2-23965656

定價新臺幣四二〇元

二〇二四年（民一一三）九月初版

ISBN 978-986-314-686-5　10485

自序　書編成旨趣

我以我洛陽的詩弟、賢弟海青青主持的《牡丹園》詩刊和《大中原歌壇》爲思索的對象，已出版了兩本書。分別是《海青青的天空》（二〇一五年）和《中國詩歌墾拓者海青青》（二〇二〇年）。

大約在《牡丹園》詩刊滿十週年時，當時有思索要編一本作者作品目錄，又想說十五年再編，又因手上的稿太多，又想說等二十週年一定做個編目。二十週年是很適合的時段，海青青定會擴大慶祝，我編一本「二十年作者作品目錄集」，也是二十週年慶的一部分。

奈何！人算不如天算！近兩年來身體出現一些狀況，讓我提高了警覺。雖說《牡丹園》二十週年要到二〇二六年，但天曉得，誰能走到二〇二六年，如此思考，我就決定讓本書在二〇二四年夏天完成。

未來如果身體可以，老天爺能夠垂憐，每隔二到三年，就增補一次。先以本書出版，遙祝未來的二十週年、賢弟海青青的詩歌大業勝利成功，嘉惠海內外的中國歌友詩友，感動每一個中國人！

順帶一述，本書作者所有著、編、譯、註等之出版品（見本書末目錄），都放棄個人所有權，贈為中華民族之文化公共財。任何出版單位均可不經作者同意，自由印行，廣為流傳，嘉惠代代炎黃子民，是吾至願。

台北公館蟾蜍山　萬盛草堂主人　**陳福成**　誌於

佛曆二五六七年　公元二〇二四年夏

洛陽海青青詩歌奮戰十八年

《牡丹園》詩刊與《大中原歌壇》作者作品編目

目次

第一篇

洛陽《牡丹園》詩刊十八年

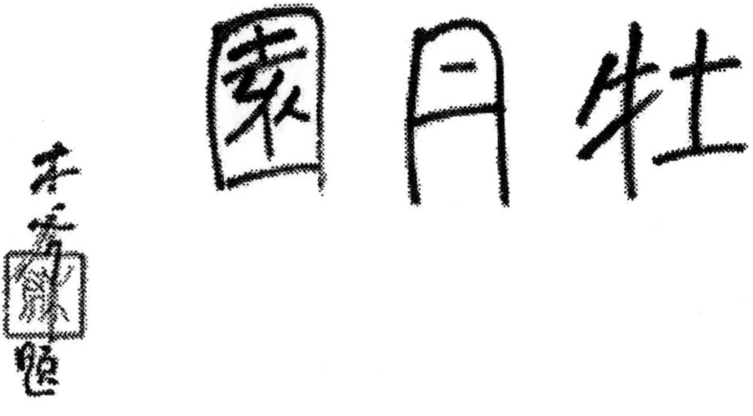

牡丹園
呂劍題

第一章　草創詩國大業前三年

總第一期（白神號，二〇〇六年八月）

蔣明英（四川），〈千手觀音〉、〈無字碑〉、〈惜別九月〉。

文曉村（台灣），〈夢回杜樓〉。

海青青（河南），〈這一刻，牡丹橋頭民工即事〉、〈街頭棄婦〉、〈擦鞋童工〉。

聖野（上海），〈想念木斧〉。

木斧（四川），〈遊湖〉、〈賈桂讀狀〉。

李明馨（四川），〈書〉。

阿赫瑪托娃（蘇聯），青衫（河南）推薦，〈夜光杯．祖國土〉。

呂進致木斧的信，〈《瞳仁與光線》隨想錄〉。

邙山詩客（河南），〈死亡之詩〉文章。

在第三版刊出木斧詩集《瞳仁與光線》出版。另，阿赫瑪托娃（1889——1966），是蘇聯女詩人，著有《黃昏集》、《白雲集》、《念珠集》等。

總第二期（八東獅子號，二〇〇六年十一月）

王爾碑（四川），〈百鳥圖〉八首：〈夢鳥〉、〈醉鳥〉、〈鷗鳥〉、〈孔雀〉、〈喜鵲〉、〈小鴉〉、〈貓頭鷹〉、〈相思鳥〉。

王學忠（河南），〈懷揣一腔愛〉、〈八十老翁孩子心：恭賀張繼樓老師81歲生日〉。

海青青（河南），〈我的另一種生涯青春〉有詩三首，〈江南雨〉、〈秋意〉、〈家三國〉。

錢春綺翻譯德國尼采作品，春衫（河南）推薦，〈人生〉。

邵雍（宋），〈春遊〉五首選一。

徐凝（唐），〈牡丹〉。

馬及時（四川），〈木斧依然鋒利：詩集《瞳仁與光線》〉，刊第三版全版文章。

邙山詩客，〈詩人，該退出歷史舞台了〉，刊第四版全版文章。

另，第一版有〈主編寄語〉，第二版刊有涂靜怡給海青青的信，還有海內外詩人作家的動態報導。

總第三期（白妙號，二〇〇七年二月）

涂靜怡（台灣），〈紫色的詩情〉三首，〈素描〉、〈燭語〉、〈日小語〉（部分）。

蔣明英（四川），〈遠離都市〉。

周道模（四川），〈年老的葵〉。

王玉樹（天津），〈致老詩人木斧：兼賀文學創作六十週年〉。

聖野（上海），〈水邊安家〉。

劉禹錫（唐），〈賞牡丹〉。

邵雍（宋），〈牡丹吟〉。

海青青（河南），〈洛浦之戀〉。

青衫（河南）推薦印度泰戈爾作品，〈最後的沉默〉。

邙山詩客（河南），〈新年賀卡〉文章。

在第一、三、四版，刊有余思牧致木斧的信，木斧、王學忠的來信片段。第三版刊有詩壇動態。

總第四期（牡丹花會號，第廿五屆，二〇〇七年四月）

尤素福．海青青（河南），〈美麗洛陽三部曲〉（歌詞、朗誦），〈美麗人間〉、〈美麗歌謠〉、〈美麗相約〉。

周道模（四川），〈時間〉、〈落葉〉。

蔣明英（四川），〈無名氏畫像〉、〈新年賀卡〉。

在二版的「夜光杯」，海青青推薦刊出女詩人小詩有：胡品清、顏艾琳、琹川、陽荷、葉紅、紀海珍、俞梅、古月、臧小雙、涂靜怡。

邙山詩客（河南），〈崩潰的詩壇〉文章（四版）。

在第一版有柳笛給海青青的信，第三版有王玉樹給海主編的信，有張繼樓給王學忠的信，有王爾碑給海青青的祝賀。另有詩刊、詩報、詩人等動態。

總第五期（八千代椿號，二〇〇七年六月）

柳笛（山東），〈人物與光芒〉兩首，〈焦裕祿〉、〈雷鋒〉。

柯愈勛（重慶），〈在敦煌寫下的小詩〉三首，〈敦煌〉、〈在駝背上〉、〈月牙泉〉。

袁劍秋（河南），〈酬師友對拙著《秋原夢痕》的點評〉。

陳署庭（山西），〈牡丹〉。

木斧（四川），〈魚・掌篇：答呂劍〉。（附：呂劍致木斧信三則及「秦二爺的黃驃馬」一圖）。

邙山詩客（河南），〈「新詩二〇〇七年讀者調查報告」大紀實〉。第三、四全版，由上海《詩迷報》、重慶《小詩原》和河南《牡丹園》合作的新詩意見調查。

在第一版另有姚欣則給海青青的信，論及〈死亡之詩〉和〈崩潰的詩壇〉兩文。另提到《小詩原》推「新詩中國風」和文曉村倡「中國健康」，就是中國新詩（現代詩）正確的發展道路。

總第六期（八千雲月號，二〇〇七年八月）

聖野（上海），〈不老的詩情〉八首，〈一抱〉、〈二爆米花〉、〈三飛來峰〉、〈四聚集〉、〈五入住〉、〈六相見〉、〈七一個人的房間〉、〈八梳〉。

黃亦波（江蘇），〈詩，永遠年輕〉。

金波，〈風兒的家〉、〈一朵花是一個家〉。

李作華（安徽），〈秋姑娘〉。

陳廣澧（上海），〈睡〉、〈春水〉、〈友誼〉、〈古琴〉、〈水井〉、〈童年〉、〈熱水瓶〉。

錢易安，〈插嘴〉。

閔陽，〈怕爸爸〉。

吳少山，〈躲貓貓〉。

陸琴，〈講笑話〉。（以上四家海青青推薦）

穆仁（重慶），〈河南三題〉，〈河南地圖〉、〈洛陽牡丹〉、〈龍門石窟〉。

凌江月（新加坡），〈牡丹花事〉。

邙山詩客（河南），〈「新詩二〇〇七年讀者調查報告」跟蹤報導〉。（第三版全版，有各方的反應意見和海青青的說明文章）。

尤素福・海青青（河南），〈海峽何時變平途：白楊書屋筆記之五〉。（第四版全版文章）

總第七期（白鶴臥雪號，二〇〇七年十一月）

麥芒（雲南），〈品讀漢字〉組詩，〈座〉、〈諧〉、〈筆〉、〈跌〉、〈大〉、〈貪〉、〈笠〉、〈體〉、〈昊〉、〈一〉、〈八〉、〈壘〉、〈品〉。

木斧（四川），〈拱手〉。

涂靜怡（台灣），〈一首詩〉、〈從容的心〉。

聖野（上海），〈燈〉。

姚欣則（河南），〈駝鈴悠悠〉。（寫給丁建設的《駝鈴集》）

劉章（河北），〈手印〉。

高野（陝西），〈「七十後」自述〉。
海青青（河南），〈小鎮日記〉二首，〈唱流行歌的打工仔〉、〈月下出攤〉。
魯守華（山東），〈根〉。
魯風，〈老樹〉。
陽荷（台灣），〈愛之物語〉三首，〈之二十九〉、〈之三十六〉、〈之四十〉。
海歌（河南），〈薰衣草〉。
尤素福．海青青（河南），〈木斧密碼〉。（第四版全版文章）
在第一版有上海新聲小組陳廣澧給海青青的信，第三版有涂靜怡、柳笛、曉曉給海青青的信，三版還有詩壇、洛陽文化活動報導。

總第八期（白牡丹號，二〇〇八年二月）

陳廣澧（上海），〈新聲〉組詩，〈淡紫〉、〈一樹芭蕉〉、〈秋〉、〈木魚滴露〉。
戴達，〈鼠年：二〇〇八〉。
吳少山，〈福娃〉。

凌江月（新加坡），〈等待愛情的亮光〉。

莫林（上海），〈念中〉、〈閒趣〉。

陽荷（台灣），〈愛之物語〉三首，〈之十三〉、〈之四十二〉、〈之四十九〉。

高野（陝西），〈讀你，有魚躍於淵之樂〉。（仿劉半農〈教我如何不想你〉）

海青青（河南），〈詩人影集〉四首，〈江南心：爲木斧先生的《江南》譜曲有感〉、〈江南〉、〈鼠年賀王（爾碑）老〉、〈小雨細細：致李小雨老師〉、〈給《秋水》的主人：再致靜怡姐〉。

林藍的詩（處女作兼新人新作），〈鉛筆〉、〈夢〉、〈下雪時〉、〈小喜鵲〉、〈難題〉、〈橡皮擦〉、〈心情〉、〈釘書機〉、〈小刺蝟〉、〈花蕾〉、〈淘氣的風〉、〈湖的畫〉。

高凱（甘肅），〈村小：生字課〉。

涂靜怡（台灣），〈有一種心情〉。

聖野（上海），〈風物長宜放眼量：與繼樓兄談兒歌〉。（第四版全版文章）

第三版「什錦牡丹」報導詩壇動態，二〇〇七年十一月四日、廿四日，海青青參加洛陽某藝術團體，到洛陽林業學院和河南科技大學演出，這兩場演出都是爲七歲病童

「小龍龍」的義演籌款。

總第九期（牡丹花會號，第廿六屆，二〇〇八年四月）

尤素福・海青青（河南），〈浪漫洛陽三部曲〉，一〈河洛人家〉、二〈中原明珠〉、三〈浪漫之都〉。

木斧（四川），〈山上雲〉。

李肇星（北京），〈「石頭城」塔什干〉。

劉章（河北），〈中國在風雪中啓程〉。

吳少山（浙江），〈新童謠〉三首，〈小草〉、〈銀杏葉〉、〈駱駝山〉。

麥芒（雲南），〈詩人速寫〉兩首，〈聖野〉、〈陳道謨〉。

成幼殊（北京），〈航天人的一百減一〉。

高野（陝西），〈陳酒樣的記憶〉。（爲台灣《門外》詩刊而作）

桑恒昌（山東），〈夜讀〉、〈化蝶〉、〈都在路上〉、〈鈕扣〉。

孫愚（上海），〈愛〉、〈微笑〉。

心笛（美國），〈聽昆曲〉。（青衫推薦）

聖野（上海），〈張揚人性的「人之子」〉。（讀孫愚的《我不再寂寞》）

邙山詩客（河南），〈三分鐘的舞台：走進河南科技大學演出散記〉。（第四版全版、第三版部分）

第三版的「什錦牡丹」，刊出台灣《葡萄園》詩刊創刊者文曉村，二〇〇七年十二月廿五日病逝。文老是我退伍後，最早認識的詩人，他是可敬的前輩詩人。

總第十期（汶川號，二〇〇八年六月）

「以詩人的名義」獻給5．12汶川大地震的同胞們：一〈敬禮，以生命的名義〉、二〈天使在人間〉、三〈跑向春天〉、四〈我們的手〉。（摘自《人民日報》二〇〇八年五月十七日、十八日、十九日、二十日）

陳廣澧（上海），〈致青青〉。

淩江月（新加坡），〈走過花季〉。

柳笛（山東），〈車輪下的吶喊〉、〈悼詩翁文曉村〉。

麥芒（雲南），〈此岸、彼岸〉。

藝辛（河南），〈二喬〉。

海青青（河南），〈汶川，中國二〇〇八年五月的表情〉組詩，一〈中國鐘擺〉、二〈我總惦記著你〉、三〈愛的雕像〉。

王玉樹（天津），〈面對新詩世界的獨家闡釋：細讀木斧《詩路跋涉》感言〉。（第四版半版多）

聖野（上海），〈眞話集：讀陳廣澧《拈花集》〉。

總第十一期（北京奧運號，二〇〇八年八月）

吳少山（浙江），〈兒童心・奧運情〉組詩，〈祥雲火炬〉、〈迎客〉、〈五個福娃福氣大〉、〈北京鳥巢金風飛〉、〈叔叔有顆中國心〉、〈媽媽的春天〉、〈老人山〉。

姚欣則（河南），〈孩子，別哭〉。

麥芒（雲南），〈讀書小集〉組詩，一〈木斧《詩路跋涉》〉、二〈莫林《風雨瀟瀟》〉、三〈陳廣灃《山鬼》〉、四〈李一痕《詩旅一痕》〉、五〈聖野《芝麻花開》〉。

海青青（河南），〈奧運・中國風〉組詩，一〈奧運福娃〉、二〈中國畫〉、三〈站在二〇〇八年八月八日這一天〉、四〈祥雲〉。

郁小龍（甘肅），〈拉在一起的小手〉。

聖野（上海），〈一個偉大民族的力量：爲《大愛頌》一書序〉。（第三版半版文章）

尤素福・海青青（河南），〈風雨情：「汶川大地震」賑災義演記〉。（第四版全版、第三版三分一版文章）

戚萬凱（重慶），〈文具〉。

第一版有涂靜怡給海青青的信，面對汶川大地震的傷亡，都有血濃於水的感傷。第三版「什錦牡丹」是詩壇動態，遵義綏陽縣舉行第二屆詩歌節，聖野出版了《大愛頌》詩集，海青青參加賑災義演。

海青青在〈風雨情〉一文，提到他們義演活動過程，演員被觀衆感動著，觀衆也被演員感動著。那時大家碰面最流行的一句話是，「你捐款沒？」我想，這就是我們中華民族偉大的地方。

總第十二期（白雪塔號，二〇〇八年十一月）

陽荷（台灣），〈茶樹的心事〉。

陳廣澧（上海），〈「新聲」〉詩兩首，〈一根扁擔兩頭挑〉、〈吳冠中畫《蘇醒》〉。

麥芒（雲南），〈望海樓遠眺〉、〈鳳凰山〉。

高野（陝西），〈一棵開花的樹〉組詩，一〈寫給涂靜怡及其《秋水》〉、二〈寫給《門外》詩刊〉。

張勵志（福建），〈大海一瞥〉、〈春〉。

海青青（河南），〈感動中國〉組詩，一〈你是一條魚〉、二〈射手〉。

孫毅（上海），〈聖野的詩〉。

呂進（重慶），〈國哀日〉。

馬忠（廣東），〈詩人評論家的詩學觀：簡談木斧先生的新著《詩路跋涉》〉。（第三版半版文章）

尤素福．海青青（河南），〈「讀書」現代進行時：白楊書屋筆記系列〉。（第

四版全版文章）

在第一版除了陽荷的詩作，另有陽荷給海青青的信。陽荷，《秋水》女詩人，二十年前筆者和她有兩面之緣，她年輕時先生早逝，她帶著兩個孩子一路成長，她的故事非常艱困而感人。她是可敬可佩的女性，如今應該已當「阿嬤」了。

總第十三期（白雁號，二〇〇九年二月）

穆仁（重慶），〈歲月集〉組詩，一〈老年的變化〉、二〈別到……〉、三〈蠟燭〉、四〈多夢的人長壽〉、五〈落葉〉、六〈茶館〉、七〈互聯網〉。

王爾碑（四川），〈小溪流的歌〉。

陳廣澧（上海），〈竹海〉。

姚欣則（河南），〈街談巷議〉三則，〈廣告〉、〈今日文壇〉、〈新貴族〉。

聖野（上海），〈生活〉兩首，〈卷心菜〉、〈小草〉。

吳少山（浙江），〈丁丁當〉。

海青青（河南），〈歌詞兩首〉，〈鑒湖之歌〉、〈雅魯藏布江〉。

白航（四川），〈《麥芒六行體詩一百首》讀後〉。（第三版半版文章）

尤素福．海青青（河南），〈世界不需要詩人：目睹詩壇之怪現狀之一〉。（第四版全版文章）

第一、二版，有穆仁和袁劍秋給海青青的信。第三版有張勵志給海青青的信。「什錦牡丹」是詩壇報導，有陳廣澧、木斧、李瑛、雷抒雁、洛夫等訊息，看來中國的詩歌活動，依然熱門！

總第十四期（牡丹花會號，第廿七屆，二〇〇九年四月）

尤素福．海青青（河南），〈牡丹三部曲〉，一〈三月看花〉、二〈牡丹妹妹〉、三〈盛世牡丹〉。

雁翼（四川），〈洛陽情歌〉。

陳廣澧（上海），〈牡丹園的牡丹〉、〈異草〉、〈蓮子〉。

杜永寧（四川），〈洛陽賞白牡丹〉。

聖野（上海），〈愛詩的朋友是一家〉。

蔣榮貴（上海），〈詩蛋蛋〉。

涂靜怡（台灣），〈歲末日記〉。

白莎，〈白莎詩存〉微型詩九首，〈石頭〉、〈枯樹〉、〈春望〉、〈籠鳥〉、〈蚯蚓〉、〈圓明園遺址〉、〈瓶花〉、〈葬歌〉、〈題木斧劇照〉。（青衫推薦）

聖野（上海），〈給尊敬的中國殘聯和上海殘聯的信〉。第三版四分之一版短文。

海青青（河南），〈牡丹放歌寄深情〉。（海青青給雁翼的信，第四版全版）

第三版有雁翼、麥芒給海青青的信。雁翼說，詩因音樂而興而起而飛，這是目前詩中最缺少的，《詩經》實際上是歌詞經，中國詩的特性也在這裡。

在第一、二版，袁劍秋給海青青的信。「什錦牡丹」報導聖野獲獎、威信辦《麥芒隨筆》出版座談會等。

總第十五期（白玉獅子號，二〇〇九年六月）

劉章（河北），〈藥簍歌〉。

聖野（上海），〈海寶的歌〉。

麥芒（雲南），〈一棵小樹〉。

高野（陝西），〈生之緣〉。

馬曠源（雲南），〈走進騰衝〉。

小西，〈固執〉。

張勵志（福建），〈鴛鴦〉。

吳少山（浙江），〈找歌謠〉四首，〈尋找金秋新歌謠〉、〈金色蝴蝶飛滿天〉、〈桂花樹〉、〈下雨了〉。

袁劍秋（河南），〈清明吟〉。

海青青（河南），〈超然台〉、〈四月遊洛城〉。

第三版有兩篇文章。一者是丁慨然拜讀《白莎詩存》。二是魯守華（上海），〈執著的尋夢人：慶賀聖野老師88歲米壽〉。

尤素福．海青青（河南），〈無法寄出的照片〉。（第四版全版、第三版少許）

第二版有木斧的《百丑圖》自序，原來木斧退休後曾學戲十八年，眞不簡單。現在他說要告別舞台了！

第二版尚有劉章和楊再生給海青青的信，提到著名已故詩人白莎先生的《白莎詩存》，已由大衆文藝出版社出版。這版也報導海青青，參加多場演唱會。

總第十六期（百花展翠號，二〇〇九年八月）

雁翼（四川），〈愛養育著詩〉三首，〈園林偶句〉、〈星期二記〉、〈八十二歲時〉。

傅家駒（上海），〈我的書桌〉。

陳廣澧（上海），〈上海之晨〉、〈寧靜的夜〉。

麥芒（雲南），〈寫詩的白莎〉。

聖野（上海），〈兒童詩集錦〉六首，〈寶石花〉、〈牽牛花行動〉、〈花籽兒〉、〈無息儲存〉、〈練嗓子〉、〈紙船〉。

吳少山（浙江），〈地球儀〉、〈中國地圖〉。

張勵志（福建），〈臘梅〉、〈胸圍〉。

郎鎮岳（四川），〈夕陽與朝日同輝〉兩首，〈螺絲釘〉、〈月夜〉。

海青青（河南），〈念春〉。

魯守華（上海），〈田地的「外婆家」〉。（第三版半版文章）

第三版有雁翼、傅家駒給海青青的信。「什錦牡丹」報導王學忠《地火》詩集出版，正好該集我寫過評論。針對王學忠十本詩集，我出版了論王學忠兩本書。

第四版是海青青給木老（木斧）的信，〈詩＋評論集＋詩報＝木斧現象〉。這時的木斧，年紀應該有八十了，仍在主編《星期二詩報》，真是可敬可佩！

第二章　從「崩潰的詩壇」矗立在風景中

總第十七期（碧海晴空號，二〇〇九年十一月）

白莎（山東），（不能忘卻的詩），一〈吹功：文壇奇觀之一〉、二〈送棺材〉、三〈傻帽〉、四〈讀詩〉。

聖野（上海），兒童詩三首，一〈禮物：寫給胡曉芳老師〉、二〈夢鄉的夢〉、三〈一滴眼淚一首詩：讀木斧《百丑圖》〉。

雁翼（四川），〈月裡神韻：遙寄台灣詩友涂靜怡〉。

陳廣澧（上海），〈新聲詩歌〉兩首，〈小溪浮蓮〉、〈寄遠方朋友〉。

郎鎮岳（四川），〈瀑布〉。

傅家駒（上海），〈金色中秋〉。

李德祥（四川），〈蝶戀花：國共長沙論壇〉。
張勵志（福建），微型詩兩首，〈春雨〉、〈懸崖〉。
麥芒（雲南），〈忘不了〉。
施夢瑩（上海實小），〈大樹高高〉。
姚晨暉（上海實小），〈瀑布〉。
吳少山（浙江），〈別愛妻〉組詩，〈永遠在一起〉、〈承諾〉、〈等奶奶〉、〈送愛妻〉。
聖野（上海），〈讀少山《別愛妻》〉。
姚欣則（河南），〈追夢者：讀魯松先生的《雲山蒼蒼》〉。
聶索（雲南），〈贈詩人、戲迷木斧兄〉。
陳榴（上海），〈趕鴨〉。
尤素福．海青青（河南），〈滲滲泉〉。
在第一版有涂靜怡給海青青的信，第四版有傅家駒給海青青的信。「什錦牡丹」是詩壇訊息，海青青多首歌曲、歌詞，榮獲全國性獎項。

總第十八期（冰壺獻玉號，二〇一〇年二月）

姚欣則（河南），〈回族詩人素描〉四首，〈木斧〉、〈趙之洵〉、〈馬瑞麟〉、〈馬鈺〉。

傅家駒（上海），詩兩首，〈金色的童年在哪裡：一個學齡孩子的困惑〉、〈人生〉。

麥芒（雲南），〈本是同根生〉。

聖野（上海），〈一家門〉。

吳少山（浙江），〈留住春天〉、〈等候〉。

高野（陝西），〈我們背棄了多少美好的記憶〉。

任小霞，〈落葉的歌〉。

袁劍秋（河南），〈頌胡公〉、〈老頭吟〉。

海青青（河南），〈朋友，一生陪你〉。

第三、四版有海青青追念詩人雁翼的一篇短文，〈詩永遠屬於您〉。雁翼病逝於二〇〇九年十月三日。第三版一個小方塊〈中國新詩詩歌流派概論〉。

第一版有魯松（台灣）給海青青的信，第四版有馬德俊致木斧的信，〈《百丑圖》的啓迪〉。

總第十九期（牡丹花會號，第廿八屆，二〇一〇年四月）

尤素福·海青青（河南），〈和諧洛陽三部曲〉，一〈河洛風〉、二〈牡丹花，洛陽女兒花〉、三〈美麗的洛陽，我的家〉。

魯松（台灣），〈神遊《牡丹園》詠牡丹〉賦詩兩首，〈其一〉、〈其二〉。

吳少山（浙江），詩兩首，〈生活，詩〉、〈托起紅紅的夏天〉。

高野（陝西），〈往事如雲堪回首〉。

陳廣澧（上海），新聲兩首，〈阿炳琴聲〉、〈二老友來訪〉。

馬瑞麟（雲南），〈又上月山〉。

劉寶法，〈花被子曬太陽〉、〈牆角〉。

麥芒（雲南），〈斷想〉。

琹涵（台灣），〈思念的盒子〉。

陽春，〈民間有好詩：讀李一痕主編的《當代抒情短詩千首》〉。第三版約四分之三版文章。

杜永寧（四川），〈我愛洛陽牡丹花〉。

在第一版有李一痕給海青青的信。

《牡丹園》詩刊，現在接受贊助。多年來，我以爲海青青出版著作，當成鼓舞和贊助的方法，如出版《海青青的天空》和《中國詩歌墾拓者海青青》，現再做這本《海青青詩歌奮戰18年》（編目）。海青青也需要更多現金，期待詩壇有更多贊助！

總第二十期（上海世博會號，二〇一〇年六月）

公劉（上海），〈上海夜歌〉。

木斧（四川），〈光明的平台〉。

蔣榮貴（上海），〈楊浦，中國國歌誕生的地方〉。

聖野（上海），〈寫給海青青〉、〈一個成語故事〉、〈朋友，你到過中國嗎〉、〈鳥語學校〉。

潘與慶（上海），〈陽光谷〉。

王森（上海），〈天下第一大舞台：世博短笛〉三首，〈天下第一大舞台〉、〈唱出和諧主旋律〉、〈它的美名叫世博〉。

張運來（上海），〈嘴巴就是活地圖〉。

馮杰（浙江），〈海寶〉。

張呈富（上海），〈百里浦江化美酒〉。

劉秉剛（上海），〈我吃香蕉你吃皮〉。

吳歡章（上海），〈彩虹〉。

海青青（河南），〈中國日記〉三首，〈海寶，世界的孩子〉、〈詩人的告白：爲上海世博會而作〉、〈雨之歌〉。

孟敦和（江蘇），〈上海敞開愛的懷抱〉、〈讓生活更美好：世博的歌〉。

李天靖（上海），〈上海「世博會」倒計時的眼睛〉。

陶祖德（江蘇），〈上海擁抱你〉。

毛益新（江蘇），〈我心飛翔〉。

王忠仁（浙江），〈石林禮讚〉。

吳航蓉（浙江），〈一個童話〉。

（以上兩位小詩人是，浙江東陽市橫店鎮後嶺山小學，六（一）班的小朋友，張海杰老師指導。）

湯昭智（上海），〈踏上通往明天的紅地毯〉。

第四版的「青龍臥墨池」，是詩人的隨筆雜文，有〈三代詩人，對話世博〉，張相婷、邙山詩客和聖野。

總第二二期（玉樹號，二〇一〇年八月）

麥芒（雲南），玉樹，不再遙遠的地方，〈爲玉樹祈禱：寫於玉樹「四・一四」大地震之際〉。

柳笛（山東），〈玉樹挺拔〉、〈永恆的倩影〉。

任建強，〈那個清晨：獻給玉樹災區的一首詩〉。

海青青（河南），中國日記組詩兩首，〈笑一笑〉、〈愛的距離，生命的線〉。

戚萬凱（重慶），〈相約美麗：歌唱上海世博會〉。

傳家駒（上海），〈世博園的花傘〉。

劉秉剛（上海），世博兒歌組詩，〈條條大路通世博〉、〈網上世博眞神奇〉、〈世界就在我的家〉。

青衫（河南），〈中國聲音〉。

聖野（上海），歌唱上海世博會兩首，〈中國館〉、〈軋鬧猛〉。

張呈富（上海），〈世博吟〉。

李世語（上海），〈文明遊園我做起〉。

紀學軍（上海），〈火花〉、〈曇花〉、〈瓜架〉。

吳少山（浙江），〈街燈〉。

傳家駒（上海），〈古宅〉。

孟敦和詞，段福培曲，〈上海敞開愛的懷抱〉

第四版「青龍臥墨池」，有邙山詩客，〈繆斯的尷尬〉。寫了現代詩所面臨的尷尬，其實就是大問題。

第三版的「什錦牡丹」，海青青的《夢裡不知身是客》詩集將出版，「中國童詩博物館」開館暨紀念艾青百年，傳家駒《耕耘集》已出版等詩壇訊息。

總第一二一期（冰心號，二〇一〇年十一月）

洛夫（台灣），〈獨唱〉、〈周莊舊事〉。
方素珍（台灣），〈不學寫字有害處〉。
柳笛（山東），〈菊〉。
凌江月（新加坡），〈生命裡的秋〉。
傅家駒（上海），〈靜靜地，你走了〉。
陳展（浙江金獅附小），〈給聖野爺爺〉。
木斧（四川），〈渴〉、〈筆花：給聶索〉。
馬德俊（四川），〈色倆木〉、〈在海瑞墓前〉、〈蟬鳴〉。
姚欣則（河南），〈扎白頭巾的媽媽〉、〈高原的太陽和月亮〉、〈屈原〉。
馬瑞麟（雲南），〈蓋碗盅〉、〈古爾邦節之夜〉。
海青青（河南），〈花兒〉、〈清真寺新月〉。

第二、三版是「當代詩壇回族詩人方陣」。原來木斧、馬德俊、姚欣則、馬瑞麟和海青青，都是回族，是我們中國五大民族之一。

聖野（上海），〈雨中寄給「江南雨神」海青青的信：《夢裡不知身是客》讀後〉。

第四版小短文。

第四版有馬德俊給海青青的信。另，推薦木斧的新書，《一百五十個詩人的畫像》，這是木斧的書信詩，其中不少老輩詩人作品我曾用心過，如冰心、巴金、臧克家、田間、牛漢等。

總第二三期（冰罩藍玉號，二〇一一年二月）

劉章（河北），〈古句新題〉組詩，〈一樹梨花細雨中〉、〈半池寒水欲鳴蛙〉、〈山光悅鳥性〉、〈九月寒砧催木葉〉。

木斧（四川），〈生命的家園〉。

鄔大爲（遼寧），〈草原的黃昏〉。

吉狄馬加（青海．彝族），〈回答〉。

列美平措（四川．藏族），〈生日〉。

娜夜（甘肅・滿族），〈美好的日子裡〉。
琹涵（台灣），〈寫給青春〉、〈寫詩〉。
張勵志（福建），〈愛情篇〉（一）（二）。
沈學印（黑龍江），〈空氣〉。
袁劍秋（河南），〈感悟〉。
何小竹（四川・苗族），〈二〇〇一年二月十四日，情人節〉。
劉秉剛（上海），〈小草〉、〈他給莊稼當保鏢〉。

第三版有傅家駒給海青青的一封信，信中有〈火花〉一詩，這是《夢裡不知身是客》詩集的讀後感。

第三版「夜光杯」有李幼容（北京），〈中國農家樂〉一詩，是青衫推薦，盛世中國的農家樂。

第四版「青龍臥墨池」，邙山詩客（河南），〈年末大戰〉。這版也刊出二〇一〇年九月五日，著名回族詩人馬德俊教授在京病逝。

第一版有李一痕給海青青的信。第三版也刊出上海詩人、《新聲詩歌》主編陳光澧，於二〇一〇年六月去世，其他有詩壇動態。

總第二四期（牡丹文化節號，第廿九屆，二〇一一年四月）

尤素福．海青青（河南），〈風流帝都三部曲〉，一〈唐三彩〉、二〈漿面條〉、三〈夢回隋唐〉。

梁上泉（重慶），〈登高歌欒山〉。

夏矛（浙江），〈燈〉、〈鏡子〉、〈雨〉。

高野（陝西），〈望星空：二〇一一新年祝詞〉。

傅家駒（上海），〈江南春〉、〈鄉戀〉。

凌江月（新加坡），〈城市邊緣的等待〉。

郁小龍（甘肅），〈兩千年的山〉、〈我在西頭．家在東頭〉。

劉秉剛（上海），〈我是台灣梅花鹿〉、〈歡迎台灣小天使〉。

第三版有魯松、許敏舒給海青青的信。同版有喇海青（青海），〈詩、土、石的聖地〉短文，詩壇書訊等。

宮璽，〈祖國〉。

徐文中（四川），〈後輪〉。

第四版有張大明（北京），〈關於《一百五十個詩人的畫像》的通信〉，他給木斧的一封信。

木斧書信詩每期一首，本期〈不訴苦：給傅天琳〉。

總第一二五期（初島號，二〇一一年六月）

琹涵（台灣），〈水深雲款款〉組詩，〈春茶〉、〈寄向遠方〉、〈寫給青春〉、〈迷路的雲〉、〈我的祝福〉、〈鄉愁〉。

楊秀麗（都江堰），〈重啟災後新生活〉。

徐文中（四川），〈今年，沒有冬〉。

雪浪（上海），〈上訪者言〉。

麥芒（雲南），微型詩兩首，〈面具〉、〈清明節〉。

海青青（河南），〈一個在廣島．一個在洛陽〉。

魯松（台灣），〈夢幻湖〉。

天楊（遼寧），〈致河洛青年詩人：《牡丹園》詩刊主編海青青〉，四段四十一行的長詩。

木斧書信詩，〈圖騰：給南永前（朝鮮族）〉。

第四版「青龍臥墨池」，毛闖宇（上海），〈一簇盛開的玫瑰花：品讀詩人傅家駒先生的愛情詩〉。

在第一版有涂靜怡給海青青的信，訴說當年辦《秋水》的辛苦，日夜拼命，到年紀漸老才發現多病，無奈才把《秋水》停了。（筆者註：秋水的發行人綠蒂（王吉隆），接辦《秋水》，至今都未停。嚴格說，是「涂靜怡的秋水時代停了」，「綠蒂的秋水時代開啓了」。只是換了主持人，詩刊則未停過，《秋水》詩刊仍在發行。）

第三版「什錦牡丹」，刊出多位詩人的詩集出版了。有：上海聖野的《聖野短詩自選集》、浙江夏矛的《營火燒起來了》、甘肅郁小龍的《花雨：郁小龍詩選》、台灣琹涵的《水深雲款款》、河南袁劍秋的《桑榆吟》。

總第二十六期（長壽紅號，二〇一一年八月）

聖野（上海），〈螞蟻〉。

楊秀麗（都江堰），〈靜湖〉。

凌江月（新加坡），〈一棵茶樹〉。

傅家駒（上海），〈落葉隨著河水漂流：追憶在剿匪戰鬥中失蹤的一位朋友〉。

沈泉（四．一班），〈風〉。

第二版、第三版部分，是「當代詩壇書信詩大觀」。

木斧（四川），〈祝福：給雪飛（台灣）〉。

雪飛（台灣．重慶），〈感謝的樂章：給木斧〉。

聖野（上海），致木斧兩首，〈神交緣〉、〈兩個「最」〉。（註：聖野是現代兒童詩人，出版童詩四十多本，現任《詩迷報》主編。）

伊尹（台灣），〈信箱：致涂靜怡主編〉。

許敏舒（上海），〈舞精靈：給海青青〉、〈今天是清明：致陳主編〉。這個陳主編是陳廣澧，上海著名詩人，現任《新聲詩歌》主編。

海青青（河南），〈藏族兄弟：讀列美平措詩有感〉。列美平措，當代藏族詩人，四川《貢嘎山》雜誌主編。

沈學印（黑龍江），〈有一種夢幻承載著眞誠和正義：青年詩人海青青《夢裡不知身是客》讀評〉。第四版全版、第三版半版。

總第二七期（彩繪號，二〇一一年十一月）

台客（台灣），〈南疆之旅〉組詩，〈黃昏的蘇巴什佛寺〉、〈咏天山神木園〉、〈戴上了回帽〉、〈向您致敬，玉素甫〉。台客，本名廖振卿。兩岸著名現代詩人，欲知其一輩子的文學生命概況，可詳看拙著《明朗健康中國：台客現代詩賞析》（台北：文史哲出版社，二〇一二年九月）。

第二、三版，是「當代詩壇童詩詩人世界」。

聖野，〈郵票鳥〉、〈爤〉、〈給雪野〉、〈我愛青春詩〉、〈寫寄海青青〉。

李幼容（山東），〈少年，少年，祖國的春天〉、〈馬背小學〉。李幼容是詩人、詞作家、兒童音樂工作者。

任小霞，〈刷一刷〉、〈聲音〉、〈愛唱歌的小鳥〉。任小霞，小學老師，童話童詩散見台灣《國語日報》、《寶葫蘆》等。

方素珍（台灣），〈溫習〉、〈你和我〉。
韋婭（香港），〈會飛的葉子〉、〈我的家在香港〉。
杰克．普瑞魯斯基（美國），〈高興鼻子長在了你臉上〉、〈大過一聲霹靂〉。他是現代兒童詩詩人。
安德魯．富塞克（英國），〈媽媽〉、〈爸爸〉。他是現代英國兒童詩詩人，著有詩集多部。
劉章（河北），〈泥人〉。
沈學印（黑龍江），〈假日槳歌〉。
木斧書信詩，〈花落的聲音：給邵燕祥〉。
在第一版有李幼容給海青青的信。在第四版，有魯守華、夏矛給海青青的信。在夏矛的信中，提到《秋水》要停刊了。（秋水沒有停刊，前註已說明）

總第一一八期（彩霞號，二〇〇二年一月）

南永前（吉林），圖騰詩兩首，〈白天鵝〉、〈雨〉。南永前是朝鮮族詩人，中國少數民族之一。

聖野（上海），〈春天是一隻啄木鳥〉。

傅家駒（上海），〈兩棵美麗的白樺樹〉。

淩江月（新加坡），〈尋找菩提樹〉。

魯守華（上海），〈老樹〉。

王亮庭（江蘇），〈默寫〉、〈螢火〉。

于于（江蘇），〈路標〉、〈蟈蟈〉。

海青青（河南），〈南海藍〉。

〈台客篇〉，〈堅持〉、〈花蓮斷章〉。

〈張默篇〉，〈水汪汪的晚霞〉、〈獨白、獨白〉。

〈琹涵篇〉，〈關於愛情〉、〈在春日窗前〉。

〈陳福成篇〉，〈作家〉、〈春天〉、〈油桐花夢〉。

山山，〈春天的瀑布：寫給聖野公公〉。

木斧書信詩，〈夢回康定城：給列美平措〉。

黃長江（北京），〈一座老城的復活〉（讀劉輝京味兒散文集《老北京那些事兒》）。

第四版三分一版文章。

第四版「詩的相聚、詩的歡宴」，刊出二〇一一年九月九日，台客、吳信義夫婦、吳元俊、華陽居士和筆者，到大陸旅遊（鄭州、山西）。在鄭州的一個晚上，與河南詩人萍子、孟彩虹、海青青在一家茶館相聚。這是筆者和海青青詩緣的開始，至今十多年了！

這次大陸之行回來後，出版了《金秋六人行：鄭州山西之旅》一書，二〇一二年三月，由台北文史哲出版社發行，厚達五百多頁的精彩內容。

在第四版「詩訊」，也報導了拙著《八方風雲・性情世界》詩集出版，二〇一〇年六月，台北秀威出版，同時報導筆者創作領域和風格。

總第二九期（牡丹文化節號，第三十屆，二〇二二年四月）

尤素福・海青青（河南），〈新河南三部曲〉，一〈大河南〉、二〈新編花籃〉、三〈黃河之南〉。

木斧，〈牡丹的遠親：給海青青〉。附：海青青（河南），〈詩巢：給木斧先生〉。

傅家駒（上海），〈東風柔．春如酒〉、〈又是紫藤花開的時節：賀《紫藤》創刊號出版〉。

聖野（上海），〈《牡丹園》花開驚天下：寄《牡丹園》詩刊主人海青青〉、〈春滿人間〉。

劉希濤，唱給早春的情歌兩首，〈感受早春〉、〈濃眉，在姑娘窗前閃過〉。劉希濤，詩人、音樂文學家，著有《生活的笑容》等十二部詩集。

馬瑞麟，〈牡丹〉、〈牡丹園〉、〈致洛陽：兼贈海青青〉。馬瑞麟，雲南回族，著有詩集《雲嶺短笛》等。

程奇（河南），〈雪花迎春〉。他是河南孟津人，現任洛陽晚報主任。（孟津，三千多年前，姜太公在此開酒館賣扁食過日子，有說賣便當。）

天楊（遼寧），〈贈海青青：讀《牡丹園》和《夢裡不知身是客》有感〉。他本名楊慶功，已發表作品有三百多首。

趙均錘，愛情變奏曲兩首，〈決訣〉、〈相思淚〉。陝西省作協會員，現爲新《新國風》責任編輯。

邙山詩客（海青青），〈我和牡丹有一個約定〉。

木斧書信詩，〈不老的歌：給青江〉。

劉秉剛（上海），兒歌兩首，〈彩虹姐姐織布了〉、〈自己的道路自己闖〉。

林藍（湖北），兒歌八首，〈春風娃娃〉、〈種子〉、〈花蕾〉、〈比唱歌〉、〈迎客〉、〈花項鍊〉、〈小皮球〉、〈戴手套〉。

在第一版有劉秉剛給海青青的信。

第四版「什錦牡丹」，洛陽「頌春詩歌朗誦會」暨元宵詩會，於二〇一二年二月五日下午，在洛陽新區瓦庫茶館舉行，洛陽文壇名家熱情參與，海青青在節目中演唱了回族歌曲〈下四川〉。

總第三十期（曹州紅號，二〇一二年六月）

吉狄馬加（青海），藍色的星球兩首，〈水和生命的發現〉、〈玫瑰祖母〉。吉狄馬加，彝族，四川涼山人。現代著名詩人，代表作有《鷹翅和太陽》，作品被譯成英、法、德等多國文字。

馬瑞麟（雲南），高原牧歌兩首，〈高原人〉、〈高原上〉。

夏矛（浙江），〈你是一條快樂的魚：致海青青〉。

台客（台灣），〈寒冬裡的一股暖流：讚丁祖伋先生的「彩巾背母就醫」孝行〉、〈二十二世紀〉。

海青青（河南），〈年輕的利比亞母親：《世界日記》系列〉。二〇一一年三月廿四日，邪惡美帝組西方聯軍，非法侵略利比亞，造成百餘平民喪生。

于于（江蘇），〈太陽花〉。

聖野（上海），童詩兩首，〈水仙娃娃〉、〈屋頂上的花草〉。

劉秉剛（上海），兒歌四首，〈一路歡笑一路歌〉、〈假日不開私家車〉、〈小雨點〉、〈小鴨子、大腳丫〉。

高山（河南），〈羨慕〉。

林藍（湖北），兒歌三首，〈藤〉、〈彩虹〉、〈傻青蛙〉。

王艷萍（河南），〈我給姥姥洗洗腳〉。

木斧書信詩，〈旋轉：給孫友田〉。

在第三版的〈主編寄語〉，迎來《牡丹園》六週年，以「國色滿園・詩香五洲」紀念之。從本期開始以新欄目「雪燈籠」，發表當代童詩爲主。

第四版「國色滿園．詩香五洲」，《牡丹園》詩刊六週年（總三十期）紀念特輯，有木斧〈祝福〉一文，有詩壇各家讚頌，有六年來重要紀事。

在第一版有馬瑞麟給海青青的信，提到「支持你寫詩的妻子賈改玲也很可敬」。確實，若老婆天天反對，男人便什麼也幹不成，只好去跳太平洋。

第三版詩訊，刊出木斧詩集《點燃艾青的火把》一書出版了，由北京大學教授孫玉石作序，天馬出版有限公司出版。

第三章　「國色滿園．詩香五洲」向前行

總第三一期（長壽號，二〇二二年八月）

聖野（上海），〈寄希望於《海派文化》〉。註：二〇二二年四月，有《海派文化》編輯部同仁來訪。

凌江月（新加坡），〈束縛〉。

林岸松（汶萊），〈長屋聽雨〉（一）。

周子善（馬來西亞），〈秋情漫訴〉（三）。

王亮庭（江蘇），〈沉默的女人〉、〈鳥巢〉。

杜文輝（甘肅），溫暖或者零亂三首，〈慢慢的下午〉、〈蘇州．紫砂壺〉、〈我不願買珍珠〉。

第二、三版，是當代詩壇上海金秋詩人方陣。

傅家駒，〈荷葉水珠〉。

莫林，蘇幕遮三首，〈品讀毛闖宇《心田笛聲》〉、〈品讀劉桂荃《螢之光》〉、〈品讀傅家駒《薔薇深處人家》〉

顧振儀，〈詩說〉、〈花祭〉、〈茶魂〉、〈籠鳥：觀電視節目小鳥表演說人話有感〉。

雪浪，〈頭面人物〉、〈伊伊入園難〉。

徐松坤，〈地溝油〉、〈蟑螂像貪官〉、〈荒唐怪事世無雙〉。

雁客，〈七律．壬辰淞滬伏暑〉。

第三版的「鏈接」（一）（二），提到二十年前，上海市委書記夏征農等退休幹部，成立了《金秋文學社》。現任社長兼主編傅家駒，已由文匯出版社出版三本新著，詩集《兩顆美麗的白樺樹》、文集《薔薇深處人家》（上、下兩部）。

常務顧問、詩人莫林，《風雨瀟瀟系列》三卷，也由文匯出版社出版。散文集《青山有路》，詞選集《還我梅魂》、詩選集《韻海輕舟》。

「鏈接」（三）是海青青三首祝賀詩：〈金秋詩章〉（《牡丹園》詩刊賀《金秋文

學社》成立二十週年）。

〈金秋色的夢〉（《牡丹園》詩刊賀《金秋文學社》成立二十週年兼贈主編、詩人傅家駒先生）。

〈風雨瀟瀟〉（收到莫林先生新著《風雨瀟瀟系列》有感）。光看海青青介紹就很精彩，難以獲得！

第四版是「珠光墨河」和「墨灑金」。

木斧書信詩，〈鹿之謠：給安旗〉。

王艷萍（河南），〈上網寫信眞方便〉。

天楊（遼寧），〈春日偶得〉。

林藍（湖北），兒歌兩首，〈影子〉、〈瓢蟲〉。

在第四版尚有聖野的信（短文），〈喜賀《牡丹園》六週歲〉。另有傅家駒給海青青的信。

總第三一期（釣魚島號，二〇一二年十一月）

本期是「釣魚島」專刊，分大陸篇、台灣篇、香港篇、海外篇。以下不分海內外，都是華語詩人的聲音。〈釣魚島，我們來了！〉

聖野（上海），〈海峽兩岸齊聲討〉。

木斧（四川），〈海浪〉。

吳開晉（北京），〈釣魚島，母親在呼喚你〉。

龍郁（四川），〈抗日新篇〉（組詩），〈戰爭，迫在眉睫〉、〈九・一八的警報〉。

毛翰（福建），〈釣魚島之歌〉。

陳躍軍（西藏），〈釣魚島，你等著我〉。

王壟（江蘇），〈釣魚島〉、〈點擊釣魚島〉。

桂漢標（廣東），〈e時代的驚嘆號〉。

王森（上海），〈釣魚島，我媽媽〉。

劍熔（陝西），〈釣魚島〉。

幽蘭（河北），〈釣魚島，我的姐姐〉。

周俞林（湖南），〈釣魚島，中國地〉。

向胤道（四川），〈怒火釣魚島〉。

孟憲華（天津），〈寫給釣魚島〉。

李長空（四川），〈願獻頭顱捍太平〉、〈釣魚島，兄弟接你回家〉。

蔡寧（江蘇），〈釣魚島，回歸我的體內〉。

喬軍豫（重慶），〈日本，請收斂些〉。

郭立河（山東），〈玩火：致日本首相野田佳彥〉。

葉謙，〈海島雲詭〉（一）（二）（三）。

宋光鑫（四川），〈景仰英雄〉（一）（二）（三）。

海青青（河南），〈釣魚島曲〉兩部，〈媽媽的釣魚島〉（〈釣魚島曲〉之上部）、〈媽媽，我要回家〉（〈釣魚島曲〉之下部）。

天楊（遼寧），〈怒斥日本政府欲占釣魚島〉。

卞業林（上海），〈步韻奉和邢烈吟長保釣〉。

張鐵蘇（上海），〈找島〉。

雪浪（上海），〈奉勸東鄰〉。
湯敏（上海），〈釣魚島是中國的〉。
畢明藻（四川），〈滿江紅・鬼子買賣我釣魚島〉。
高揚（上海），〈反制〉。
楊章池（湖北），〈住手，這是我的姊妹〉。
戴俊馬（吉林某砲兵團戰士），〈釣魚島，我知道你是中國的〉。
李長空（四川），〈中國釣魚島賦〉。
薛羚（上海），〈保釣〉。
郭貴勒（安徽），〈祖傳的珍珠〉。
台客（台灣），〈歷史終會記住這一刻〉。
胡爾泰（台灣），〈讓我們釣魚去〉。
曾偉強（香港），〈釣魚島是中國的〉。
和權（菲律賓），〈看電視〉。
金苗（馬來西亞），〈釣魚島的話〉。

另記：日本問題的終極解決

「終極解決日本問題」，是我們中國、中國人、中華民族，自元朝以來未完之歷史使命。筆者爲了宣揚（教育每一代中國人）這個理念，出版兩本書，並寄給全中國（含台灣）五百個重要圖書館。

《日本問題的終極處理：廿一世中國人的天命與扶桑省建設要綱》（台北：文史哲出版社，二〇一三年七月）。

《日本將不復存在：天譴一個大不和民族》（台北：文史哲出版社，二〇二二年七月）。

兩本書都指向一個結論：中國應在本世紀中葉前，盡早收拾這個惡鄰（核武亦可），使其亡族亡國，該列島改「中國扶桑省」（暫訂）。若不盡早收拾這「大不和」族，他們遲早再發動「第四次亡華之戰」，他們的右翼勢力老早就開始準備了！

總第三三期（垂頭藍號，二〇一三年二月）

高凱（甘肅），西北，我的大西北，〈老照片〉、〈雪地上〉、〈老鐘錶〉、〈米生蟲子了〉。

第二、三版是「釣魚島專刊」之二，當代華語詩人的聲：釣魚島，我們美麗的家，兩岸共同守護。

南永前（吉林），〈幽靈的復活〉。《牡丹園》最長的詩，有八段一百廿二行，是「史詩」型的長詩。

聖野（上海），〈媽媽這樣說〉。

黃又青（上海），〈保衛釣魚島〉。

林洪海（浙江），〈釣魚島是中國的〉。

彭世學（重慶），〈釣魚島〉。

朱仁風（江西），〈祖國知道：致兩岸三地保釣勇士〉。

涂興佳（四川），〈母親，我在等你一個擁抱〉。

海青青（河南），釣魚群島相冊，一〈高華峰〉、二〈神農峰〉、三〈橄欖門〉、四〈東龍尾、西龍尾〉、五〈孔明石〉、六〈飛雲島〉、七〈龍頭溪、雙溪、小西溪、西溪〉。

木斧書信詩，〈濤聲陣陣：給牟心海〉。

聖野（上海），〈中國處處傳捷報〉。

魯守華（上海），〈歡天喜地迎春來〉。

王森（上海），〈萬紫千紅迎新春〉。

王成榮（上海），〈小花蛇〉。

劉秉剛（上海），〈步步高〉、〈包餃子〉。

張倫（重慶），〈學剪紙〉。

在第一版有魯松給海青青的信，禮讚《牡丹園》詩刊六歲生日，詩刊越辦越好。這需要很大的耐心、恆心、決心，眞是敬佩海青青，這是我爲他著書鼓舞的原因。

第四版的〈詩訊〉，刊出多起台客（廖振卿）訊息。第四屆華文詩學名家國際論壇，二〇一二年十二月七日到十一日，在重慶西南大學和巫山縣兩地舉行，台客應邀參加；由台客主編的《葡萄園》詩刊五十週年，詩選集《半世紀之歌》，已於二〇一二年七月出版。

還有，台客第十一本詩集《續行的腳印》，二〇一二年七月已出版，兩古（古繼堂、古遠清）爲之序。如今「兩古」已取得西方極樂國簽證。

總第三四期（牡丹文化節號，第三一屆，二〇一三年四月）

海青青（河南），牡丹圖組詩，〈荷包牡丹〉、〈白牡丹〉、〈飛燕紅裝〉、〈虞姬艷妝〉、〈藍月亮〉。

第二、三版和第四版部分，是二〇一三年第三一屆「牡丹園」筆會，相約牡丹園，中國洛陽。

劉章，〈燕子〉、〈莫比〉、〈秋訪〉、〈俄羅斯隕石〉。劉章，一九三九年出生在河北興隆縣，有《劉章詩選》、《劉章散文選》等二十多部著作問世。

高凱，〈風在吹〉、〈拖拉機〉、〈還鄉記〉。高凱，一九六三年出生在甘肅，祖籍河南盧氏。有詩集《心靈的鄉村》、《紙茫茫》等八部問世。

台客，〈丹霞山之憶〉。台客，筆者多年老友了，他本名廖振卿，台灣台北縣人，一九五一年生，兩岸詩壇的熱門人物。各類已出版作品（著、編、合著），恐已有數十部之多。

黨劍，〈再試一下〉、〈春天裡〉。黨劍，陝西富平縣人，一九七一年生。已出版詩集有《深淵裡的歌聲》、《叢林裡的微光》，現任陝西省銅川市《華原》文學期刊編輯。

張禮，〈花衝街〉、〈小鎮〉、〈家與母親〉。張禮，曾在海內外數百種刊物發表作品，出版詩集有《北回歸線上的陽光》。

邙山詩客，〈咳嗽：極寒天氣系列〉。邙山詩客，本名海青善，就是海青青，回族，河南洛陽人，河南省作家協會會員，洛陽市音樂家協會會員。著有詩集《夢裡不知身是客》。

木斧，〈生命通道〉。木斧，一九三一年七月出生在四川成都，祖籍寧夏固原縣。詩人、作家，著有詩集《木斧詩選》等。

木斧書信詩，〈松花一條江：給石彥偉〉。

在第一版有傳家駒給海青青的信，說「清貧生活可以磨礪自己」。爲什麼中國自古以來，詩人都是貧窮？故有「窮詩人」之形象！

總第三五期（出水洛神號，二〇一三年六月）

聖野（上海），〈打著燈籠找聖野〉。
高凱（甘肅），〈蘭州牛肉麵記〉、〈殯儀館斷章〉。
張禮（雲南），〈法門寺〉、〈端午憶屈原〉。
冀衛軍（陝西），〈低處的陽光・父親〉。
杜文輝（甘肅），〈從五樓下來〉。
周俞林（湖南），〈城市裡還有一棵流浪的樹〉。
第二版有半版是「雪燈籠」。
金波，〈小草花〉。
黎煥頤，〈春媽媽〉。
孔林，〈向日葵〉。
王海，〈石頭謠〉。
唐池子，〈喚醒〉。

田容，〈鐘錶〉。

鄧芝蘭，〈草原眺望〉。

徐明薇，〈我愛我家〉。

張敏，〈梳子〉。

韓志亮，〈微笑〉。

劉樹新，〈外地娃〉。

常瑞，〈兩隻小象〉。

台客（台灣），〈健康明朗的中國風詩篇：海青青新詩集《醒來猶記夢裡花》序〉。

第四版全版、第三版三分之一版評文。

木斧書信詩，〈想家：給馬天堂〉。

海青青（河南），〈唐宮路：護城河〉。

第三版刊出涂靜怡的《戀戀秋水》出版了。這是《秋水》四十年的賀禮，有近十多年來在《秋水》發表作品的詩人，一百九十八位入選作品。

「詩訊」也報導，聖野主編的《雷鋒和我親又親：學雷鋒童詩選》一書，已由浙江少年兒童出版社出版。

總第三六期（春冷圖號，二〇一三年八月）

聖野（上海），〈想起畸田〉。
琹涵（台灣），〈五月雪〉。
周冬梅（重慶），花非花兩首，〈桃花落〉、〈桃花醉〉。
歐宜准（湖南工程學院），〈九十度視角〉、〈野外〉。
第二、三版全部，第四版部分，是「中國詩壇秋水詩人方陣」，這是從「回族詩人方陣」以來第五方陣。
涂靜怡，〈一場賭局〉。
雪飛，〈雨中行〉。
向明，〈爽〉。
陳贇吉，〈春天是一首詩〉。
洪揚，〈思念與風〉。
賴弘毅，〈包圍〉。

李東霖，〈有空〉。（以上〈卷一台灣〉）

彭捷，〈他鄉．故鄉〉。

喻麗清，〈松石〉。

張堃，〈夏威夷〉。

郭永秀，〈隔夜麵包〉。（寫胡志明市街旁賣麵包的小孩）。以上是〈卷二海外〉。

木斧，〈雪的禮讚：懷念巴金〉。

龍郁，〈獨立的白鷺〉。

郭貴勤，〈手機：一三六四一五四××八八〉。

海青青，〈您沒有走遠：再念雁翼先生〉。

紀弦，〈你的名字〉。（以上〈卷四大陸〉）

邙山詩客（河南），〈秋水牡丹園：白椿書樓筆記系列〉。（第五版全版文章。兩個詩社的一段緣）

魯守華（上海），〈我們擁有一個詩一般的童話世界〉，讀常福生老師《媽媽最愛講的精彩新童話》。（第六版全版文章）

木斧書信詩，〈尋找：給方赫〉。

第四版詩訊有多起詩壇消息。現代主義詩人紀弦，於美帝加州時間七月廿二日在家中去世，享壽一百零一歲。刊出他的名作〈你的名字〉為紀念。

由余啓瑜和李臨雅編成，四川美術出版社出版的《木斧論》已發行。詩人馬瑞麟也雙喜臨門，一是圓了入黨夢，二是《「咕咚」來了》詩集再版，發行全國。

總第三七期（春紅嬌艷號，二〇一三年十一月）

高纓（四川），〈中秋月：致詩人木斧〉。

台客（台灣），天門山之旅兩首，〈登頂天門山〉、〈天門洞傳奇〉。台客也是現代徐霞客，一年四季我很少看到他乖乖待在台灣，寫本文時他人在越南。

張禮（雲南），晨光中遠去的父親兩首，〈遠去的父親〉、〈父親是一塊石頭〉。

張太成（安徽），愛情與水兩首，〈無題〉、〈初戀〉。

第二版全版、第三版部分，是「當代詩壇童詩大世界」。

劉秉剛，〈綠色染遍小村莊〉、〈八連精神代代傳〉、〈龍王喜迎「蛟龍號」〉。

林藍，〈風弟弟〉、〈小草〉、〈小螃蟹〉。

陳素萍，〈排隊是個好美德〉、〈媽媽你別哭〉。

梁臨芳，〈參觀新農村〉、〈新農民〉、〈放鴨〉、〈新大樓〉。

張芘涵（小學三年級），〈小蜜蜂〉。

李願，〈鴨司令〉、〈運南瓜〉、〈公雞打鬧〉。

朱自敏，〈金鉤鉤〉。

田容，〈電線〉。

梅世圓，〈秋天到〉。

（李願、朱自敏、田容、梅世圓，由兒歌作家林藍推薦。另公告《雪燈籠・牡丹園詩刊童詩選》一書，將擇時出版。）

江航，〈月光〉。由青衫推薦，摘自《意林・少年版》，二〇一三年七月上半月刊總第十三期。

木斧書信詩，〈摩挲：給韋泱〉。

邙山詩客（河南），〈凌霄花：白椿書樓筆記系列〉。第四版全版文章，作者說第一本散文集叫《火烈鳥》，第二本散文集要叫《凌霄花》。

第三版「書訊」刊出一個大消息。二〇一三年九月，由上海新聲小組編輯出版的《海上新聲叢書》，第三輯已正式出版，叢書共有十冊：

新聲小組編《海上新聲詩話》、莫林著《小路續集》和《新聲履痕》、李忠利著《惜陽》、高宇著《野吟》、顧振儀著《蒹葭集》和《柳葉集》、張康華著《夕陽亂彈》等。文匯出版社，潘頌德和顧振儀主編。

總第三八期（春鳥號，二〇一四年二月）

北島（美帝），時間的玫瑰組詩，〈第五街〉、〈拉姆安拉〉、〈時間的玫瑰〉。

陳福成（台灣），微型詩兩首，〈飯桌〉、〈桃花〉。

曾偉強（香港），〈金色舞台〉。

劉秉剛（上海），馬年新歌兩首，〈馬兒退休了〉、〈一匹大馬兩翅膀〉。

張禮（雲南），〈最美咸寧〉、〈風中的大樹〉。

林藍（湖北），〈鐮刀〉。

周俞林（湖南），〈秋天的溫度〉。

張倫（重慶），兒歌三首，〈怎麼長得高〉、〈象媽媽〉、〈蘑菇〉。

第三版全版、第四版部分，〈你看，你看，雪花一瓣一瓣：當代愛情詩專輯〉。

張太成（安徽），〈彎月〉、〈愛情是水〉。

顧海峰（江蘇），〈冬季，冰封的愛〉。

甘海（雲南），〈冬天的窗口〉。

周冬梅（重慶），〈山坡・梨花〉、〈在水一方的梨花〉。

海青青（河南），愛的日記三首，〈冬夜〉、〈小河與鵝卵石的對話〉、〈夢〉。

黨劍（陝西），〈假如〉。

木斧短詩箋，〈年輪〉，吳開晉點評。

邙山詩客（河南），〈范園之秋：白椿書樓筆記系列〉。第五、六、七、八版，約萬字長文。

在第一版，有詩人涂靜怡寫給海青青的信。涂姐提說再出版一期，《秋水》詩刊就要走入歷史了。（筆者註：並未走入歷史，前註已說明。）另有聖野給張勵志的信。

在第四版刊出唯一的詩訊：台灣詩人陳福成先生的新著，也是他六十歲的紀念詩集，《古晟的誕生》已由文史哲出版社出版。

筆者回顧《古晟的誕生》，那是二〇一三年五月，現在是二〇二四年七月。十一年如一瞬，六十尚未覺得黃昏，過了七十幾已然是黃昏，唯一可以告慰，是這十一年間共寫了一百二十本書（已出版的）。這是十一年來，不旅遊、少應酬所換得的，人生最大的浪費（時間、生命），就是「跟團旅遊」。

總第三九期（牡丹文化節號，第三屆，二〇一四年四月）

第一、二、三版都全版，是二〇一四年相約牡丹園，第三屆「牡丹園」筆會，中國洛陽。

聖野，〈我們爲什麼要搞詩：讀習近平高飛快跑的新年祝詞有感〉。

木斧，〈樂山大佛〉。

台客，〈歲月的腳步〉、〈馬年的期盼〉。

馬瑞麟，〈遠方〉。

顧海峰，〈與牡丹的初戀〉。

朵拉，〈蕊〉、〈北方〉、〈夜間的一切〉、〈兩隻大鳥的幸福〉。

張禮，〈草地上〉、〈送雨傘的父親〉。

梁登壽，〈低處的母親〉、〈父親是低調的詩人〉。

劉秉剛，〈揮起掃帚掃霧霾〉、〈假日不開私家車〉。

甘海，〈年味〉、〈過年〉。

海青青，〈海上長城〉、〈非洲玫瑰：獻給曼德拉〉。（前南非總統曼德拉，二〇一三年十二月六日，在約翰內斯堡住所去世，享壽九十五歲。）

〈當代中國詩人進行曲：當代著名詩人韓東訪談錄〉。記者訪談韓東，第五、六全版，第四版大部，約數千字文章。（本文摘自鳳凰文化，〈洞見〉欄目。

海青青在第四版有一篇文章，〈呼喚中國特色的世界詩人〉。說實在這有點不容易做到，當了「世界詩人」就否認自己是中國人，如高行健（我在一些文章讀到，是否眞實，就由專家去考證了）。反之，保有「中國特色」（中國文化），又能叫「世界詩人」，我相信這是稀有的，因爲「稀有」才是最高貴的品質。

總第四十期（晨紅號，二〇一四年六月）

聖野（上海），留在石家莊的小詩（組詩），〈我輕鬆〉、〈年輕的希望〉、〈歌旦之一〉、〈老街〉、〈大床〉、〈令箭荷花〉、〈季節的腳步〉、〈螢火蟲〉。

台客（台灣），〈貞潔豐盈：詠雙乳峰〉。

張禮（雲南），〈村莊的夢境〉、〈黑臉的煤〉。

路志寬（河北），〈蟈蟈〉、〈好好愛我吧〉。

朵拉（上海），〈手勢〉、〈扇美人〉。

甘海（雲南），〈白背心〉。

木斧短詩箋，〈自畫像〉。

第三版「雪燈籠」。

張倫（重慶），〈螞蟻爬上狗尾草〉。

蘭花草（重慶），〈小蜘蛛〉。

劉秉剛（上海），〈總書記是咱大朋友〉、〈小帥哥變成呆頭鵝〉。

林藍（湖北），兒歌六首，〈小烏鴉〉、〈牽牛花〉、〈讓座〉、〈石榴〉、〈小雪人〉、〈螢火蟲〉。

盧光順（重慶），〈愛惜水〉。

李海穎（江蘇），〈小剪刀〉。

王艷萍（河南），〈小雷鋒〉、〈手影〉。

邙山詩客（河南），〈離星空最近的地方：白椿書樓筆記系列〉。第四版全版文章。在第一版有涂靜怡、金魁給海青青的信。在涂靜怡的信說：《秋水》和我在這裡要暫時對你說：「再見啦！」祝福《牡丹園》長長久久！

有一點感傷，像是在「告別」，尤其我和她有不錯的詩緣，沒想到竟已離世。她生前寫給我幾十封信，我全收編在《最後一代書寫的身影：陳福成往來殘簡殘存集》一書中，於二〇一四年九月，台北文史哲出版社出版。

涂靜怡（一九四一年──二〇二三年）離世後，他的兒子劉宗瑜先生，公告希望回收母親給詩友的信，我把《最後》一書寄給他，以及一封他母親叮嚀我「不要公開」的信，也一起交回給劉先生。

總第四一期（春水綠波號，二〇一四年八月）

李幼容（北京），海南歌謠四首，〈三沙，三沙我的家〉、〈海口，不用誇〉、〈如詩如畫紅樹林〉、〈萬泉河，你可認識我〉。

涂靜怡（台灣），〈給秋水〉。

路志寬（河北），〈相思的味道〉、〈不識字的母親〉。

李恩維（山東），〈我與一座城市〉。

張禮（雲南），〈我的寶貝〉、〈回鄉祭祖〉。

金童（江蘇），〈秋風吹〉、〈報恩〉、〈小雨點遊戲〉。

木斧短詩箋，〈綠〉。

朵拉（上海），〈繡花針〉、〈出走〉。

陳十三（河南），〈村東頭的瞎子〉。

歐宜准（湖南），散文詩兩首，〈春〉、〈愛的眼睛〉。

凌江月（新加坡），散文詩，〈紅花綠葉〉。

青衫（河南），〈海之歌：帝都小品系列〉，一〈花香是世界的〉、二〈留點兒光給別人〉。第四版全版文章。

在第一版有木斧給海青青的信。他說「老的變小了，我老了，寫詩愈寫愈小了。」

木斧（一九三一——二〇二〇）也是我敬佩的中國詩人。

總第四二期（春歸華屋號，二〇一四年十一月）

聖野（上海），〈早安祖國〉。
傅家駒（上海），〈南京水西門外的鵝卵石〉。
劉秉剛（上海），〈踐行核心價值觀〉、〈咱向國旗敬個禮〉。
海青青（河南），〈香港，我的孩子：《中國日記》系列〉、〈我不相信〉。
（特註：在雲南魯甸八點零三大地震中，雲南省公安邊防總隊醫院戰士謝樵，在救災過程中，被山上滾落石頭擊中，捲入堰塞湖激流中，光榮犧牲，年才廿四歲。海青青〈我不相信〉，爲這位義士而寫，人世間的義士稀有，深値頌揚、紀念。）
戴璐（湖北），〈馬年，想起徐悲鴻〉、〈馬年小吟〉、〈養馬人〉。
鍾立紅（湖北），〈祝福祖國〉。
何軍雄（甘肅），〈鄉愁〉。
李恩維（山東），〈秋後的田野〉。
賈懷超（山東），〈秋蟲〉、〈母親的粽子〉、〈撿拾月色的人〉、〈五月槐花香〉。

木斧短詩箋，〈月來了：給許嵐〉。

第三版有傳家駒給海青青的信，也有海青青給懷超的信（到第四版部分），鼓勵「好好生活、好好寫詩」。

第四版以較多版面，刊出《大中原歌壇》，第一期已在二〇一四年九月誕生了。刊名是詞作家閻肅題字，詞作家鄔大為、李幼容、閻肅、梁上泉和作曲家商希林任顧問，音樂人海青青任主編。

第四版〈編者寄語〉，報導了二〇一四年十月十五日，總書記習近平在北京主持召開文藝工作座談會，並發表重要講話，妙語如珠：

「人民是文藝創作的源頭活水，一旦離開人民，文藝就會變成無根的浮萍、無病的呻吟、無魂的軀殼。」

「文藝不能當市場的奴隸，不要沾滿了銅臭氣。優秀的文藝作品，最好是既能在思想上、藝術上取得成功，又能在市場上受到歡迎……」

第三版書訊，刊出青年詩人楊康的第一本詩集，《我的申請書》，已由《中國詩歌》編選，卓爾書店出版發行，詩人曾獲全國高校徵文詩歌首獎。

總第四三期（八寶鑲號，二〇一五年二月）

張禮（雲南），〈秋天的鳥鳴〉、〈男人的脾氣〉。

陳守雲（上海），〈屈原獨白：紀念偉大愛國詩人誕辰二三五四週年〉。（按：屈原，生於周顯王廿七年（前三四二年，卒於周赧王三十七年（前二七八年），楚國丹陽（今湖北秭歸縣）人。）

何軍雄（甘肅），〈塔上的佛光〉。

路志寬（河北），〈垂釣〉、〈回憶〉、〈炊煙〉。

寇寶昌（黑龍江），〈清明懷杜牧〉、〈是否〉。

林藍（湖北），〈紅包〉、〈過生日〉。

唐宇佳（北大附中重慶實驗學校小學四年級國際一班），〈風一樣的女孩〉、〈夏天的見面禮〉、〈我把影子丟掉啦〉、〈我想長一對翅膀〉。（指導老師：張美容）

俞冬雪（上海市浦東新區金新小學三（二）班，八歲），〈送信〉。

海青青（河南），牡丹園裡的歌者組詩，〈城裡的月亮〉、〈十字街頭〉、〈帝都之春〉、〈塵埃〉、〈千里之外〉、〈貝殼〉、〈海岩〉、〈二〇一四：中秋月〉、〈暗夜〉。

李海穎（江蘇），〈小青蛙〉、〈瓷娃娃〉。

鄔大爲（遼寧），〈好一座牡丹園：獻給《牡丹園》十週年〉。

木斧（四川），〈我和《牡丹園》這十年詩念〉。第四版約半版短文。

在第四版也刊出《大中原歌壇》二〇一四年第二期「雪花號目錄」。另在〈本刊啓事〉，二〇一六年第五十期，將辦《牡丹園》十週年紀念。

在第三版，有鄔大爲給海青青的信，有海青青給軍雄詩友的信。海青青稱「眞正的詩人，與職位高低無關，與財富多少無關，但必有一顆慈悲之心、博愛之懷，方能納天下於筆端，融赤誠於詩句。」乃眞詩人之言。

總第四四期（牡丹文化節號，第三三屆，二〇一五年四月）

這期是二〇一五年相約牡丹園，第四屆《牡丹園》筆會，中國洛陽。另有少許《牡丹園》十週年祝賀作品。

聖野（上海），〈我們趕上好時候：歡迎一對終生和兒歌有緣的夫妻〉。

路志寬（河北），「中范堤村」組詩，〈站成一棵樹〉、〈麥秸〉、〈玩泥巴〉。

陳佩君（上海），〈旗袍〉。

賈懷超（山東），微型詩三首，〈鐮刀〉、〈雁〉、〈思鄉〉。

何軍雄（甘肅），〈與佛有關〉、〈修行〉。

包光潛（安徽），〈午後的幻象〉。

張禮（雲南），〈城市逼近村莊〉、〈夢中的村莊〉。

俞冬雪（上海），〈彩虹橋〉、〈奏響明天〉、〈詩歌樹〉。（上海市浦東新區金新小學三（二）班）

海青青（河南），帝都日記四首，〈護城河：春之曲〉（一〈綠〉、二〈河柳〉）、〈老集：天橋望月〉、〈老集天橋：浴池〉、〈西大街：雨街〉。

梁登壽（四川），〈臘月的村口〉、〈臘月，露出村莊的軟肋〉。（四川省萬源市金源學校）

李恩維（山東），〈孤獨的吶喊〉。

李俊杰（河北），〈春燦〉。

包光潛（安徽），〈歸來，或者離去〉。（安徽省池州市秋浦西路杏花村中學）

聖野（上海），〈喜賀《牡丹園》創刊十週年〉。

天楊（遼寧），〈賀《牡丹園》創刊十週年〉。

在第三版有海青青給俞冬雪小詩友的信，有天楊給青青弟的信。海青青讚美俞冬雪詩「很有靈氣」，這「靈氣」正是詩的靈魂。

第三版也刊出，木斧電話告知詩人呂劍病逝，享壽九十五歲。呂劍，原名王聘之，山東萊蕪人，《牡丹園》創刊時，刊名題字者。著名作家、詩人，著有詩集《進入陣地》、散文雜文集《一劍集》等多部。

總第四五期（李小雨號，二〇一五年六月）

這期八個版面，有兩個重要主題：第一是二〇一五年「六一」，歌的節日，第一屆「兒童詩」筆會，中國洛陽。第二是詩人李小雨病逝特輯。

聖野（上海），〈出生〉、〈斷想〉、〈風箏的聯想〉、〈枕頭底下〉、〈引爆〉。

李作華（江蘇），中國古代勤學兒歌，〈囊螢夜讀〉〈晉代車胤〉、〈鑿壁借光〉

〈西漢匡衡〉、〈映雪讀書〉（晉代孫康）、〈割席分坐〉（漢代管寧）、〈忍辱苦學〉（西漢陳平）、〈潛心學畫〉（明朝唐伯虎）。

陳發根（上海），〈朝天椒〉、〈撲點粉〉、〈刷牙〉。

林藍（湖北），〈螞蟻滑滑梯〉、〈太陽雨〉、〈讓座〉、〈春天的鬧鐘〉、〈螢火蟲〉、〈曬豆莢〉。

劉秉剛（上海），〈哥哥變成了呆頭鵝〉、〈撿了東西要歸還〉、〈小羊上學堂〉。

李艷華（河北），〈玩筷子〉、〈兩個乖娃娃〉、〈小棉襖〉、〈請你放了爸和媽〉、〈動物過年〉。

俞冬雪（上海），〈和春天約會〉、〈東方明珠〉、〈唱童謠〉、〈柚子寶寶〉（一）（二）、〈梔子花開〉。（上海市浦東新區金新小學三（二）班）

張倫（重慶），〈螞蟻爬上狗尾草〉、〈弟弟戴草帽〉、〈鬍子〉、〈小露珠〉。

青衫（河南），小海帆三首，〈小竹床〉、〈海和帆〉、〈吻〉。

傅家駒（上海），〈黃浦江的歌聲：賀《牡丹園》十週年華誕〉。

尤素福・海青青（河南），〈詩雨繽紛：送我的詩姐李小雨老師〉。（第五版全版、第四版部分）

高鑒（北京），〈在另一個世界依然歌唱：懷念詩人李小雨〉。（第六版全版、第四版部分）

李瑛（北京），〈挽歌：哭小雨〉（十二節近二百行長詩）。（第七版全版、第四版部分）

（第八版全版）李小雨詩選，〈紅紗巾〉、〈陶罐：半坡之一〉、〈最後一分鐘〉。

李小雨，一九五一年十月廿六日生，二〇一五年二月十一日病逝。河北豐潤縣人，北京大學中文系畢業，一九七六年到《詩刊》編輯部，此後三十多年歷任編輯、主任等。主要著作有詩集《雁翎歌》、《紅紗巾》等。

在第四版刊出涂靜怡的《秋水四十年》介紹。另有涂靜怡給海青青的信，再提到《秋水》已經停刊了。

第四章　十年心血志業成

總第四六期（朝陽紅號，二〇一五年八月）

在這期第三版，涂靜怡給海青青的信，說「創辦《牡丹園》是你一生的志業，是你的夢想，夢想成真是一件多麼值得慶幸的事……希望你能再造另一個十年。」沒有政府或財團支持的雜誌，要維持非常困難。海青青辦《牡丹園》能撐十年，眞是不簡單，可以說「十年心血志業成」了，已有向另一個十年前進的條件。筆者編本書已是二〇二四年七月間，就快到二十週年了。

涂靜怡（台灣），〈翻轉的心〉。

陽荷（台灣），〈老酒瓮〉、〈琹川山居〉、〈座位〉。

馮福寬（陝西），〈山村印象〉、〈三弦聲音：寫給高原上的盲藝人〉。

曾偉強（香港），〈夢蝶〉。

何劍勝（江西），〈喊姐姐〉、〈故鄉辭〉。

荊卓然（山西），〈小院獨坐〉、〈一個人的農業史〉。

代義國（湖北），〈放蜂人的日子〉、〈村戲〉、〈鐮刀刪改的秋〉。

海青青（河南），〈南海，家鄉的一片湖塘〉、〈小鴿子〉。二〇一五年四月一日的《大河報》，刊登了土耳其攝影師奧斯曼・薩厄爾於二〇一四年十二月，在敘利亞阿特梅赫一個難民營中，拍攝的一張四歲小女孩Hudea的「投降」照片。海青青看了，感慨萬千，即興而就寫了〈小鴿子〉一詩。

〈年年春風・歲歲詩情：海青青給李瑛先生的一封信〉。（第四版全版文章，李瑛是李小雨的父親）

在第三版，尚有曾偉強給海青青的信。詩訊刊出木斧新著《給二百位詩人的畫像》，已由四川文藝出版社，於二〇一五年六月正式出版。

總第四七期（晨輝號，二〇一五年十一月）

第一版是山東大學文學院教授吳開晉專版。看到「吳開晉」三字，立刻想起大約二十多年前，我從軍中退伍，初接觸詩壇時，吳教授爲我寫過評論。

吳開晉短詩選，〈懷柔垂釣園〉、〈奧林匹克公園〉、〈進山〉、〈佛寺〉、〈林中對弈〉、〈出山〉、〈壺口瀑布〉、〈廬山瀑布〉、〈錢塘江〉、〈鄱陽湖〉、〈濟南大明湖〉、〈黃河〉。

吳開晉，筆名吳辛，山東省沾化縣人，一九三四年十一月生於山東省陽信縣。一九五八年畢業於吉林大學中文系。山東大學文學院教授、中國作家協會會員。

吳教授著有《現代詩歌藝術與欣賞》、《月牙泉》等，十餘部詩論集及詩歌散文集。詩作《土地的記憶》，於一九九六年獲以色列米瑞姆．林德勃哥和平獎。詩論集《新詩的裂變與聚變》，於二〇〇五年獲得國際炎黃文化研究會第三屆龍文化獎。

聖野（上海），「寄給花婆婆方素珍的詩」（組詩），〈敲門〉、〈無題〉、〈幸福的年代〉、〈遠行〉、〈單純〉、〈最後一片葉子〉。

台客（台灣），〈鬼在哪裡〉。

凌江月（新加坡），〈向晚的芭蕾〉。

李恩維（山東），〈酒局〉。

代義國（湖北），〈山民〉。

海青青（河南），〈想去看看圖門江：《中國日記》系列〉、〈世紀握手：《中國日記》系列〉。

〈詩人的尊嚴：海青青給陳福成先生的一封信〉。（第四版全版文章，信中聊了許多詩人的「心事」，全文詳見本書附件。）

第三版「詩訊」，刊出「台灣著名詩人、作家陳福成先生的詩歌評論集，《海青青的天空：牡丹園詩花不謝》一書，已由台灣文史哲出版社於二〇一五年九月出版發行。」同時對該書內容做了簡介。

第三版也有凌江月（新加坡）給海青青的信，問起辦《牡丹園》和《大中原歌壇》要花多少錢？如果有人出資……似有要贊助之意（較大的資金）。

山東著名詩人、《超然》詩刊主編柳笛先生，寄來《牡丹園》詩刊十週年題詞一幅（尺幅很大）。

第一版的小方塊，有聖野給海青青的短信，提到「花婆婆方素珍在台灣兒童詩人中，應是最絕的一位。」

總第四八期（大朵藍號，二〇一六年二月）

聖野（上海），「九十四歲的詩」（組詩），〈路〉、〈噴〉、〈抱一抱〉。
曾偉強（香港），〈移民曲〉。
路志寬（河北），〈年來了〉、〈北風吹〉。
吳曉波（江蘇），〈年的素描〉、〈村莊的年味〉。
何劍勝（江西），「春天的五線譜」（組詩），〈愛出風頭的風〉、〈風雲戀〉、〈春天的五線譜〉。
張曉天（遼寧），〈早春〉。
張禮（雲南），〈冬天的蝴蝶〉、〈冬天來臨〉。
鍾彥（湖南），〈炭客〉。
李麗玲（貴州），〈渡口〉、〈一紙荒謬〉。
琹涵（台灣），〈十年辛苦不尋常：賀《牡丹園》十歲〉。（第三版短文，年輕的海青青做到了。）

夏矛（浙江），〈詩從洛陽出發：祝《牡丹園》創辦十年〉。（第三版短文，老中青少詩人在這裡聯歡。）

第三版登出，台灣著名詩人、作家陳福成先生的詩歌評論集，《海青青的天空》自二〇一五年出版後，海青青收到大量海內外詩人作家、評論家的書信、電話、郵件和書題詞等。本期刊出李幼容、天楊和馬瑞麟三位。

第三版有涂靜怡給海青青的信，信中她說讀了陳福成的《海青青的天空》，感觸深深。說實在的，我也感觸深深，她怎麼就取得了西方極樂國簽證，涂姊！我們都懷念妳，妳在彼國也定是一個可愛的女詩人！

第三版詩訊，也刊出台灣著名詩人、作家琹涵，新著《慢讀：泰戈爾》已在大陸出版。她幾年前出的《慢讀唐詩：愛上源自生活的美麗》，也廣受大家好評。

第四篇有兩篇散文詩，較長是路志寬（河北），〈冬〉、〈夢〉、〈雪夜〉。短的是莫林（上海），〈青玉案．悼丁錫滿同志〉。

總第四九期（牡丹文化節號，第三四屆，二〇一六年四月）

本期一、二版全版、第三版部分，是二〇一六年相約牡丹園，第五屆「牡丹園」筆會，中國洛陽。

木斧（四川），〈尋找風景〉。

涂靜怡（台灣），〈旅居〉。

傅家駒（上海），〈春天的上海〉。

台客（台灣），河南之旅三首，〈暮春四月的盛事〉、〈遊龍門石窟〉、〈走進清明上河園〉。

陳福成（台灣），〈愛的傳承〉。

曾偉強（香港），〈殘局〉。

何軍雄（甘肅），〈市場見聞〉、〈想像〉。

李布（山東），「微型詩」五首，〈神秘〉、〈春行〉、〈美學〉、〈漢俳〉、〈殘荷〉。

戈三同（內蒙古），〈日出〉、〈春意〉。

聶時珍（湖北），〈心如蓮花〉。

陳立（四川省眉山市東坡小學），〈萬溝小鎮〉。

海青青（河南），〈牡丹心語〉、〈東大街：鼓樓〉。

〈詩歌博物館：海青青給凌江月老師的一封信〉。（第四版全版、第三版部分。這是回凌江月在之前所問，海青青辦刊要花多少銀子？海青青在信中逐一說明，並說了未來的理想，要像《秋水》一樣典雅、唯美、高貴的版本。這需要更多的銀子。）

第三版〈牡丹花開詩人來〉，報導了「台客等一行」，於二〇一六年四月十五日，到洛陽旅遊並與海青青相見歡，台客也留下了「墨寶」。

在第三版尚有曾偉強、馬瑞麟給海青青的信。在「詩訊」刊出，上海《金秋文學》主編傅家駒的詩集《小花》，已由文匯出版社出版。

總第五十期（詳見第三篇）

總第五一期（大花黃號，二〇一六年十一月）

荊卓然（山西），五行全家福（組詩），〈金〉、〈木〉、〈水〉、〈火〉、〈土〉。

荊卓然，九〇後（好年輕），文學作品散見《星星》等刊物，山西作協會員，《星星草》文學雜誌主編、《新聲報》社主編。

路志寬（河北），〈七月〉。

海州子（江蘇），〈岩羊〉。

唐德林（遼寧），〈距離〉、〈桃花朵朵開〉、〈故鄉的月亮〉。

周俞林（湖南），〈父親的根雕〉。

艾文章（山東），「寫寫父親」組詩，〈父親的詩歌〉、〈父親〉、〈農曆裡的父親〉。

非馬（江蘇），「似水流年」組詩，〈塵埃〉、〈二斤大米〉。

何建生（江西），〈螢火蟲〉。

木斧（四川），〈悠遠的笛聲：懷念杜谷〉。

湯雲明（雲南），「酒話連篇」（組詩），〈酒興〉、〈酒與水〉、〈酒德〉。

清雲縹緲（山東），〈落盡梨花月〉。

海青青（河南），〈石像：龍門寫意系列〉、〈翠雲峰偶拾〉、〈穿過武則天的皇宮回到唐朝〉。

在第四版有吳開晉、凌江月給海青青的信。同時報導了河南著名回族詩人姚欣則，於二〇一六年五月五日病逝，享壽八十九歲（中國人不稱九，應叫九十）。

在第一版有木斧、曾偉強給海青青的信。

總第五一期（大紅蓮號，二〇一七年二月）

卓琦培（江蘇），〈李白〉、〈陸遊〉、〈霸王墓〉。十多年前，筆者和卓琦培也有一段詩緣，通信和互贈詩集。卓琦培，一九三五年生，曾任《揚子江》詩刊編輯、《綠野》詩社社長，著有詩集《飄走的雲》等。

吳開晉（北京），〈百花洲〉、〈大明湖劉鶚像〉、〈大明湖殘荷〉。

蘇其善（重慶），〈桃花〉、〈姐姐〉、〈母親〉。

北城（內蒙古），〈望〉、〈飄〉、〈暮色中〉、〈目光深處〉。

蔡同偉（山東），〈你的眼睛〉、〈你的笑〉、〈河邊〉。

冉永梅（重慶），老家的春節（組詩），〈母親的團年飯〉、〈父親的小路〉。

湯雲明（雲南），〈茉莉花茶〉、〈一塊陳茶的熱情〉。

肖華興（雲南），〈工地上的咳嗽聲〉。

路志寬（河北），〈讀春〉。

海青青（河南），〈遊龍門遇山雨〉、〈見洛浦白鷺想起老鄉杜甫〉。

在第一版約半版、四版小部是海青青給荊卓然的信。他仍是在校中文系學生，海青青鼓舞他對詩歌的追求，期許他文學路走出好成績。

總第五三期（牡丹文化節號，第三五屆，二〇一七年五月）

這期一、二、三全版，是二〇一七年相約牡丹園，第六屆「牡丹園」筆會，中國洛陽。

張紹國（江蘇），〈在春天〉、〈開往春天的火車〉。

何軍雄（甘肅），〈走過春天〉、〈城市〉。

何建生（江西），〈竹器書〉。

張禮（雲南），〈春天的馬蹄聲〉、〈泥土裡尋找春天〉。

羅俊士（河北），生活在別處（組詩），〈邂逅〉、〈角落〉、〈牽手〉。

路志寬（河北），「村莊辭」（組詩），〈黃瓜〉、〈辣椒〉、〈茄子〉、〈鐮刀〉、

〈犁〉。

海青青（河南），牡丹園裡的歌者，〈有一天〉、〈伏牛山色〉、〈能量〉、〈消失了的鄉愁〉、〈爬山虎〉、〈五月的雨〉、〈曬大米〉。

湯雲明（雲南），〈大黃河〉、〈中國三沙〉。

楊海波（陝西），〈與桃花有約〉（如詩散文）。

顧艷君（河北），〈盲文圖書〉。

聶難（雲南），「春天帖」（組章），〈從春天出發〉、〈想和春天談談〉、〈那些花兒〉、〈與春相約〉。（第四版全版、散文詩）

第三版有曾偉強給海青青的信。提到詩人卓琦培的「說詩人死人／可是詩／卻永遠也不會死亡」，的確勾起了不少共鳴！

這樣的論述，是有所「限制」的，在精神上可以說「詩永遠不會死亡」，甚至人也沒有「死亡」這回事（如《心經》所言「無老死，亦無老死盡」）。

但人總得面對現實，死了就是死了，人死了，地球上再也沒有這個人了。只有極少數的人會被後人懷念，也不是「永遠」，百年、千年、萬年……一切終歸死寂、滅亡，星星、月亮、太陽，最後也是「死路一條」，我們都看不見了。

詩也一樣。筆者曾在《洄游的鮭魚》一書（二〇一〇年），統計現在中國寫現代詩的人（含台灣），比人民解放軍還多，每年產出的「詩」，可能上看幾千萬首，其中九成九都是「見光死」，五十年、百年後，幾乎「全死」，只有幾首「還沒死的」，那是可傳世的經典好詩。以上是我看了曾偉強信的共鳴。

總第五四期（大胡紅號，二〇一七年八月）

木斧（四川），〈離別的信號〉。

張禮（雲南），〈寫一首詩歌〉、〈季節的病狀〉。

何軍雄（甘肅），〈鄉下的孩子〉。

韋漢權（廣西），〈木樓傳說〉。

顧艷君（河北），〈此時，我試著打開我的內心〉、〈一塊石頭，盛放著遼闊的山水〉、〈火〉。

李克利（山東），〈李克利的詩〉、〈中年書〉。

海青青（河南），「世界日記」兩首，〈摩蘇爾努爾清真寺的宣禮塔〉、〈敘利亞

父親莫森〉。（註：摩蘇爾努爾清真寺在伊拉克）

李臨雅（四川），〈關於《再論木斧》這本書〉。（第三版半版多文章。《論木斧》是從一九八二到二〇一三年間，近二百篇有關木斧作品評論選編；《再論木斧》是二〇一三到二〇一六年間，有關木斧作品論論廿四篇。）

〈春天的畫者：海青青給雲南詩人聶難的一封信〉。（海青青讚美聶難的〈春天帖〉風格，如千年前的王維、八十年代末的席慕容。）

總第五五期（大瓣紫號，二〇一七年十一月）

何吉發（安徽），紅塵隨筆（組詩），〈在一起，多好〉、〈草地上的羊〉、〈雪的品行〉、〈和一朵花坐在一起〉、〈眺望一場大雪的來臨〉。

何吉發，一九六五年生於安徽蚌埠，小學老師，先後在《星星》等多家報刊、民刊發表作品，曾獲多個詩歌獎。小我廿四歲的年輕詩人，希望他走出一條文學大道。

湯雲明（雲南），〈風中的鈴聲〉、〈詩之河〉。

蔡同偉（山東），〈想起錮漏匠〉、〈鄉下的麻雀〉、〈蜘蛛〉。（錮：熔鑄銅鐵

來塡塞孔隙）

韋漢權（廣西），〈前此年的屋檐〉、〈在一畝油菜田裡〉。

吳曉波（江蘇），〈人至中年〉、〈假如〉。

北城（內蒙古），〈望鄉〉、〈在他鄉遵照故鄉的炊煙〉、〈字畫〉。

阿桂（山東），〈麥子熟了〉。

月滿西樓（安徽），〈歌唱〉、〈蝸牛〉。

海青青（河南），中原老街（三首），〈胡同〉、〈老街那些事兒〉、〈羊肉湯〉。

第四版以三分之一版面刊出一個大訊息。二〇一七年九月十四日，河南省作家協會舉辦「喜迎十九大、中原更出彩」，詩歌評選揭曉。海青青作品以〈中原老街〉等五首組詩，榮獲三等獎。

值得一說，該項活動以展現中原人文歷史風光，中原正是我們中國文明文化的搖籃。海青青五首得獎作品是：〈打烊的中年夫婦〉、〈胡同〉、〈杏仁茶〉、〈老街那些事兒〉、〈羊肉湯〉。

眞是恭喜海青青，這十多年來我不斷的支持、鼓舞他。他也展現了他的能力、努力和詩歌文學才華，深值文朋詩友爲他高興！爲他讚頌！

聶難（雲南），〈高度〉。（迷你短文）

總第五六期（百園奇觀號，二〇一八年二月）

木斧（四川），〈悠遠的聲音：懷念杜谷〉。

張禮（雲南），〈把春天叫醒〉、〈污泥可以是乾淨的〉、〈祖母住在鄉村〉。

路志寬（河北），〈清明〉。

王文福（河南），「王文福的詩」（組詩），〈廢墟〉、〈與霾交往的心情〉、〈客人〉。

湯雲明（雲南），〈紅月亮〉、〈在城市裡迷途的羊〉、〈生活這一本書〉。

高堅（內蒙古），「時間秘籍」（組詩），〈一把草籽〉、〈和一朵雪花討要春天〉、〈墮落〉。

胡巨勇（湖北），〈春雨貼〉。

海青青（河南），〈老街謠〉、〈絲瓜藤〉。

西川（北京），〈今天詩人怎樣活命〉。（第四版全版文章，論說詩人怎樣靠賣「詩」

賺錢，維持生活，立意甚佳。但筆者以爲，中國沒有這種「土壤」（文化），我們中國自古以來，詩人就不是一種「行業」或「職業」。再者，詩是作品，但不是「產品」，更不是「商品」，自古以來從未聞有「賣詩」者！

本期的〈主編寄語〉，海青青說了一件叫人感動又不捨的事。去年他關閉了書店，到一家公司上班，從早上六點起床，忙到晚上七八點，有時更晚，眞是苦不堪言。因爲文學創作、《牡丹園》詩刊、《大中原歌壇》都被迫停止。再三思量，最近毅然辭職，回到原來的生活，把停刊的都補上。

看到這則訊息，怎不叫人感動，又叫人心疼。爲此，筆者希望《牡丹園》和《大中原歌壇》詩友們，大家多捐助現金給海青青，讓他可以安心編刊。

總第五七期（牡丹文化節號，第三六屆，二〇一八年五月）

第一、二、三版全版，是二〇一八年相約牡丹園，第七屆「牡丹園」筆會，中國洛陽。

北城（內蒙古），〈在路上〉、〈醒來〉、〈清明，雪落黃昏〉。

何軍雄（甘肅），〈借一束花開放〉、〈禪意的蓮花〉、〈燈盞〉。

姜利曉（河北），〈林間〉、〈手上演繹的母愛〉。

卓尚棟（廣東），〈教師節〉。

王爲璋（湖北），〈揚州慢，故鄉洪湖吟〉。

仲彥（湖南），〈尋找稻草垛〉、〈紅燈籠〉。

月滿西樓（安徽），〈燈火〉、〈躲〉。

吳曉波（江蘇），〈想你〉。

張禮（雲南），〈村莊．村莊〉、〈村莊的老屋〉、〈鄉間石匠〉。

海青青（河南），「中原老街」三首，〈杏仁茶〉、〈古城傳奇〉、〈老鞋匠〉。

路志寬（河北），〈春天樂章〉（組章），〈春耕〉、〈春風瘦〉、〈春語〉、〈夏日聽蟬鳴〉。（第四版全版文章，散文詩四則。）

第五章　你終究是個詩人音樂人

在《牡丹園》第五六期，海青青說他去一家公司上班，每天累了十多個小時，詩刊都停了，苦不堪言。不得已只好辭職，回到原來詩歌創作的生活，又把停掉的詩刊歌刊補發出去。

我要說，「海青青，你終究是詩人音樂人」，好好發揮你的才華，但我向詩友們呼喚，盡可能給海青青捐款贊助，使他可以安心辦刊。他要維持《牡丹園》和《大中原歌壇》正常發刊，他沒有政府或企業支持，非常的辛苦，他需要詩友的詩，也需要詩友的銀子，我說的是良心話，是眞話。

總第五八期（大棕紫號，二〇一八年八月）

張禮（雲南），〈我們都老了〉、〈父親節〉、〈孤獨〉。
蔡同偉（山東），「依依鄉情」（組詩），〈老去的故鄉〉、〈童年的小鐮刀〉、〈蒲團〉。
仲彥（湖南），〈下午〉。
路志寬（河北），〈父親從鄉下來〉。
湯雲明（雲南），〈我是一個無聊的人〉、〈天堂裡的又一天〉。
唐德林（遼寧），〈秋天，從我們身邊帶走了什麼〉。
韓延曉（河南），〈月亮〉、〈鳥鳴〉。
何建生（江西），〈看見或者不見〉。
牙侯廣（廣西），〈柴刀〉、〈和一隻狗說話〉、〈木房〉。
北城（內蒙古），〈那一抹蘭〉、〈山水間〉。
非馬（江蘇），「似水流年」（組詩），〈緣分〉、〈軼聞〉、〈寬闊〉、〈經歷〉。

顧艷君（河北），〈七月的田野〉。

邙山詩客（河南），〈寫意盧舍那〉一二三四。（註：盧舍那大佛，世界文化遺產洛陽龍門石窟中藝術水平最高一處。據說，佛像是根據武則天的形象塑造。盧舍那佛，即報身佛，表示證得了絕對真理，獲得佛果而顯智的佛身。「盧舍那」的意思，是智慧廣大、光明普照。

聶難（雲南），〈淪陷的秋天〉、〈修改〉。（兩首都是散文詩）

總第五九期（島大臣號，二〇一八年十一月）

王國良（黑龍江），「王國良的詩」三首，〈母親的梳子〉、〈時間的葉子〉、〈路過，便成遠方〉。

王國良，黑龍江大慶人。詩文散見《詩刊》、《星星》、《詩潮》、《詩林》、《秋水》、《上海詩人》、《山東詩人》、《天津詩人》、《人民文學》等。

張禮（雲南），〈霧鎖中秋〉、〈余光中與鄉愁〉、〈畫立秋〉。

雪里梅（重慶），〈最美的情話〉。

譚清友（四川），〈茶碗裡的天地〉。
路志寬（河北），〈秋月裡，有我的故鄉〉。
姜利威（河南），「村莊詩草」（組詩），〈鋤頭〉、〈鐮刀〉、〈犁〉。
李惠艷（新疆兵團第六師），〈陽台上飛起的鴿子〉。
唐德林（遼寧），〈母親在天上種棉花〉。
王征樺（安徽），「海南．海南」（組詩），〈檳榔谷〉、〈七連嶼〉、〈分界洲〉。
〈詩歌，詩人的人格延續與寫照：海青青寫給青年詩人路志寬的一封信〉。（海青青所述，其實是中國文學中「文如其人」的主流思想，但西洋文學「人」和「文」是可以分離的，例如作品受到高評價，人則下流。但在我們中國文學裡，必須「文如其人」才是好作品。）

在第四版海青青〈主編寄語〉短述，警示大家要認眞、要嚴謹、要眞誠對待詩歌，都是文如其人同個道理。

第三版以三分之一版面，報導「台灣著名詩人、作家陳福成先生的詩集，《光陰考古學：失落圖像考古現代詩》，已由台灣文史哲出版社出版發行。」

海青青特別介紹該詩集各輯：（一）一八六三年上海森泰像館、（二）失落的大小歷史、（三）棄遺的世界、（四）長城風光意象伸展、（五）中華民族大合照、（六）入滅的幻影、（七）河山多嬌媚。海青青也指出，最叫人感動的眼前一亮，是第五輯〈中華民族大合照〉，我們中國五十六個民族，各族有一張合照並題詩。（註：大類區分是五十六個民族，要細分恐有一百多族，光是台灣就近二十個族。）

在第三版詩訊，也刊出由馬仲偉先生主編，《馬瑞麟創作研究》（第五集），已由中國詩書畫出版社，於二〇一八年七月出版發行。

總第六十期（島錦號，二〇一九年二月）

張禮（雲南），〈這個冬天的情書〉、〈父子對頭〉、〈暗戀〉。

劉恒菊（安徽），〈腳印〉。

丁太如（江蘇），〈流淌在冬日的別離〉。

張太成（安徽），〈一樹冬棗〉。

陳福成（台灣），「中華民族大合照」（組詩），〈白族〉、〈維吾爾族〉、〈京族〉、〈蒙古族〉、〈布依族〉。（註：白族在雲南，京族在廣西，布依族在貴州省。）

唐德林（遼寧），〈月亮是個好東西〉。

王文富（河南），〈林間小廟〉、〈把字累壞了〉。

高堅（內蒙古），〈地址〉、〈雕塑〉。

蔡同偉（山東），〈炊煙〉。

路志寬（河北），〈扁擔〉。

湯雲明（雲南），〈占有一些書籍〉、〈抬棺的人〉。

張敬梓（四川），〈溫暖〉、〈寒冷〉。（散文詩兩則）

鴿子（雲南），〈一片雪〉。（散文詩）

路志寬（河北），〈仰望一場雪〉。（散文詩）

〈詩歌，是心靈的一張船票：海青青寫給台灣詩人涂靜怡詩姐的一封信〉。（第四版全版文章，聊了很多辦詩刊的甘苦。）

在第一版有筆者給海青青的短信。說明《光陰考古學》詩集中作品，無條件供辦詩刊的朋友選用刊登。

總第六一期（牡丹文化節號，第三七屆，二〇一九年五月）

本期第一、二版全版，第三版部分，是二〇一九年相約牡丹園，第八屆「牡丹園」筆會，中國洛陽。

台客（台灣），〈未來〉、〈旅行〉。

林藍（湖北），〈春雨〉、〈走進春天〉、〈春天的陽光〉。

魏益君（山東），〈春耕〉、〈風箏〉。

劉恒菊（安徽小廟中心小學），〈春天的鳥語〉。

舒一耕（山東），〈春日〉、〈語言的俘虜〉、〈透過柵欄〉。

顧艷君（河北），〈她們會不會提前把春天叫醒了〉、〈一隻喜鵲，在一棵冬眠的樹上〉、〈寒冷離你多麼遠〉。

張禮（雲南），〈雨中的小草〉。

海青青（河南），〈二喬〉、〈洛陽牡丹扇：贈台灣詩人陳福成〉。（附記：二〇一六年四月，台灣著名詩人、《葡萄園》詩刊前主編台客先生一行來洛。分別前，託台客先生，將我準備的薄禮洛陽牡丹茶、洛陽牡丹扇等，轉贈給台灣著名詩人、作家、我的詩兄陳福成先生，以慰我長久的思念。隨後，吟詩兩首，現擇一。）

有感於筆者今生今世，能有一段和海青青這樣的文學因緣。將海青青的贈詩抄錄如下，爲永久的紀念：「輕輕地／把千年帝都的四月展開／題一幅潑墨的牡丹／贈你／還有三兩聲鷓鴣／清啼在扇裡面//輕輕地／打開你贈的紙扇／我打開的是一片牡丹花城的春天／憶你／隔一片海峽／以一座島的思念」。

路志寬（河北），〈早春〉、〈最後的春天〉。

姜利曉（河北），〈草尖上的春天〉。

在第三版有海青青〈給廣西壯族詩人韋漢權的一封信〉，說廣西是詩和歌的故鄉，但廣西詩友不多，這筆者也有同感。

〈一顆詩心永遠在路上：海青青給河南詩人王學忠的一封信〉。（筆者按：筆者在大陸有三位好因緣的詩友，河南是王學忠和海青青，另一是遼寧金土先生。）

第四版半版多，是〈攀登：著名詩人木斧寫給海青青的一封信〉。說到「許多熟悉的身影，涂靜怡、陳福成、唐德林，我和他們長期失去了聯繫，彌足珍貴。」多年前，我和木斧也有一段文字緣，如今天人永隔！

在第四版，另有山東詩人柳笛給海青青的一封信，和海青青寫給黑龍江詩人王國良的一封信。

在第三版〈詩訊〉，登了上海著名詩人、作家莫林的新著《風雨瀟瀟》，已由文滙出版社於二〇一八年十一月正式出版發行。

總第六二期（島赤號，二〇一九年八月）

吳開晉（北京），〈北疆南國行〉（組詩），〈無錫靈山大佛〉、〈紹興沈園〉、〈西湖一瞥〉、〈杭州飛來峰石壁佛〉。

陳福成（台灣），〈中華民族大合照〉（組詩），〈納西族〉、〈哈尼族〉、〈塔吉克族〉、〈藏族〉。（註：納西族在雲南和四川，哈尼族在雲南，塔吉克族在新疆。）

路志寬（河北），〈老槐樹〉、〈棉花〉。

段新強（河南），〈英雄樹〉、〈在雁蕩山上〉。

裴國華（雲南），〈家〉、〈走不出的愛〉、〈憶你〉、〈愛你〉。

何小龍（甘肅），〈年關囈語〉。

白懷崗（陝西），〈背影〉一二三四五。

張禮（雲南），〈希望的小草〉。

龍曉初（廣東），〈被時光遺落的畫面〉。

逍遙（四川），「天空的倒影」（組詩），〈秋不語〉、〈深秋的路〉、〈落葉〉。

胡慶軍（天津），〈初春的暖陽〉。

路志寬（河北），〈飛翔的蟈蟈兒〉。（散文詩）

海青青（河南），〈半生牆圍〉。

胡慶軍（天津），〈在異鄉，我常常想起故鄉〉。（第四版三分之一版，散文。）

〈微信裡的二〇一九個祝福：海青青給台灣著名詩人台客先生的信〉、〈海青青寫給著名詩評家、詩人吳開晉先生的兩封短信〉。

在第一版有海青青給涂靜怡的信，鼓舞她像上海百歲老詩人聖野、四川九旬詩人木斧，仍艱難而快樂的創作。青青說，「世事難料，生活不易，惟有詩能慰藉心靈，感受人生之美。」我亦有同感。

總第六三期（豆綠號，二〇一九年十二月）

台客（台灣），「八行詩」（組詩），〈種詩的人〉、〈葡萄園〉、〈兩岸〉、〈都市大樓印象〉、〈小偷〉、〈訪老友不遇〉、〈寂寞〉、〈野草〉。

馬瑞麟（雲南），〈黃土地與紅土地〉。

唐德林（遼寧），〈秋天在磨他的鐮刀〉、〈秋〉。

蔡同偉（山東），「秋韻」（組詩），〈秋荷〉、〈山溪〉、〈大豆〉。

牙侯廣（廣西），〈風的後事〉、〈陽光明媚的日子〉。

閔凡利（山東），〈一條河〉。

李鈞（河南），〈搖〉、〈寂寞〉、〈綻放〉。

劉恒菊（安徽），〈蝴蝶〉。

段新強（河南），〈看黃河〉、〈黃河灣道〉、〈一棵茅草〉。

周俞林（湖南），〈寫給兒子的十六行詩〉、〈有時青春徒有虛名〉。

張禮（雲南），〈旗袍女人〉。

魏益君（山東），〈秋水雅心〉。（第四版約三分之一多版面，有詩味的短篇散文。）

陳福成（台灣），〈〈無題〉是每個人的故事〉。（第四版半版多，是筆者讀海青青〈無題〉一詩，引發的心得短文。）

在第一版有筆者給海青青的一封信，信中我提議應在《牡丹園》詩刊上公告：「歡迎贊助……」等。

這封信筆者思考到一個問題，《牡丹園》和《大中原歌壇》，都沒有ISBN（國際圖書統一編碼），這是「大問題」。一者上不了「市場採購平台」，二者進不了「圖書館採購平台」，這吃虧很大。

爲解決這個問題（也非根本），我決定爲海青青寫一本書（第二本），把《牡丹園》和《大中原歌壇》部分作品送進中國各大圖書館。（註：二〇一八年前，大陸有五十個大學圖書館、台灣有五十個大學圖書館，典藏筆者出版的著作。到二〇二四年時，大陸一級城市（人口二百萬以上）約三百多個圖書館，也典藏筆者作品。全中國約有近五百個圖書館典藏筆者作品，我的作品爲生生世世炎黃子民而寫，嘉惠每一代的中國人。）

總第六四期（二一喬號，二〇二〇年二月）

張禮（雲南），〈紅蘋果〉、〈煤炭的黑〉、〈寄生〉。

李鈞（河南），〈春天裡〉、〈等〉。

蔡同偉（山東），〈那時的冬季〉、〈走進鄉愁深處〉。

譚清友（四川），〈夜歸人〉。

牙侯廣（廣西），〈記一條小溪〉、〈回鄉記〉。

楊斌（雲南），〈暮色〉。

湯雲明（雲南），〈父親母親的疑問〉。

海青青（河南），〈體檢報告〉。

白懷崗（陝西安康市葉坪鎮中心學校），〈雪落秦嶺靜無聲〉（組詩），12345678。

姜利威（河南），〈大紅燈籠高高掛〉。

周俞林（湖南），〈我鼓勵自己成爲對得起時間的人〉。

余平（湖北），〈臘月裡來有貨郎〉。（第四版半版多，隨筆雜記，描述傳統節慶時的風景。）

王舉芳（山東），〈指尖弦聲〉。（第三版三分之一，深夜裡的散文詩。）

在第一版有海青青給《洛陽晚報》編輯文靜的信，說到現在雜誌或報紙，供給發表現代詩的機會越來越少。而《洛陽晚報》提供給詩人有發表機會，海青青去信表達感謝和支持。

總第六五期（武漢號，二〇二〇年三月）

本期是二〇二〇年，中國的人民戰爭（應也是世界人民戰爭），「新冠病毒」疫情全球流行，中國必勝。

馬瑞麟（雲南），〈白衣女神〉。

梁德榮（廣東），「戰疫情存檔」（組詩），〈守候平安〉、〈遙望武漢〉、〈那麼多的請戰書〉。

蔡同偉（山東），〈桃花開了〉、〈迎春花〉。

魏益君（山東），〈湯圓〉。

姜利威（河南），〈醫護人員〉、〈口罩〉。

張禮（雲南），〈春天來了〉。

劉楷強（甘肅），〈江城櫻花，近在咫尺〉。

湯雲明（雲南），〈防疫路上遇花開〉、〈逆行者，美麗的背影〉。

海青青（河南），〈武漢日記〉（組詩），〈英雄，感謝有你：敬李文亮醫師及所有的白衣天使〉、〈感謝你，佛羅倫薩〉。（註：二〇二〇年二月一日，義大利佛羅倫薩市長納德拉，發起「擁抱一個中國人」活動，鼓舞全世界和中國人一起抗疫，甚爲感動！）

白懷崗（陝西省安康市漢濱區葉坪鎭中心學校），〈隱居〉、〈樓頂〉。

北城（內蒙古），〈中國戰疫〉（組章），〈村頭的火堆〉、〈值守〉、〈永不放棄〉。（第三版半版多、第四版部分，散文詩。）

尤素福・海青青（河南），〈中國戰疫中的詩人們：《蘭園書齋》筆記系列〉。（第四版近全版文章）

總第六六期（詳見第三篇）

總第六七期（牡丹文化節號，第三八屆，二〇二〇年五月）

本期是二〇二〇年，相約牡丹園，第九屆「牡丹園」筆會，中國洛陽歡迎你！

龍郁（四川），〈蘇醒的蘭草〉、〈謝了〉。

莫景春（廣西），〈影子〉、〈一個膽小的人〉。

張習輝（貴州），〈絕壁上的樹〉、〈一棵樹〉。

張世明（四川），「抗疫詩」兩首，〈夜空又多了一顆星：悼李文亮醫生〉、〈這個冬天〉。

北城（內蒙古），〈望春〉。

袁同飛（江蘇），〈光陰辭之春〉〈組詩〉，〈立春〉、〈驚蟄〉、〈春分〉、〈清明〉、〈穀雨〉。

「十五年牡丹園：我想對你說……」本期嘉賓，遼寧著名詩人天楊，贈詩《牡丹園》主人、詩人海青青。

海青青（河南），〈牡丹綻放俄羅斯〉。（按：二〇一九年六月五日，國家主席習近平和俄國總統普丁，在莫斯科大劇院共同出席中俄建交70週年紀念大會，並觀看文藝表演，在舞台上牡丹綻放美麗的容顏。）

第三版〈海青青給上海張谷平老師（上海《金秋文學》主編）的一封信〉。提到詩人傅家駒已病逝，以及木斧也在今（二〇二〇）年三月十五日逝世。

同第三版有〈海青青給台灣詩人台客的一封信〉。該信中說：「陳福成詩兄二〇二〇年四月三十日來信，及早前寄來的四十本《海青青的天空》均已收到，勿念……欣聞福成詩兄的新著，《中國詩歌墾拓者海青青：《牡丹園》和《大中原歌壇》》，在台灣均已出版，眞的很驚喜，很感動……」

在第四版〈詩訊〉，也登出河北詩人劉章先生，二〇二〇年二月二十日病逝；山東大學的吳開晉教授，也在二〇一九年十二月六日病逝。感傷啊！熟識的，曾有一段文字緣的，一個個都走了！我等未走的人也在排隊了！

〈詩訊〉也刊出，張效民著《心中蓄滿露水的詩人：木斧評傳》，已由四川文藝出版社出版；山東著名詩人柳笛新著《詩魂夢繞總鄉情》，已由四川民族出版社，於二〇一九年十二月出版發行。

第四版另有一封筆者的短信，〈台灣詩人陳福成給河南詩人海青青的一封信〉：「海青青詩兄，《中國詩歌墾拓者海青青：《牡丹園》詩刊和《大中原歌壇》》，已經出版。我叫出版社先寄一批給你（50本），你收到後，還會寄第二批……」這是我助人的方式！

〈海青青給河南詩人段新強的一封信〉。第四版短信，提到他正在編《木斧專刊》，木斧是當代文壇大家，也是回族作家代表性人物。

總第六八期（飛燕紅妝號，二〇二〇年八月）

龍郁（四川），〈知足〉。

趙志輝（北京），〈帷幕不能打開：致龍郁兄〉。

白懷崗（陝西），「從前慢」（組詩），〈老號碼〉、〈展銷會〉、〈舊手機〉。

唐德林（河北），「在土地上」，〈勞作的時候〉、〈長草的土地才能長出好莊稼〉。

陳赫（河北），〈眼中事〉。

何軍雄（甘肅），〈風挨著風〉。

北城（內蒙古），〈根深蒂固〉。

湯雲明（雲南），〈月亮上住滿詩人〉、〈有何老鄉叫鄭和〉、〈嘉峪關上〉。

「十五年牡丹園我想對你說……」本期嘉賓有兩位，馬瑞麟（雲南），〈牡丹園：爲《牡丹園》創刊十五週年而作〉、〈園丁〉。

陳守雲（上海）：「河南有位海青青，堅守牡丹園十五春，海闊任魚躍，天下美名揚。」（書法）。

張谷平（上海），〈烤暖了的回憶：最後的生日派對〉。（第四版全版文章，回憶已故《金秋文學社》老社長傅家駒與文學社同仁的最後一次生日派對。）

第三版刊出「牡丹宴之約。二〇二〇中國洛陽第二屆牡丹詩詞藝術節」，頒獎典禮於二〇二〇年十月廿四日舉行。海青青作品〈牡丹園〉（組詩），獲二等獎。

同在第三版登出，陳福成著《中國詩歌墾拓者海青青》出版訊息，並指出陳福成是兩岸詩歌交流的積極推動者踐行者，令人敬重！

在第一版，有馬瑞麟、丁國成給海青青的短信。在第三版有海青青給台客的一封長信，信中提到時機成熟時，會辦一座「牡丹園詩歌博物館」，或展覽館，供海內外文朋詩友欣賞。

總第六九期（粉中冠號，二〇二〇年十一月）

這期各版是中國當代少數民族詩人作品，先介紹有土家族、壯族、蒙古族、藏族、回族。

仲彥（湖南、土家族），〈出生〉。

韋漢權（廣西、壯族），〈三月三〉、〈鄉音和母語〉、〈鴨跖草的花〉。

牙侯廣（廣西、壯族），〈河邊女子〉、〈夢想與現實〉。

寶玉民（內蒙古、蒙古族），〈阿爸的馬頭琴〉、〈晨牧〉、〈河流〉。

席・照日格圖（內蒙古、蒙古族），〈故鄉的沙漠〉、〈蒙古馬〉。

康若文琴（四川、藏族），〈給花披上袈裟〉、〈牧人〉、〈空杯〉。

馬瑞麟（雲南、回族），〈時光及其他〉（組詩），〈悟：讀《古蘭經・開端章》〉、〈納訓故居〉。

高堅（內蒙古、蒙古族），〈在軍馬場草原，我用神話來愛〉、〈敖包，從一顆石子開始〉、〈喜歡在草原拾撿草籽〉。

海青青（河南、回族），〈早上，去清眞寺禮拜的鄉親〉。

「十五年，牡丹園，我想對你說……」本期嘉賓，有朱先樹（北京著名詩人）和台客，朱先樹一封祝賀《牡丹園》十五年短信。

台客，〈牡丹園創刊十五週年〉：「牡丹園裡百花開，賞心悅目動心懷，誰知栽花人苦辛，汗滴滴落匯成海！」。（台灣詩人台客敬賀　二〇二〇年庚子歲末於中國台北）

總第七十期（粉娥嬌號，二〇二一年一月）

文勤（雲南），〈絲路飛歌〉。（第一版全版、第二版部分，是十節一百一十七行的長詩）

李愫生（河南），〈燦爛與平凡〉、〈河〉。

蔡同偉（山東），〈第一書記的工作筆記〉。

何穎（福建），〈臘月〉。

在第二版約半版，是海青青給丁（國成）老的信。信中聊了許多文壇因緣，李小雨、涂靜怡、王學忠……

何眞宗（重慶），〈打工人的節日〉。

白懷崗（陝西省安康市漢濱區葉坪鎮中心學校），〈溪澗謠〉、〈遲緩〉。

「十五年，牡丹園我想對你說……」本期嘉賓，有遼寧著名詞作家鄔大爲和台灣著名詩人、作家陳福成。

鄔大爲（遼寧），〈牡丹園中唱心曲：贈海青青〉、〈祝福：藏頭詩〉。

陳福成（台灣），〈洛陽海青青《牡丹園》詩刊十五週年慶〉：「富貴牡丹　天下王者　中國詩人　聚在牡丹」。（台灣台北陳福成　辛丑二〇二一年春）

湯雲明（雲南），〈小康陽光暖邊疆〉、〈高鐵開進彩雲南〉。

在第四版三分之二版面，〈方式與契機：「木斧研究學會」成立〉。海青青說明「木斧研究學會」之目的、功能、編組和刊物發行等。（詳見本書第三篇）

在第一版，有海青青給仲彥詩友一封短信。

總第七一期（牡丹文化節號，第三九屆，二〇二二年四月）

第七一期是二〇二二年相約牡丹園，第十屆「牡丹園」筆會，中國洛陽歡迎你來！

台客（台灣），〈洛陽牡丹咏〉、〈春已到誰知道〉。

何軍雄（甘肅），〈苜蓿花〉、〈一個叫春霞的女人〉。

唐德林（遼寧），〈無題〉、〈冬天是座火焰山〉。

許登彥（新疆），〈春雨借宿的一朵桃花〉、〈花開見佛〉、〈大漠的月光〉。

牙侯光（廣西），〈我的窗口爬滿了藤蔓〉、〈磨刀〉、〈冬天的樹〉。（牙侯光可能是牙侯廣之誤）

湯禮春（湖北），〈晨耕〉。

第二版有〈海青青給四川詩人龍郁的一封信〉，提到詩人作家創作太多傷眼，如木斧、涂靜怡。看來我要小心了，我寫作太多了（因沒有別的方法可以打發時間）。

白懷剛（陝西），〈春風十里如錦〉一二三。（白懷剛可能是白懷崗之誤）

蘇小小（廣東），〈春臨〉。

湯雲明（雲南），〈沒有一個春天不經歷寒冬〉、〈清明，想起來時的路〉。

「十五年牡丹園，我想對你說……」本期嘉賓，河南詩人段新強，〈贈《牡丹園》詩報〉，「牡丹園／詩的花園／每一顆露珠／都是詩／每一粒詞語／都是花瓣」。賀《牡丹園》創刊十五週年，段新強二〇二〇年十二月於山城親川。

陳福成（台灣），〈詩人心中的她：淺議海青青兩首愛情詩〉。（第四版全版文章，筆者解讀海青青兩首情詩，是〈電話〉和〈想見你的心情〉。）

第六章　詩歌奮戰十八年

總第七二期（十五週年號，二〇二一年六月）

史紅霞（陝西），〈閱讀黨旗：爲建黨一百週年而作〉、〈鐮刀、鐵錘：中國的造型〉。

何軍雄（甘肅），〈七一抒懷〉（組詩），〈鐮刀與鐵錘〉、〈八一抒懷〉。

湯雲明（雲南），〈紅色查尼皮〉、〈紅色遵義〉。

許文舟（雲南），〈汴繡〉。

馬瑞麟（雲南），〈班主任頭像〉、〈致山村女教師〉、〈紅筆〉。（散文詩三則）

殷賢華（重慶），「素描三題」（組詩），〈嘴〉、〈手〉、〈眼〉。

宿秀桃（內蒙古），〈我是來自北疆的一片雪〉。

夏照強（山東），〈蟬鳴划過春莊〉、〈行走的鄉愁〉、〈蜻蜓〉。
高堅（內蒙古），〈轉身的痛〉。
左秀英（重慶），〈夜〉。
高延萍（湖北），〈桃花開〉。

「十五年，牡丹園，我想對你說……」。本期嘉賓有湖北兒童詩詩人林藍，〈讚《牡丹園》詩刊〉。另有河南《伊斯蘭文化研究》主編古英風、河南鄭州北大清眞寺老師王國安，一段祝賀詞（中文、阿拉伯文對照）。

在第一版有海青青給《洛陽晚報》編輯的一封信，讚美他〈嘉興之境界〉，有如一位詩人型作家。

在第四版有筆者給海青青的一封信，我寫說「中國現代詩發展至今一百年了。每一代都有墾拓者，由於每一代的努力，才有今天中國詩歌的輝煌。而海青青，你，正是我們這一代最重要的墾拓者。」

同在第四版，有海青青給陳（守雲）老的一封信，指出情詩要「出奇」，才能「制勝」，如舒婷的〈致橡樹〉、席慕蓉的〈一棵開花的樹〉。

總第七三期（台灣號，二〇一二年八月）

本期各版面，是「中國台灣詩人作品選輯」，海青青更把這期稱「台灣號」，真是感謝青青如此的用心。筆者一向以「生長在台灣的中國人」為榮，中國是我，我是中國，是我始終如一的氣魄。因此，我是台灣詩人，也是中國詩人，叫中國台灣詩人也行。

台客，〈看不見的敵人〉、〈信行禪寺〉。（台客，本名廖振卿，一九五一年生，台灣省台北縣人。）

金筑，〈黑色的收穫：阿富汗的田野〉、〈戰場〉、〈寫意〉。（金筑，本名謝炯，一九二八年生，貴州貴陽人。）

麥穗，〈雨和淚〉、〈夢〉。（麥穗，本名楊華康，一九三〇年生，浙江餘姚人，有森林詩人之名。

落蒂，〈靈感〉、〈雨夜思友〉。（落蒂，本名楊顯榮，一九四四年生，台灣省嘉義人。）

王幻，〈鏡中對話〉、〈一枕會飛的夢〉。（王幻，本名王家文，一九二七年生，山東蓬萊人。）

傅予，〈放下〉、〈百年後〉。（傅予，本名傅家琛，一九三一年生，福建省福州市人。）

陳福成，〈彈吉他給杏花聽〉、〈勇者〉。（陳福成，即筆者，中國台灣詩人是也，一九五二年出生在台中，祖籍四川成都。）

莊雲惠，〈總在心頭〉、〈不期而遇〉。（莊雲惠，一九六三年生，台灣新竹人，詩人也是著名畫家。）

曾美玲，〈兩團火〉、〈木棉樹〉。（曾美玲，一九六〇年生，台灣省雲林縣人。）

泛宏，〈自啄倒影〉、〈星星〉、〈隱去〉。（泛宏，本名陳添財，一九四〇年生，台灣花蓮人。）

「十五年牡丹園，我想對你說……」本期嘉賓，四川著名詩人龍郁，〈牆外牡丹《牡丹園》創刊十五週年而作〉。

查干（北京），〈一首詩和一座禪寺〉。（第四版全版、第三版部分，談洛夫〈金龍禪寺〉一詩。）

總第七四期（粉荷面號，二〇二一年十一月）

龍郁（四川），〈農民〉、〈作品〉、〈當我鬆開緊攥的拳頭〉、〈頹廢〉、〈雲的空口袋〉。

張繼征（香港），〈晚風微涼告清秋〉。

吳思章（湖南），「大山囑小溪慢慢流」（組詩），〈紅紅的山裡紅〉、〈別了，雨季〉。

王國良（黑龍江），「松花江畔青紗帳」（組詩），〈告別濕地〉、〈老味包子鋪〉、〈松花江畔的青紗帳〉。

心在江南（湖北），〈酒歌〉、〈婚嫁〉。

夏照強（山東），〈老棗樹〉。

大衛（江蘇），〈傾聽〉、〈這雨下得太好了〉。

「十五年，牡丹園，我想對你說……」本期嘉賓，雲南著名詩人湯雲明，〈牡丹城下《牡丹園》〉。

第三版刊出《牡丹園》詩刊顧問、著名女詩人傅天琳，於二〇二一年十月廿三日在重慶病逝。她有詩集《綠色的音符》、《在孩子和世界之間》，流傳於世。

海青青（河南），〈半是煙雨半晴天〉。（第四版全版文章，目前完整典藏《牡丹園》，有中國紅色收藏館、洛陽市圖書館和筆者（陳福成）。）

在第一版有王國安給海青青的信，稱讚青青的詩「清新俊麗」，有時代鄉土氣息，有詩的世界才是最美的世界。

總第七五期（粉樓台號，二〇二二年一月）

陳福成（台灣），《龍族魂》（組詩），〈一首唐詩喚醒我的夢〉、〈往事如煙〉、〈鄉間小路〉、〈渡口〉、〈當我老了〉。（註：《龍族魂》，是筆者於二〇二一年九月，由台北文史哲出版社出版的詩集。）

台客（台灣），〈又是一年〉、〈懷念金筑〉。

湯禮春（湖北），〈晨耕〉、〈過年啦〉。

李鈞（河南），〈低處〉、〈山中寺院〉。

丁慶霞（廣東），〈奶奶的河流〉。

殷賢華（重慶），〈卑微〉、〈冬天裡的最後一朵野花〉。

錢國宏（遼寧），「小年是春節的封面」，〈中國年是五千年烹煮一道菜〉、〈小年〉。

第三版「什錦牡丹」，刊出：「台灣著名詩人、作家陳福成先生新著《芋頭史記：陳福成科幻歷史傳奇長詩劇》，於二〇二一年八月由文史哲出版社正式出版發行。」「詩集《龍族魂》，於二〇二一年九月，由文史哲出版社出版發行。」

同在第三版，刊出台灣著名詩人、《葡萄園》詩刊社長金筑先生，於二〇二一年十二月廿三日病逝，享壽九十二歲。

第四版有半個版面，登出《木斧研究論壇》雜誌第二期徵稿啓事、《木斧研究論壇》宗旨以及雜誌欄目等。

第四版另半版，報導二〇二一年十二月十六日，第二屆（香港）紫荊花詩歌獎暨「詩與遠方」全球華語詩歌大賽獲獎名單揭曉。海青青獲「一等獎」，台客獲「優秀獎」。

在第一版有筆者給海青青的一封信。信中提到數月前，台灣另一家出版我書的台北時英出版社，有將我著作贈洛陽市圖書館。我另有《陳福成文集》八十本，也可以贈送洛陽市圖書館。

總第七六期（粉托桂號，二〇二二年四月）

葉延濱（北京），〈一個黑點守著〉。

台客（台灣），〈虎年之歌〉。

李鈞（河南），〈清明〉。

蔡同偉（山東），〈鄉村振興報告〉（組詩），〈一個都不能少〉、〈鄉親的雅稱〉。

川流（江西），〈小聚〉、〈相見〉、〈永遠〉。

羅籲（河北），〈觀光偶感〉、〈托大〉、〈空房子〉、〈盯〉。

聶難（雲南），〈藏一個春天在心裡〉。

張禮（雲南），〈油菜花開在田裡〉。

海青青（河南），〈白園〉、〈老同學〉。

白懷剛（陝西），〈在山中〉、〈溪澗〉、〈菜園〉。

第三版〈本刊啓事〉，報導了洛陽牡丹文化節的歷史淵源，始於隋代，有一千六百多年了。是國家級、世界級的節慶，時間在每年四月一日到五月十日。

第四版以半版，刊出筆者在二〇二二年元月出版《中國新詩百年名家作品欣賞》一書的序。按該書只列出八十二位名家，其實我概略檢視，能稱得上「名家」，約有三百人，所以未來會再有《續篇》。

第四版也刊出涂靜怡給海青青的微信，以及海青青的回信。海青青提到自己寫短詩，也寫長詩、散文和小說，也獲得不少大小獎項。

在第四版的「什錦牡丹」，刊出：「台灣著名詩人、作家、詩評家陳福成先生，新著《中國新詩百年名家作品欣賞》，已由台灣文史哲出版社，於二〇二二年元月正式出版發行。」

在第三版詩訊，登出由馬仲偉主編的《馬瑞麟創作研究》（第六集），已由中國國際詩書畫印出版社，於二〇二二年四月出版。

總第七七期（粉娥獻媚號，二〇二二年六月）

張繼征（香港），〈蘭考泡桐〉、〈嵩山少林〉。

張禮（雲南），〈獨坐春天裡〉。

錢國宏（遼寧），〈收割伏麥〉。

牙侯光（廣西），〈趕集〉、〈母親的收藏〉、〈遠山蒼茫〉。（前面出現牙侯廣、牙侯光，應同一人）

湯禮春（湖北），〈兒童〉。

林師（江西），〈飄零，不是最後的救贖〉、〈軟肋，亦會變成硬骨〉、〈失眠，那就好好醒著〉。

殷賢華（重慶），〈倒流〉。

袁傳寶（江蘇），〈父親的皺紋〉。

艾文章（山東），〈藕〉。

海青青（河南），「中年日記」（組詩），〈心是一件行囊〉、〈雞冠花〉、〈母親的年〉。

湯雲明（雲南），〈人在季節深處〉、〈光陰的流逝使我心安〉。

第四版有海青青給上海《金秋文學》雜誌主編張谷平先生的信。說到現在編《牡丹園》、《大中原歌壇》和《木斧研究論壇》，也很吃力，但會堅持下去！

同在第四版和第三版部分，有海青青給四川詩人蕭開秀老師的信。信中提到《心中蓄滿露水的詩人》和《木斧散文選》二書，青青對木斧的無限思念！

同在第四版「什錦牡丹」，刊出：洛陽市檔案館收藏了台灣著名詩人、作家、詩評家陳福成先生的著作，《海青青的天空》、《中國詩歌墾拓者海青青》，以及海青青詩集《夢裡不足身是客》。（附：捐贈證書）

總第七八期（粉樓號，二〇二三年八月）

張繼征（香港），「中州攬勝」（組詩），〈黃帝故里〉、〈九曲黃河〉。

台客（台灣），〈爛梨裝蘋果〉。

李鈞（河南），〈累〉、〈盪鞦韆〉、〈冬的思緒〉。

周天紅（四川），〈奔放的河流〉。

錢國宏（遼寧），〈老家〉、〈秋天是一版副刊〉。

張禮（雲南），「蘇州方言」（組詩），〈煙雨蘇州〉、〈宋詞裡的蘇州〉、〈絕代園林〉、〈小橋流水〉。

胡蝶語蕊（湖北省秭歸縣實驗小學四年級三班），〈屈原的橘樹〉。（指導老師：李芹、胡興法）

沈學印（黑龍江），〈花兒紅了，愛情自然熟透〉。

何軍雄（甘肅），〈鄉村老井〉。

張明重（河南），「冬季物語」（組詩），〈風〉、〈樹〉。

海青青（河南），〈香椿芽〉。

陳福成（台灣），〈〈月下出攤〉，眞實的生意人生〉。（第四版全版、第三版部分，筆者對海青青〈月下出攤〉一詩之賞析。）

總第七九期（粉麗號，二〇二三年十一月）

王國良（黑龍江），〈小興安嶺〉、〈與妻〉、〈穀雨〉、〈微信裡的故鄉〉。（王國良曾獲中國新詩百年全球華語百位最具潛力詩人獎）

袁傳寶（江蘇），〈閱讀金陵〉、〈月明之夜〉、〈月光下歌唱的木桶〉。

白懷崗（陝西），〈日常〉。

第二版「夜光杯」，有墨西哥詩人何塞（José Emilio Pacheco，1939 —— 2014）的三首中文譯詩，分別是：

〈詩人之戀〉（北塔 譯）、〈羔羊〉（北塔 譯）、〈詩人們的生活〉（朱景冬 譯）。

何塞，墨西哥當代最有代表性的詩人、作家。他的主要著作有：《針里的城堡》、《夜之元素》、《沙漠中的搏鬥》、《我盯著地看》、《記憶之城》、《流沙》等。

林琳（香港），〈淺水灣〉。

海青青（河南），「後疫情時代」（組詩），〈遺棄〉、〈老菜農〉、〈世界病了〉。

邙山詩客（河南），〈小興安嶺上的詩人〉。（第四版全版文章，盛讚王國良詩作寫得好，給足「面子」，一次就在首版刊發四首。）

在第一版有海青青給沈學印老師的信。期許他的《烏蘇里江・綠色風》正常出版，並寄上一本陳福成先生著《海青青的天空》。

總第八十期（鳳丹粉號，二〇二三年二月）

台客（台灣），〈懷念古遠清老師〉。（附記：武漢中南財經政法大學教授，畢生研究台港澳及海外華文文學卓有成就的古遠清老師，因染疫於二〇二二年十二月廿七日病逝，享年八十二歲。）

殷賢華（重慶），〈春離〉、〈黎明〉、〈書館〉。

李鈞（河南），〈大地的溫度〉。

李燕翔（河北），「花言草語」（組詩），〈吊蘭〉、〈無花果〉。

江東旭（貴州），〈悲傷的職責〉、〈痴人〉、〈火〉。

陳敬標（上海），〈我的詩意〉。

蔡同偉（山東），〈露珠〉、〈大自然的刺繡工〉、〈柳絲〉、〈蚯蚓〉、〈迎春花開〉。

湯雲明（雲南），〈跑的油菜花〉。

林琳（香港），〈大潮，澎湃著錢塘江的桀驁〉。

海青青（河南），〈二百歲再去看你〉、〈春雨來時，我想寫首詩〉、〈小雀兒〉。

海青青（河南），〈牡丹園裡遺芳馨：憶著名詩論家、《牡丹園》詩刊顧問古遠清先生〉。（第四版全版文章）

古遠清重要著作有：《中國大陸當代文學理論批評史》、《台灣當代文學理論批評史》、《香港當代文學批評史》、《中國當代詩論五十家》、《中國當代名詩一百首賞析》等。

總第八一期（牡丹文化節號，第四十屆，二〇二三年四月）

本期是二〇二三年，相約牡丹園，第十一屆「牡丹園」筆會，中國洛陽熱烈歡迎你的光臨。

張繼征（香港），〈洛陽牡丹〉、〈龍門石窟〉。

空也靜（陝西），「激勵兒孫同將龍的文化弘揚！」。〈春風〉、〈春天〉、〈桃花〉、〈母親〉。

殷賢華（重慶），〈嫩芽〉、〈泥匠〉。

雷島（山東），〈當我們思念〉、〈我不能確定〉、〈雨天〉。

錢國宏（遼寧），「北國平原」（組詩），〈清晨的平原〉、〈午後的北國平原〉、〈向晚的北國平原〉。

鄭安江（內蒙古），〈春天〉、〈春雨〉。

張禮（雲南），〈建設者之歌〉（組詩），〈吊塔之上〉、〈高高的腳手架〉。

海青青（河南），〈銀絲貫頂〉、〈牡丹，遇見你是我的美麗〉。

（說明：「銀絲貫頂」，洛陽現存僅有的一株苗齡二十年的托桂型牡丹品種，乃「鎮園之寶」。因觀賞的人太多，遊客只能在「銀絲貫頂」前停留三十秒，以便更多的人可以一睹芳容。）

耿仁亮（海南），〈水晶晶南潯〉。（第四版全版、第二版部分。南潯，在浙江省湖州市，是中國最美的歷史文化古鎮。）

總第八二期（鳳丹紫號，二〇二三年六月）

雷島（山東），〈綠色的夏〉、〈五月的麥地〉、〈五月的村莊〉。

殷賢華（重慶），〈關閉〉、〈唇印〉、〈懷念的人喜歡什麼〉。

李燕翔（河北），〈牽牛花〉。

周曉明（河北），〈上班〉。

何軍雄（甘肅），〈不要〉。

「白雪塔」以古體詩爲主：

劉豪（河南），〈亭記是夜暴雨〉其二。

靳維華（內蒙古），〈聽雨〉、〈春夜〉、〈夜無眠〉。

海青青（河南），「牡丹花客」（組詩），〈暮春觀海黃〉、〈山中谷雨看牡丹〉、〈玉板白〉、〈牡丹茶：贈台灣詩人台客、陳福成〉、〈蘭園晨繞牡丹花叢有感〉、〈牡丹戀〉、〈花客〉、〈煙絨紫〉、〈蘭園谷雨〉、〈南關花園黃昏觀牡丹〉、〈風中觀牡丹〉、〈賞牡丹〉。

王征樺（安徽），〈掌心〉。

劉恒菊（安徽），〈螢火蟲〉。

段新強（河南），〈回到鄉村〉、〈手工布鞋〉。

聶難（雲南），〈沙子〉。（散文詩）

許文舟（雲南），〈老屋〉。（散文詩）

陳福成（台灣），〈鳳棲梧〉，男人心中永恆的夢境〉。（第四版全版文章，筆者解讀海青青的兩首詩，〈鳳棲梧〉、〈男人手記〉。）

總第八三期（涂靜怡號，二〇二三年八月）

台灣《秋水》詩刊主編涂靜怡，於今（二〇二三）年九月六日病逝，享壽八十八歲。海青青為悼念這位可敬的詩姊，把這期《牡丹園》詩刊訂名「涂靜怡號」，做為永久的紀念。

台客（台灣），〈秋水之神：悼涂靜怡主編〉。

俊歌（台灣），〈秋意正濃：詩懷涂靜怡主編〉。（俊歌，原名吳元俊，三月詩會成員，與筆者同任台灣大學主任教官退休。）

張繼征（香港），〈把您和詩魂鑄心田〉。（悼念《秋水》詩刊主編涂靜怡詩姐）

龍郁（四川），〈淚眼朦朧送靜怡〉。（二〇二三年九月七日淚祭靜怡大姐）

柳笛（山東），〈水做的大姐、詩做的魂〉。（痛悼台灣詩人涂靜怡大姐仙逝）

唐德亮（廣東），〈一葉秋箋，飛過曠野〉。（悼念詩人涂靜怡大姐，《秋箋》和《回眸處》，是涂姊的兩本詩集。）

海青青（河南），〈二百歲再去看你〉。

在第二版有章安君的國畫〈秋水不染塵〉；以及柳笛先生的挽聯，「靜怡大姐千古、秋水詩刊流芳」。

在第三版有海青青給靜怡姐的信、刊出一張台客和涂姊的合照。（筆者往昔叫涂主編「涂姊」，不用「涂姐」）。第三版還有薩仁圖雅（遼寧），〈痛悼涂靜怡〉，「秋水長天化鶴飛、靜怡詩姐留芳魂」。

第四版刊出一封於二〇〇九年七月廿一日，涂靜怡給海青青的一封信。在小方塊對涂靜怡生平、著作、獲獎等，有簡單介紹。

海青青（河南），〈我在洛陽很想您：憶親愛的靜怡姐〉。（五到八全版文章，海青青稱「當代藝術刊物主編中，靜怡姐是最用心的一位典範。」筆者亦有同感。整整四個多版面，海青青回憶和涂姐的書信交流，有許多動人的故事。）

總第八四期（鳳丹白號，二〇二三年十一月）

空也靜（陝西），〈甩鍋〉。

李鈞（河南），〈致一隻鳥〉。

閻記平，〈遙遠的少年〉。

殷賢華（重慶），「睹物思」（組詩），〈暢想曲〉、〈命運〉、〈處方〉。

周天紅（四川），〈一朵雲嵌入村莊〉、〈一粒蟲聲飛過夜的村莊〉。

夏照強（山東），〈海帶女〉、〈老井繩〉、〈村口〉。

聶難（雲南），「冬韻悠悠」（組章），〈與冬天書〉、〈冬季暢想〉。（第二版半版，散文詩）

湯雲明（雲南），〈父親是一座岌岌可危的山〉、〈孤獨是一座花園〉。

陳赫（河北），〈暮年〉。

雷島（山東），〈美好的夏天〉、〈豹子，旋轉著天空〉。

在第四版有兩封信：〈海青青給遼寧著名詩人薩仁圖雅老師的書信〉、〈海青青給

台灣著名詩人台客老師的書信〉。（各佔半版）

在第二版小方塊有廣東作家張效民給海青青的短信。也刊出《牡丹園》啓事，邀請薩仁圖雅和筆者，擔任詩刊顧問。

第二篇

《大中原歌壇》十年功

天香中国

——《中国香》三部曲之一

1=G 4/4　　　　　　　　尤素福·海青青　词曲

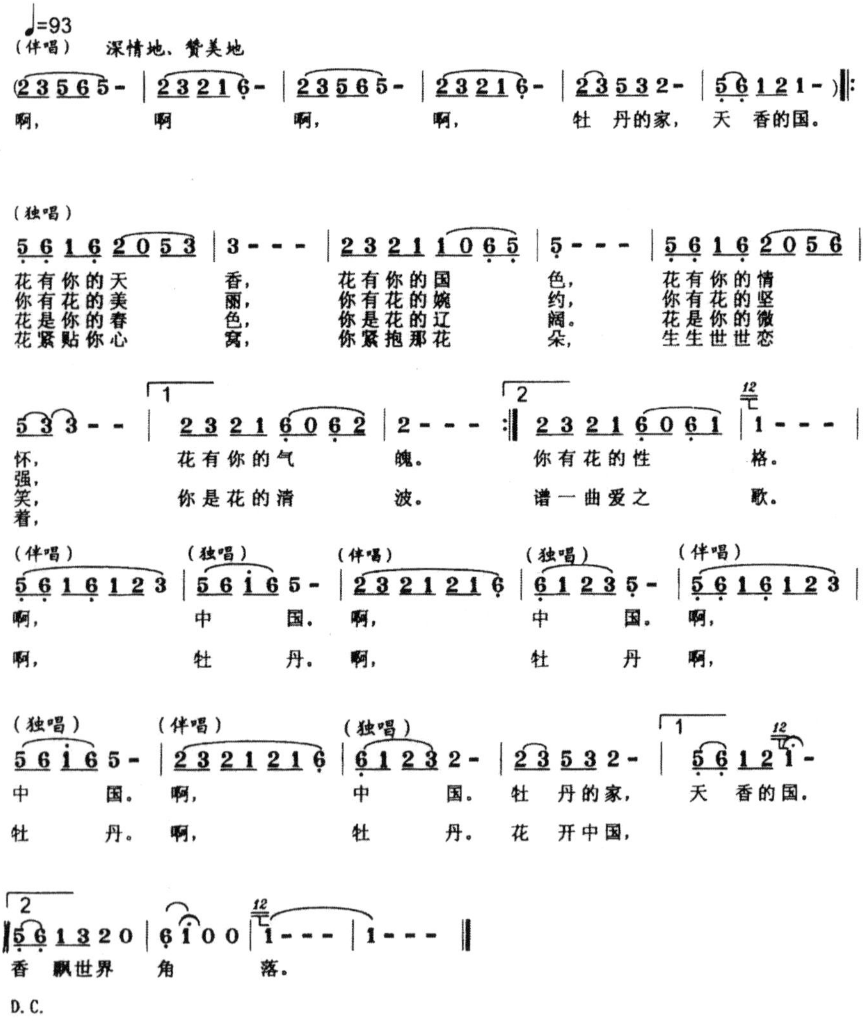
♩=93
（伴唱）　深情地、赞美地
啊，啊 啊，啊，牡丹的家，天香的国。
（独唱）
花有你的天香，花有你的国色，花有你的情怀，
你有花的美丽，你有花的婉约，你有花的坚强，
花是你的春色，你是花的辽阔。花是你的微笑，
花紧贴你心窝，你紧抱那花朵，生生世世恋着，
花有你的气魄。你有花的性格。
你是花的清波。谱一曲爱之歌。
（伴唱）（独唱）（伴唱）（独唱）（伴唱）
啊，中国。啊，中国。啊，
啊，牡丹。啊，牡丹啊，
（独唱）（伴唱）（独唱）
中国。啊，中国。牡丹的家，天香的国。
牡丹。啊，牡丹。花开中国，
香飘世界角落。
D. C.

第七章　歌聲自中原響起

總第一期（二〇一四年秋季號）

木斧（四川），〈江南〉。
聖野（上海），〈愛唱歌的鳥〉。
馬瑞麟（雲南），〈高原牧歌〉。
汪茶英（江西），〈中不中〉。
鄧成彬（重慶），〈草根的夢〉、〈我們也會老〉。
李作華（江蘇），兒歌五首：〈奶說摟個火炭炭〉、〈早晨〉、〈小星星〉、〈撿麥穗〉、〈放牛歌〉。
尤素福．海青青（河南），回族新民歌五首：〈清眞寺〉，〈回回家〉、〈古爾邦節〉、〈蓋頭下的回族姑娘〉、〈回回拳〉。

陳迎，〈螳螂割稻〉。

黎強詞、商希林曲，〈美麗中國〉。

汪茶英詞、汪德崇曲，〈問鼎〉。

林藍詞、劉北休曲，〈鉛筆〉。

林藍詞、劉北休曲，〈風弟弟〉。

尤素福．海青青詞曲，〈天香中國：《中國香》三部曲之一〉。

美丽中国

1=F 2/4

中速、赞美

黎 强 词
商希林 曲

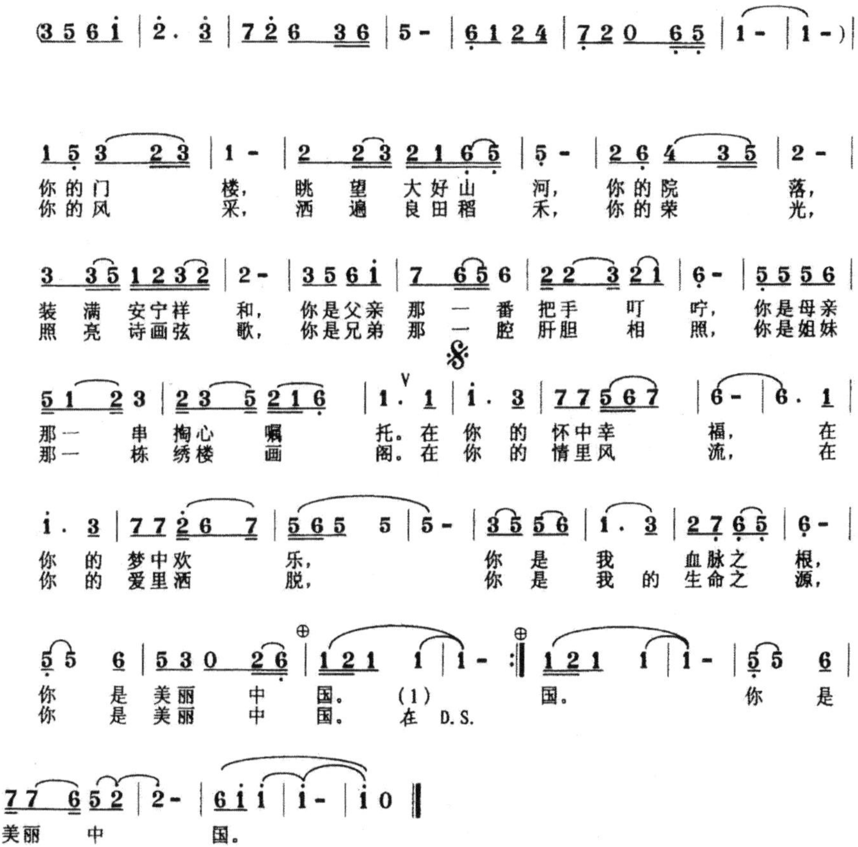
你的门楼，眺望大好山河，你的院落，
你的风采，洒遍良田稻禾，你的荣光，
装满安宁祥和，你是父亲那一番把手叮咛，你是母亲
照亮诗画弦歌，你是兄弟那一腔肝胆相照，你是姐妹
那一串掏心嘱托。在你的怀中幸福，在
那一栋绣楼画阁。在你的情里风流，在
你的梦中欢乐，你是我血脉之根，
你的爱里洒脱，你是我的生命之源，
你是美丽中国。(1) 国。你是
你是美丽中国。在 D.S.
美丽中国。

黎 强：（400010）重庆渝中区临江门邹容路 153 号 11 楼
商希林：（400711）重庆市北碚区云清路 370 号南馨琴行《万泉河》歌刊
电话：13650547910

梁保庆（广东）：《大中原歌坛》，我支持你们！一定支持你们！
汪茶英（江西）：很好！现在办刊不容易，向您，向《大中原歌坛》致敬！谢谢您的邀约，祝一切称心如意！
邓成彬（重庆）：祝贺《大中原歌坛》创刊！天地之中，汇聚八方。

白云中岳

问　　鼎

汪茶英词
汪德崇曲

1=F 2/4 中快 豪迈 有力地

1.为什么 这里出土 中华第一 鼎？ 为什么能将 中国 历史
2.为什么 豪杰都爱 中原问 鼎？ 为什么敢于 逐鹿 中原
秋色 平 分？ 为什么这里 培育了 中华文化的 根？
横扫 乾 坤？ 为什么这里 发祥了 中华百家 姓？
为什么星空 如此 灿烂 人文如此鼎 盛？ 因为有 我，
为什么底蕴 如此 深厚 圣贤鼎鼎大 名？ 因为有 我，
因为有 你， 因为 我们 是 堂堂正正的 中原 人。说出的 话
因为有 你， 因为 我们 是 善于传承的 中原 人。吃过的 苦
字正 腔圆 一言 九 鼎， 肩负的 事 求真 务实 不辱 使
流过的汗 长了 精 神， 走过的 路 行过的 善 锻造了 魂。
命． 居中国 之中 守卫着 中华 好传统，唱 黄河 歌谣
做龙的 传人 爱我 中华 大家庭，与 黄河 同舞
推动 历史的 巨轮。 推动 历史的 巨 轮。 韵。
抒写 中原的 神韵。 抒写 中原的 神
1.2
结束句

2014．7．17作

334000 江西省上饶市委党史办汪茶英 QQ:634539713
102400 北京房山区城关街道办事处羊头岗村住宅小区
5号楼2单元401室 汪德崇 电话 15910637839

铅 笔

1=D 2/4

林 蓝 词
刘北休 曲

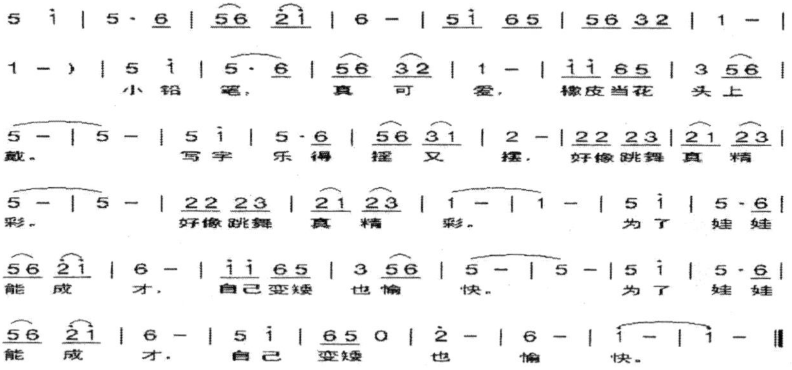
小铅笔，真可爱，橡皮当花头上
戴。写字乐得摇又摆，好像跳舞真精
彩。好像跳舞真精彩。为了娃娃
能成才，自己变矮也愉快。为了娃娃
能成才，自己变矮也愉快。

风弟弟

1=♭B 2/4

林 蓝 词
刘北休 曲

风弟弟，风弟弟，真调皮，吹起废纸当飞机。
当飞机。飞到东，飞到西，飞到西，我来没收
装篓里。装篓里。风弟弟，别生气，保证让你
心欢喜。快到窗前玩游戏，我把风铃借给你。
我把风铃借给你。D.S. 我把风铃借
给你。
Fine

天 香 中 国

——《中国香》三部曲之一

1=G $\frac{4}{4}$

尤素福·海青青　词 曲

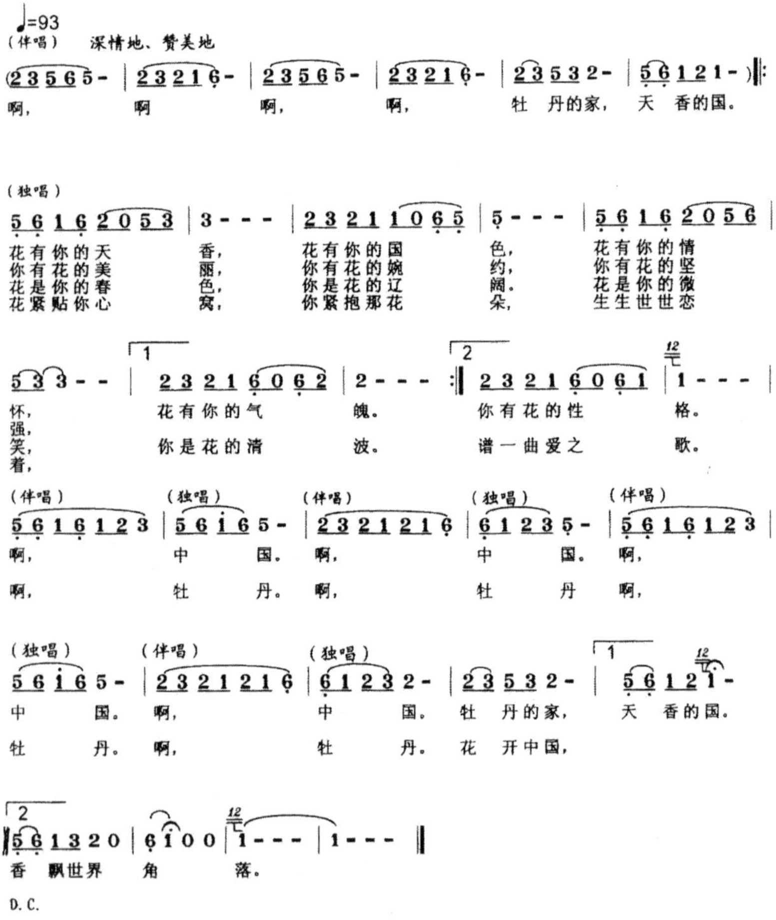
♩=93
（伴唱）　深情地、赞美地
啊，　啊　啊，　啊，　牡　丹的家，　天　香的国。
（独唱）
花有你的天　香，　花有你的国　色，　花有你的情
你有花的美　丽，　你有花的婉　约，　你有花的坚
花是你的春　色，　你是花的辽　阔。　花是你的微
花紧贴你心　窝，　你紧抱那花　朵，　生生世世恋
怀，　花有你的气　魄。　你有花的性　格。
强，
笑，　你是花的清　波。　谱一曲爱之　歌。
着，
（伴唱）（独唱）（伴唱）（独唱）（伴唱）
啊，　中　国。　啊，　中　国。　啊，
啊，　牡　丹。　啊，　牡　丹　啊，
（独唱）（伴唱）（独唱）
中　国。　啊，　中　国。　牡　丹的家，　天　香的国。
牡　丹。　啊，　牡　丹。　花　开中国，
香　飘世界　角　落。
D. C.

總第二期（雪花號，二〇一四年）

鄔大爲（遼寧），〈大德華夏·大愛中國〉、〈我的黑土地〉。

聖野（上海），〈紅寶石〉。

木斧（四川），〈南國海鷗〉。

劉秉剛（上海），〈消防員苦不苦〉、〈現代化戰爭我們打得贏〉。

高鷹（江西），〈夢的中國〉。

汪茶英（江西），〈快樂是瀟湘的導航〉、〈湖南有你一畝田〉、〈念念不忘〉。

李亞娟（山東），〈眞善美〉、〈橘色花：獻給環衛工人的歌〉、〈相思相憶〉。

馬瑞麟（雲南），〈讓座〉、〈駕駛員〉、〈撫仙湖·母親湖〉。

徐燦平（上海），〈我是夕陽一片雲〉。

仲葦（上海），〈東方講台之歌〉。

鄧成彬（重慶），〈遠山的火把〉。

尤素福·海青青（河南），〈詩人三部曲〉：〈詩人淚〉、〈詞人歌〉、〈元人曲〉。

王小平（重慶），兒歌：〈公正謠〉、〈小牛兒〉。

陳迎（重慶），〈河蚌買菜〉。

范修奎詞、吳克敏曲，〈眞心相愛〉。

鄔大爲詞、陳大同曲，〈親人〉。

尤素福．海青青詞曲，〈夢裡天堂〉。

梦里天堂

1=E $\frac{4}{4}$

尤素福·海青青　词曲

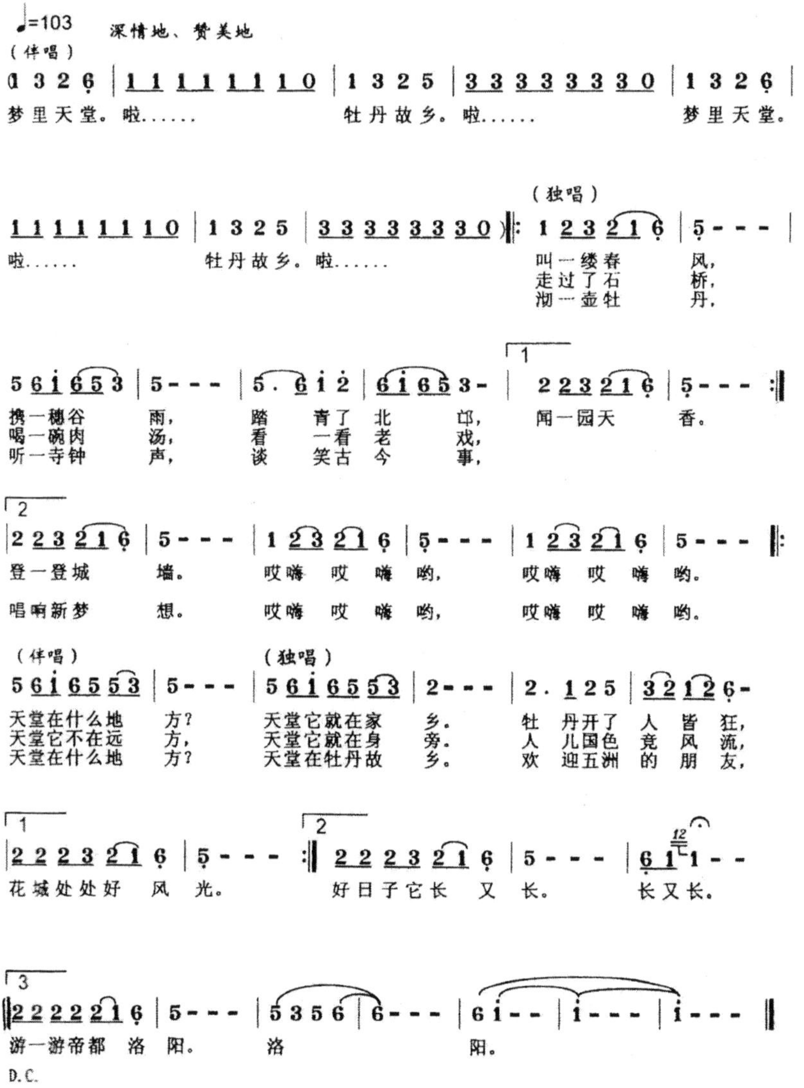

♩=103　深情地、赞美地
（伴唱）
梦里天堂。啦……　牡丹故乡。啦……　梦里天堂。
啦……　牡丹故乡。啦……
（独唱）
叫一缕春风，
走过了石桥，
沏一壶牡丹，
携一穗谷雨，踏青了北邙，闻一园天香。
喝一碗肉汤，看一看老戏，
听一寺钟声，谈笑古今事，
登一登城墙。哎嗨哎嗨哟，哎嗨哎嗨哟。
唱响新梦想。哎嗨哎嗨哟，哎嗨哎嗨哟。
（伴唱）　（独唱）
天堂在什么地方？天堂它就在家乡。牡丹开了人皆狂，
天堂它不在远方，天堂它就在身旁。人儿国色竞风流，
天堂在什么地方？天堂在牡丹故乡。欢迎五洲的朋友，
花城处处好风光。好日子它长又长。长又长。
游一游帝都洛阳。洛阳。
D.C.

注：在第十小节“风”字有伴唱：｜0 0 11 10｜（啦啦啦）；
在第十二小节“雨”字有伴唱：｜0 0 33 30｜（啦啦啦）。
后几段，依此类推。

真 心 相 爱

(独唱)

作词 范修奎
作曲 吴克敏

1=F 2/4

中速 真诚 热情地

(ⅰⅰ 65│3563 5│ⅰⅰ 65│1235 2│2323 55│165 33│

2356 5326│111 1)││11 165│5663│5 - │ⅰⅰ 65│

不论 茶 水 是浓 是 淡， 只要 清香
不论 人 生 是喜 是 悲， 只要 乐观

1235│2 - │3 3│5 3│2321│6 - │22 23│55 32│

永驻心 间 不论恋 人 是近 是 远， 只要 思念 藏在 心
永驻心 扉 不论道 路 是平 是 坎， 只有 拼搏 才到 终

1 - │1 - │5 5│635│6ⅰ16│5 - │ⅰ166│56 3│

田 不 论 联 系 是多 是 少， 只要 真心 相 爱
点 不 论 玫 瑰 是多 是 少， 只要 真心 相 爱

23 21│2 - │32 35│3 - │23 21│1 6·│35 53│23 21│

相爱就 好， 真心相 爱， 真心相 爱， 相爱的人 白头偕
相爱就 好， 真心相 爱， 真心相 爱， 相爱的人 白头偕

5 - │5 - │656ⅰ│ⅰ16·│6563│35·│2356│

老 真心相 爱， 真心相 爱， 相爱的人
老 真心相 爱， 真心相 爱， 相爱的人

(结束句)

53 26│1 - │1 - :│23 56│5·3│56 6│6 - │ⅰ - │1 - │1 0│

白头偕 老
白头偕 老 D.S. 相爱的人 白 头 偕 老

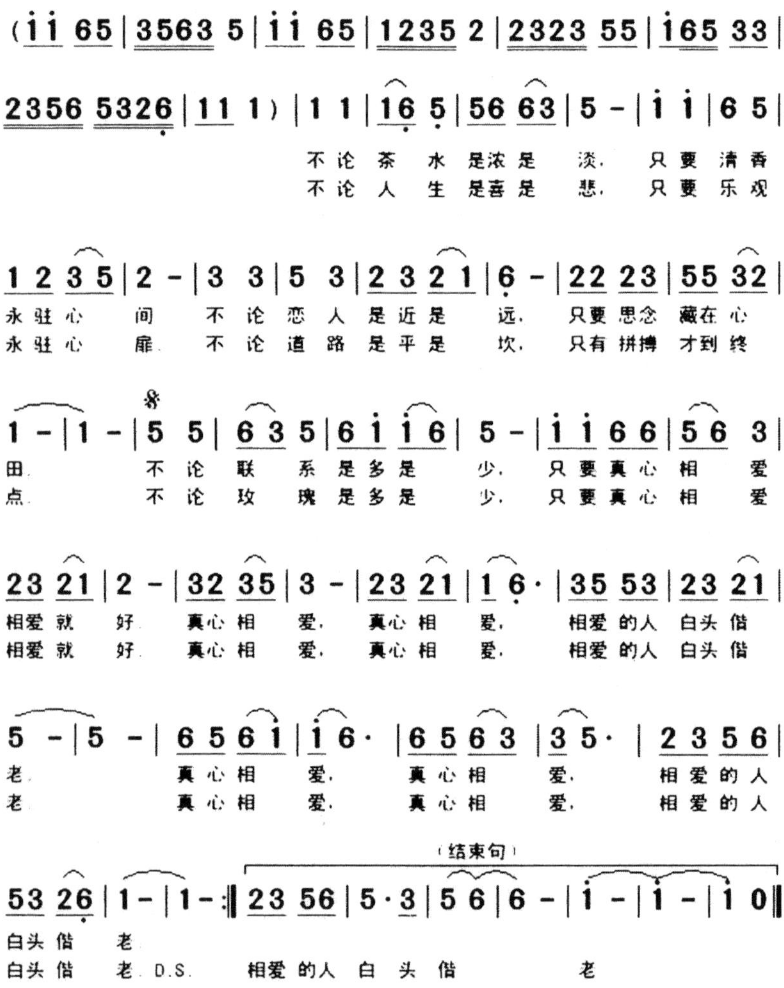

（从S处反复唱第二段歌词至结束句）

范修奎：517000广东省河源市文明路石塘小区B栋502室
手机：15986044688

吴克敏：223600江苏省沭阳县沭城镇巴黎花园小区34号
楼1单元202室　手机：15371360600

亲人

女声独唱

1=♭E $\frac{2}{4}$

♩=84 亲切愉悦地

邬大为 词
陈大同 曲

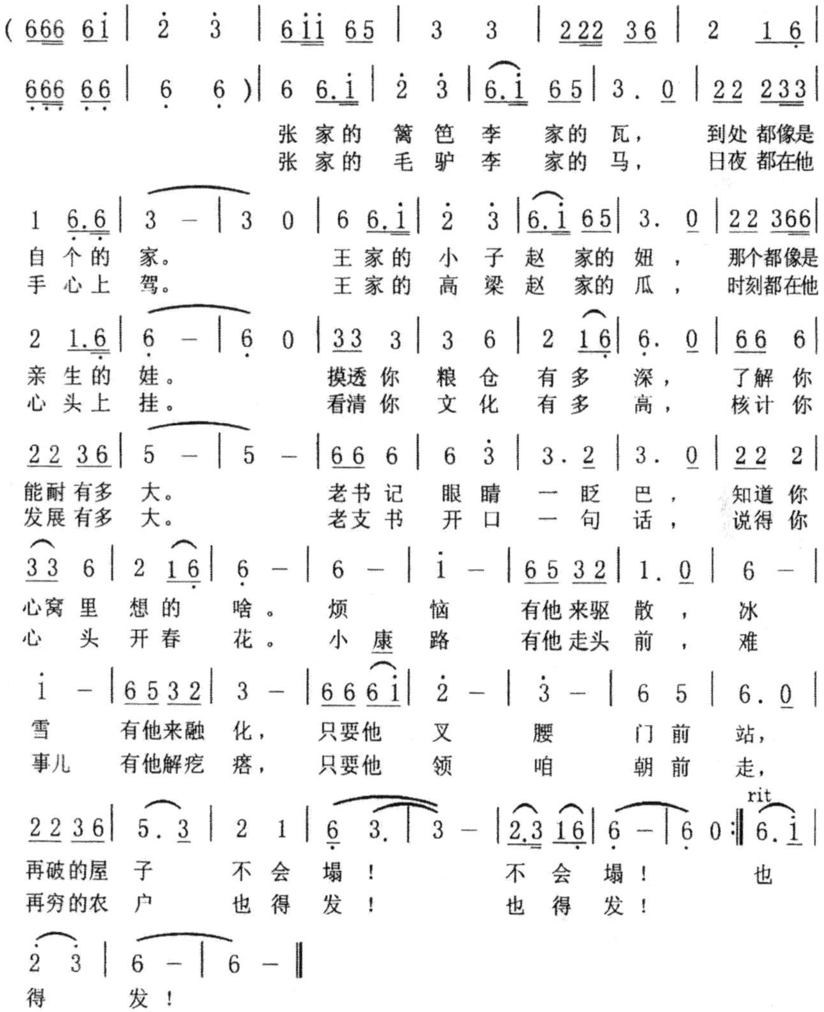
张家的篱笆李家的瓦，到处都像是自个的家。王家的小子赵家的妞，那个都像是亲生的娃。摸透你粮仓有多深，了解你能耐有多大。老书记眼睛一眨巴，知道你心窝里想的啥。
张家的毛驴李家的马，日夜都在他手心上驾。王家的高粱赵家的瓜，时刻都在他心头上挂。看清你文化有多高，核计你发展有多大。老支书开口一句话，说得你心头开春花。
烦恼有他来驱散，冰雪有他来融化，只要他叉腰门前站，再破的屋子不会塌！不会塌！
小康路有他走头前，难事儿有他解疙瘩，只要他领咱朝前走，再穷的农户也得发！也得发！
rit
也得发！

邬大为110035沈阳市皇姑区塔湾街77号沈司二干33幢，电话024-28695791
陈大同570216海口市金盘路5032信箱，电话13976689105（中国音乐家协会会员）

總第三期（牡丹號，二〇一五年）

閻肅（北京），〈風花雪月〉、〈全心全意〉、〈天兵〉。

鄔大為（遼寧），〈中華好家園〉。

木斧（四川），〈嫂子謠〉。

台客（台灣），〈月琴〉。

徐懷亮（內蒙古），〈鄂爾多斯酒歌〉、〈守望相助〉。

劉秉剛（上海），〈草原愛羊羔〉、〈好像白雲天上飄〉。

汪茶英（江西），〈最珍貴的東西〉、〈最怕〉。

崔殿廣（河南），〈我的醉美家鄉〉。

李亞娟（山東），〈秋風如夢〉。

尤素福．海青青（河南），「流行風」三首：〈怒放：贈搖滾歌手汪峰〉、〈偏喜歡上了你：贈著名歌手李健〉、〈漂流瓶〉。

林藍（湖北），兒歌：〈小巧手〉、〈小烏鴉〉。

閻肅（空政文工團一級編劇），〈一名人民解放軍文藝戰線的老兵情懷〉。（第四版半版多文章）

海青青給閻老的信。（第四版、第七版部分）

馬瑞麟詞、李晴海曲，〈撫仙湖．母親湖〉。

何德林詞、劉北休曲，〈我愛黃河第一灣〉。

范修奎詞、黃清林曲，〈我陪伴你走一程〉。

（漢）樂府詞、尤素福．海青青曲，〈長歌行〉。

我陪伴你走一程

1=♭E 2/4
♩=66

作词：范修奎
作曲：黄清林

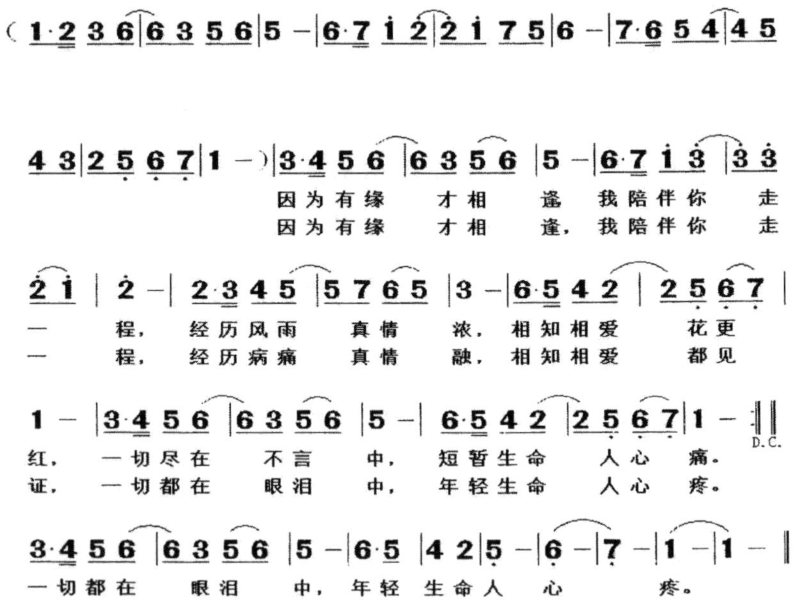

因为有缘 才相 逢 我陪伴你 走
因为有缘 才相 逢，我陪伴你 走
一 程，经历风雨 真情 浓，相知相爱 花更
一 程，经历病痛 真情 融，相知相爱 都见
红，一切尽在 不言 中，短暂生命 人心 痛。
证，一切都在 眼泪 中，年轻生命 人心 疼。
D.C.
一切都在 眼泪 中，年轻 生命人 心 疼。

长歌行

（汉）乐府　词

尤素福·海青青　曲

1=F　4/4

♩=99　　古典主义风格

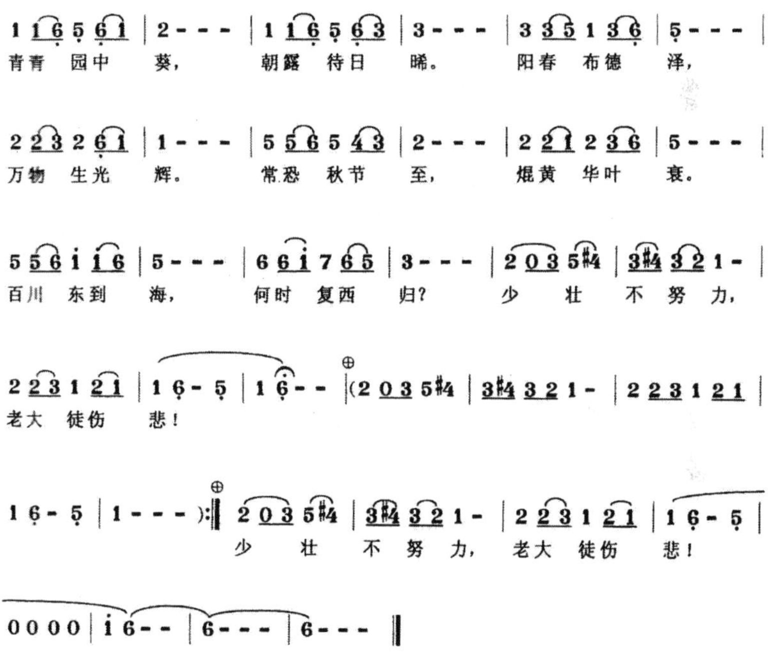

```
1 1̲6̲ 5̲ 6̲1̲ | 2 - - - | 1 1̲6̲ 5̲ 6̲3̲ | 3 - - - | 3 3̲5̲ 1̲ 3̲6̲ | 5 - - - |
青青  园中 葵，    朝露  待日 晞。      阳春  布德 泽，
```

```
2 2̲3̲ 2̲ 6̲1̲ | 1 - - - | 5 5̲6̲ 5̲ 4̲3̲ | 2 - - - | 2 2̲1̲ 2̲ 3̲6̲ | 5 - - - |
万物  生光 辉。    常恐  秋节 至，      焜黄  华叶 衰。
```

```
5 5̲6̲ i̲ 1̲6̲ | 5 - - - | 6̲6̲1̲ 7̲6̲5̲ | 3 - - - | 2 0 3 5 #4 | #4 3̲2̲ 1 - |
百川  东到 海，    何时  复西 归？      少  壮  不 努 力，
```

```
2 2̲3̲ 1̲ 2̲1̲ | 1̲ 6̲ - 5̲ | 1̲ 6̲ - - |(2 0 3 5 #4 | #4 3̲2̲ 1 - | 2 2̲3̲ 1̲ 2̲1̲ |
老大  徒伤  悲！
```

```
1̲ 6̲ - 5̲ | 1 - - - ):‖ 2 0 3 5 #4 | #4 3̲2̲ 1 - | 2 2̲3̲ 1̲ 2̲1̲ | 1̲ 6̲ - 5̲ |
                        少  壮  不 努 力， 老大  徒伤  悲！
```

```
0 0 0 0 | 1̲ 6̲ - - | 6 - - - | 6 - - - ‖
```

注：

前奏（儿童朗诵）：

|X X X X |X O X X |X X X O|X.X X X|X O X X|X X X O|

青青园中 葵，朝露 待日晞。阳春布德泽，万物生光辉。

尾奏（儿童朗诵）：

|X X X X |X O X X |X X X O|X X X X|X O X X|X X X O|

百川东到 海，何时 复西归？少壮不努力，老大徒伤悲！

我爱黄河第一湾

何德林 词
刘北休 曲

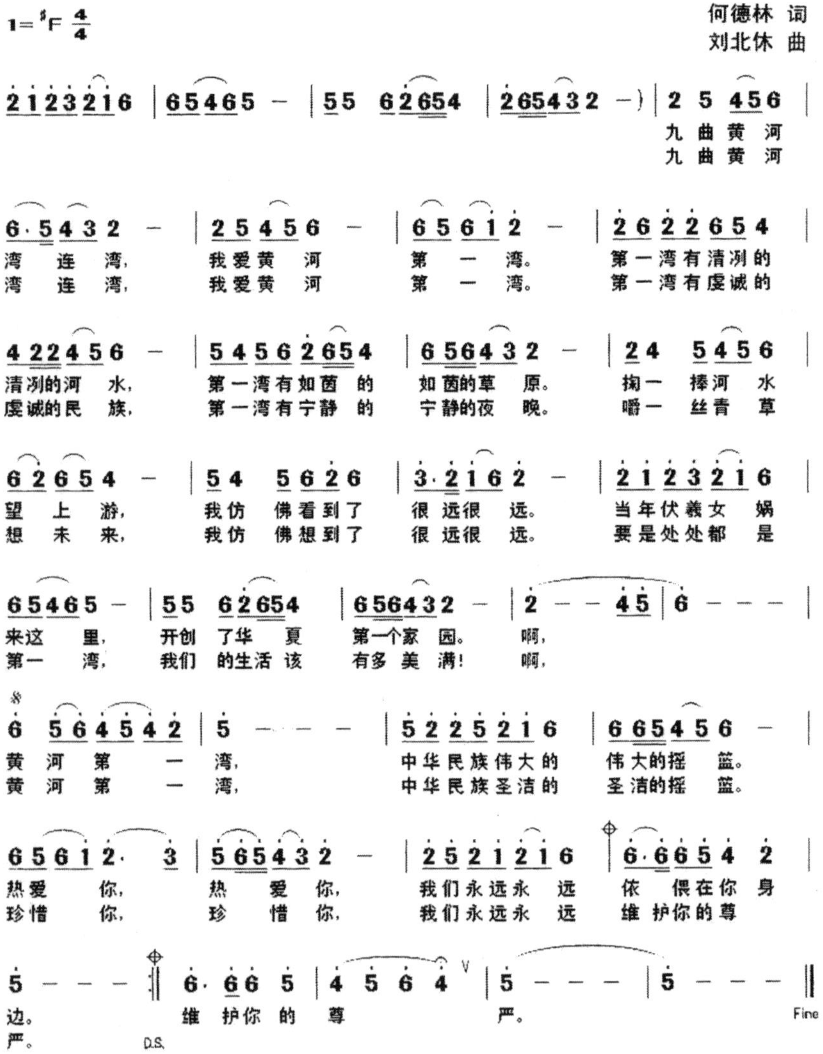
1=#F 4/4
九曲黄河
九曲黄河
湾 连 湾， 我爱黄 河 第 一 湾。 第一湾有清冽的
湾 连 湾， 我爱黄 河 第 一 湾。 第一湾有虔诚的
清冽的河 水， 第一湾有如茵 的 如茵的草 原。 掬一 捧河 水
虔诚的民 族， 第一湾有宁静 的 宁静的夜 晚。 嚼一 丝青 草
望 上 游， 我仿 佛看到了 很远很 远。 当年伏羲女 娲
想 未 来， 我仿 佛想到了 很远很 远。 要是处处都 是
来这 里， 开创 了华 夏 第一个家 园。 啊，
第一 湾， 我们 的生活 该 有多美 满！ 啊，
黄 河 第 一 湾， 中华民族伟大的 伟大的摇 篮。
黄 河 第 一 湾， 中华民族圣洁的 圣洁的摇 篮。
热爱 你， 热 爱 你， 我们永远永 远 依 偎在你 身
珍惜 你， 珍 惜 你， 我们永远永 远 维 护你的尊
边。 维 护你 的 尊 严。
严。
Fine
D.S.

作者：何德林：635000四川省达州市人民银行何德林信箱。
电话：13518246188．QQ：760263138．
刘北休：710119陕西省西安市紫薇田园都市K区35楼1103号。
电话：13474463654．QQ：652205279．

抚仙湖 母亲湖

1=♭E $\frac{4}{4}\frac{2}{4}$
中速 宽广 深情地

马瑞麟 词
李晴海 曲

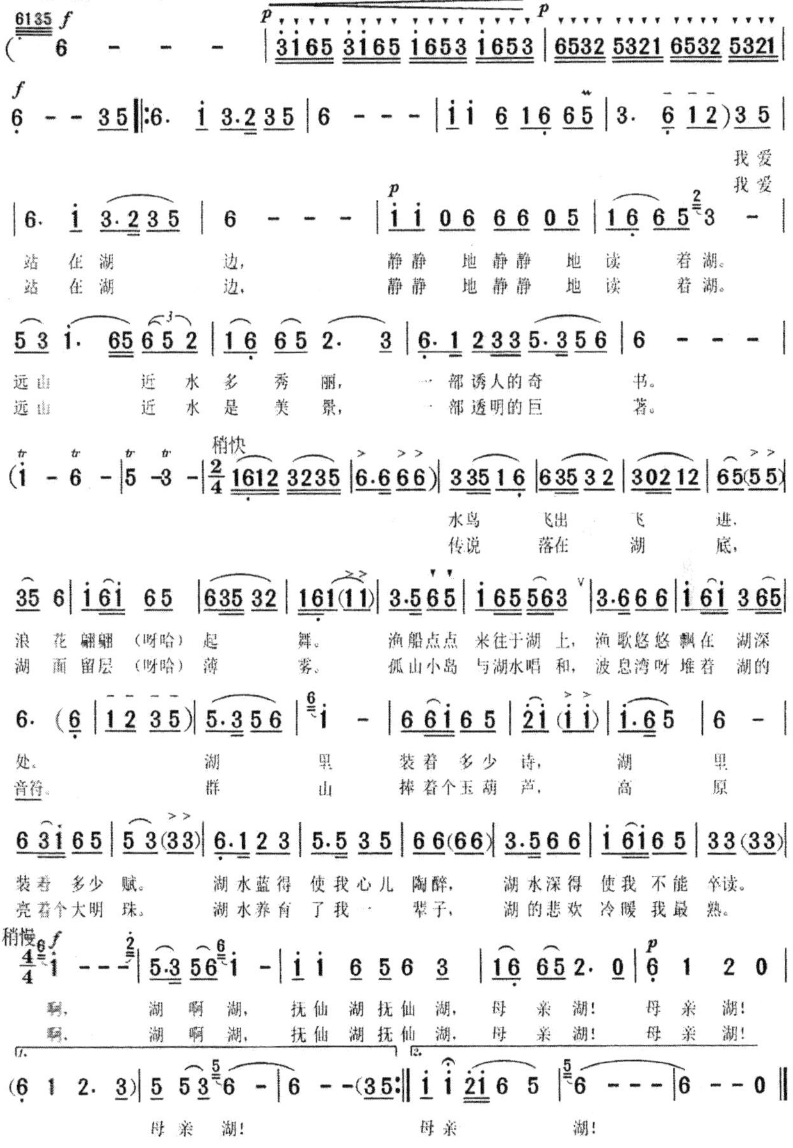

總第四期（月季號，二〇一五年）

閻肅（北京），〈歸雁〉、〈拷紅〉。

馬瑞麟（雲南），〈竹樓夜〉、〈山戀〉。

汪荼英（江西），〈馳騁夢的原野〉。

李恩維（山東），〈家園之戀〉。

歐正中（四川），〈愛〉。

徐穎（江西），〈要牽就牽你的手〉、〈你的夢我的夢〉。

張倫（重慶），兒歌：〈小聲點兒〉、〈貓咪老師〉。

尤素福・海青青（河南），「大中原」三首：〈大河南〉、〈河洛人家〉、〈浪漫之都〉。

林藍（湖北），兒歌：〈青蛙〉、〈送快遞〉。

在第三版有李幼容、希林給海青青的信。

邢力鈞詞、張文曲，〈藍瑩瑩的馬蘭花〉。

董萬頃詞、張文曲，〈三尺講台〉。
彭長霖詞、錢誠曲，〈紅月季〉。
閻肅詞、江德崇曲，〈風花雪月〉。
鄔大為詞、許德清曲，〈小刺蝟〉。

三 尺 讲 台

1=B 4/4
深情 赞颂地

董万顷 词
张 文 曲

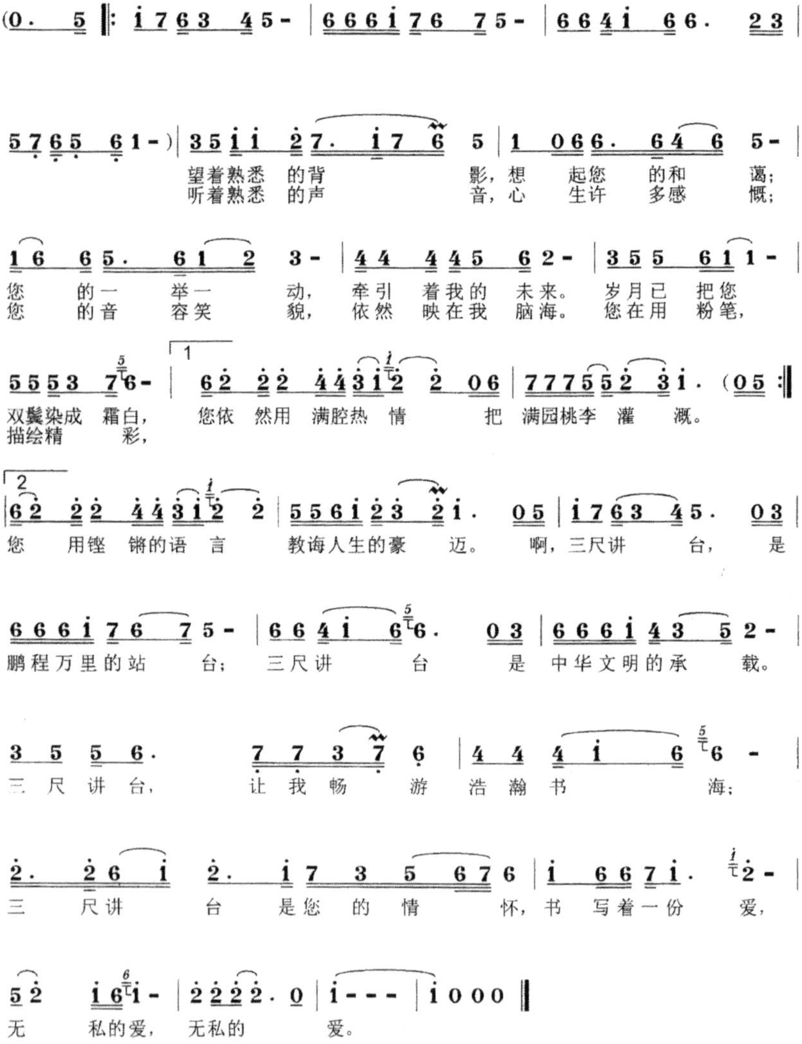
望着熟悉 的背 影，想 起您 的和 蔼；
听着熟悉 的声 音，心 生许 多感 慨；
您 的一 举一 动，牵引 着我的 未来。岁月已 把您
您 的音 容笑 貌，依然 映在我 脑海。您在用 粉笔，
双鬓染成 霜白，您依 然用 满腔热 情 把 满园桃李 灌 溉。
描绘精 彩，
您 用铿 锵的语 言 教诲人生的豪 迈。 啊，三尺讲 台，是
鹏程万里的站 台；三尺讲 台 是 中华文明的承 载。
三 尺 讲 台，让 我 畅 游 浩 瀚 书 海；
三 尺讲 台 是您 的 情 怀，书 写着一份 爱，
无 私的爱，无私的 爱。

董万顷 地址：山东省东营市河口区河口采油厂监测大队 邮编：257200
电话：15318391003 邮箱：dwq123@vip.qq.com

张 文 地址：山东省枣庄八中南校 音乐组 邮编：277099
电话：13563255608 Q Q:1076284158
邮箱：zhangwen_200611@163.com

风 花 雪 月

阎 肃词
江德崇曲

1=♭B 2/4 进行速度、坚定有力地

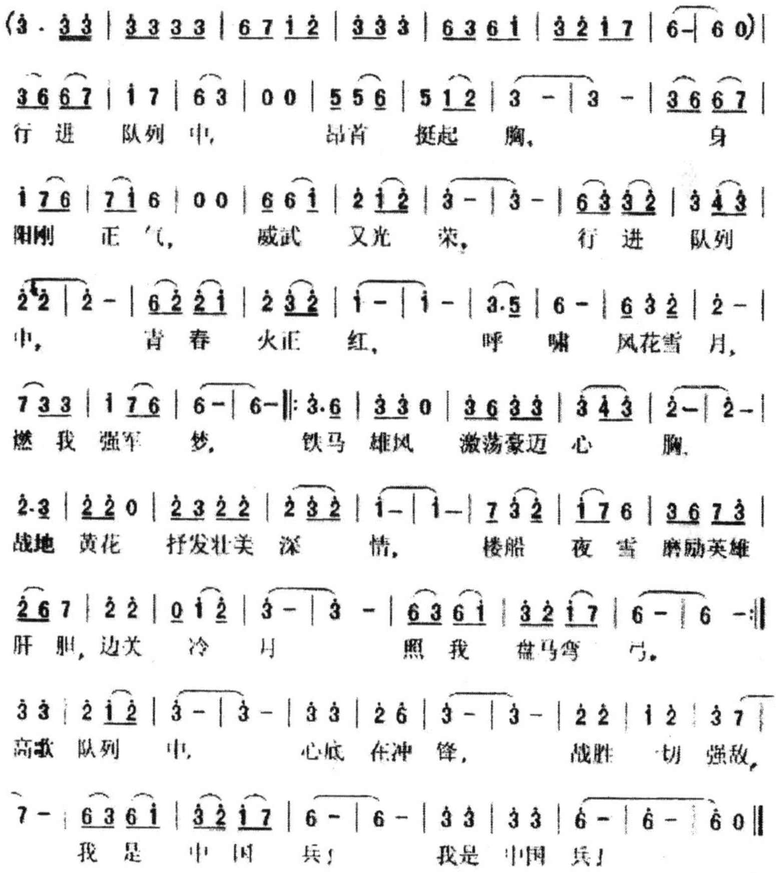

2015.3.21.作

歌词见《大中原歌坛》2015年牡丹号.

102400 北京市房山区城关街道办事处羊头岗村住宅小区
5号楼2单元401室 汪德崇 电话：15910637839
电子邮箱：WANGNANGUANG1978@126.COM

蓝莹莹的马兰花

1=♯C $\frac{4}{4}$
抒情 赞美地

邢力钧 词
张 文 曲

邢力钧 地址：内蒙古兴安盟扎赉特旗教育局 邮编：137600
邮箱：452837673@QQ.com
张 文 地址：山东省枣庄八中南校 音乐组 邮编：277099
电话：13563255608 QQ:1076284158
邮箱：zhangwen_200611@163.com

红 月 季

1=♭B4/4 （男声独唱） 彭长霖 词

钱 诚曲

每分钟 72 拍 圣洁美丽地

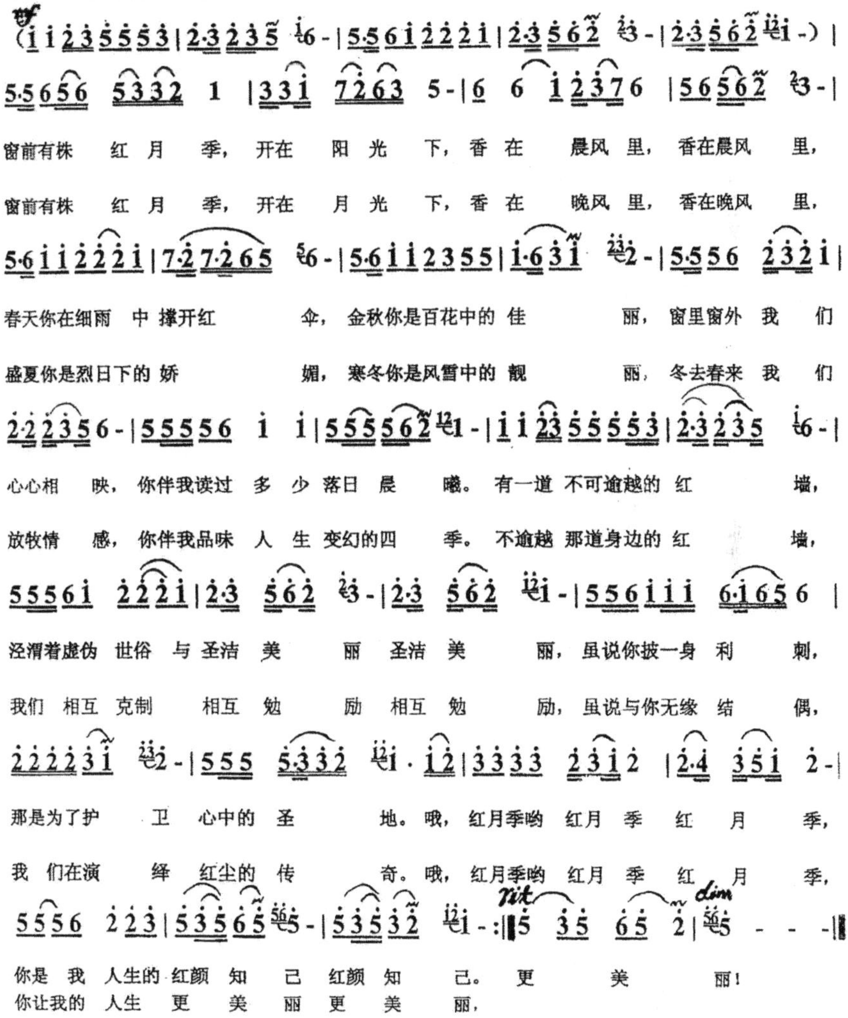

彭长霖 18607367989 QQ:1390013109 1390013109@qq.com
钱 诚 243000 安徽省马鞍山市文联音乐家协会 13955550430 563559882@qq.com

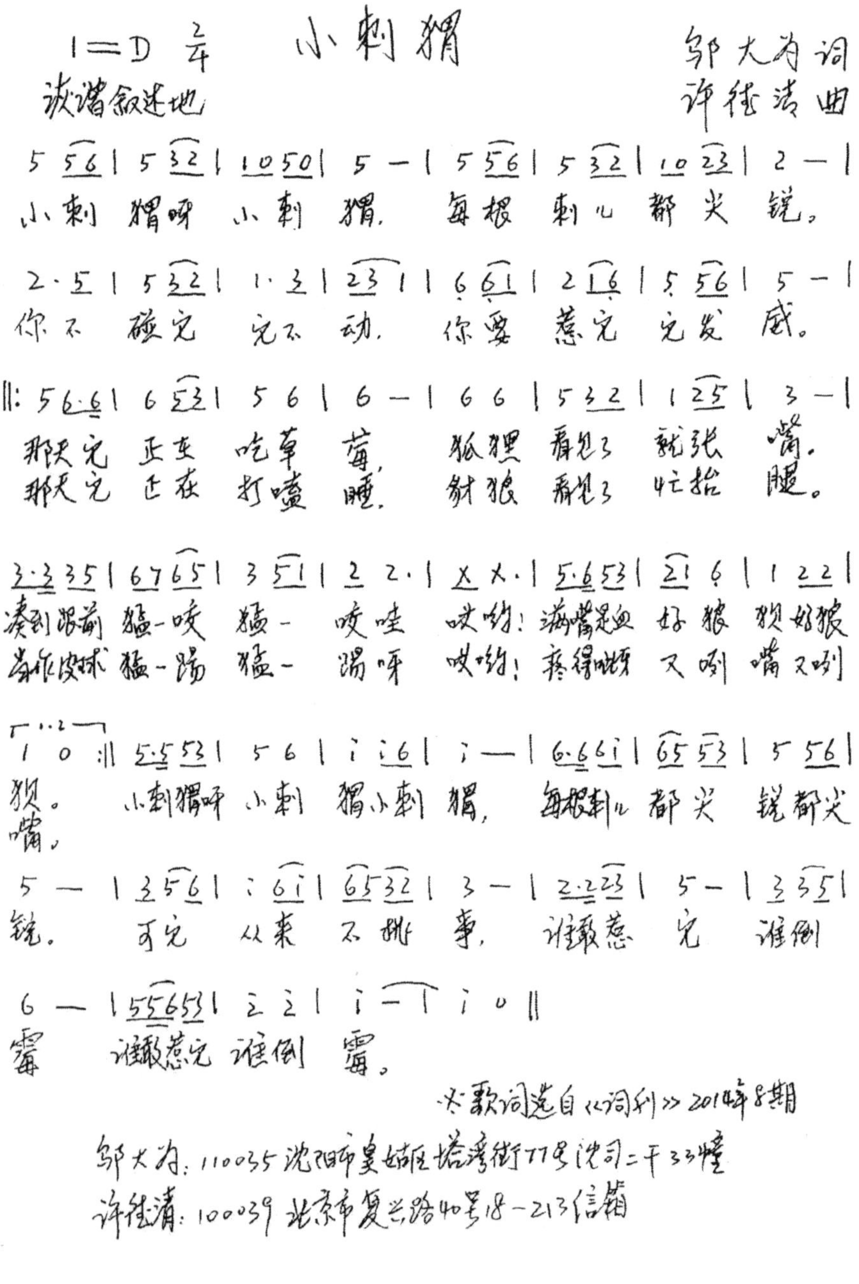
1=D 2/4
小刺猬
诙谐叙述地
邬大为 词
许德清 曲
小刺猬呀 小刺猬，每根刺儿都尖锐。
你不碰它 它不动，你要惹它 它发威。
那天它正在吃草莓，狐狸看见了 就张嘴。
那天它正在打瞌睡，豺狼看见了 忙抬腿。
凑到跟前猛一咬 猛一 咬哇 哎哟！满嘴是血 好狼狈好狼狈。
当作皮球猛一踢 猛一 踢呀 哎哟！疼得咧嘴 又咧嘴又咧嘴。
小刺猬呀小刺猬小刺猬，每根刺儿都尖锐都尖锐。
可它从来不挑事，谁敢惹它谁倒霉 谁敢惹它谁倒霉。
※歌词选自《词刊》2014年8期
邬大为：110035 沈阳市皇姑区塔湾街77号沈司二干33幢
许德清：100039 北京市复兴路40号18-213信箱

總第五期（菊花號，二〇一五年）

鄔大爲（遼寧），〈血祭〉、〈密林中的小屋〉、〈一口白米飯〉。

劉秉剛（上海），〈我有一把金鑰匙〉、〈小溪流〉。

刁長育（山東），〈老爸老媽〉、〈人在他鄉〉、〈帶著爸媽去旅行〉。

劉新正（河南），〈淺墨〉、〈古風〉、〈時光〉。

歐正中（四川），〈老師的愛〉。

汪茶英（江西），〈親愛的爸爸媽媽〉、〈誰能預言〉。

尤素福・海青青（河南），〈等著你的來信〉、〈誘惑〉、〈有愛的地方就是天堂〉。

海青青（河南），〈十三億人大團圓：二〇一五年中秋詩友歌友大祝福〉。（第四版全版、第五版、第五版半版多）

在第五版，有歌友詩友問：「發表歌詞要收費嗎？」海青青說《大中原歌壇》，是一份純公益性質的民刊，不收任何費用。這麼多年來，海青青是以做公益的精神，在辦歌刊和詩刊，這是詩友歌友們應該給海青青捐款贊助的原因。因此，我再次呼喚海內外中國人，海青青的詩友歌友們，給海青青贊助，三百五百都是無量功德！

閻肅詞、吳克敏曲，〈全心全意〉。

鄔潔梅詞、張文曲，〈軍中好兒郎〉。

朱曉雙詞、錢誠曲，〈親親洛帶〉。

亲亲洛带

1=F4/4 （独 唱） 朱晓双 词

每分钟100拍 轻快 甜美地 钱 诚曲

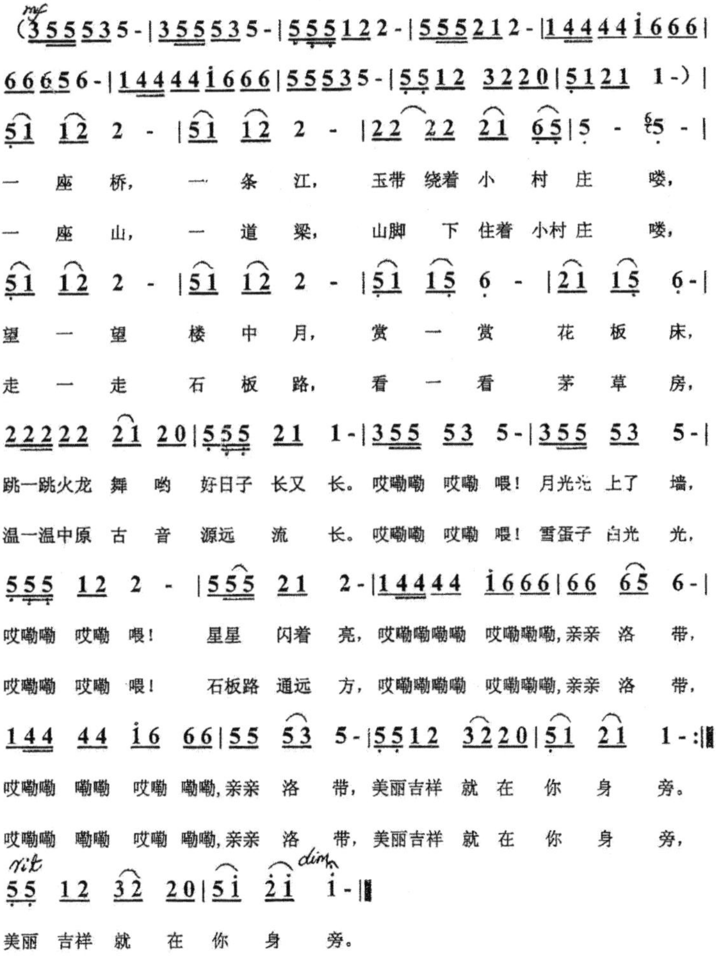
mf
一座桥，一条江，玉带绕着小村庄 喽，
一座山，一道梁，山脚下住着小村庄 喽，
望一望楼中月，赏一赏花板床，
走一走石板路，看一看茅草房，
跳一跳火龙舞哟好日子长又长。哎嘞嘞哎嘞喂！月光光上了墙，
温一温中原古音源远流长。哎嘞嘞哎嘞喂！雪蛋子白光光，
哎嘞嘞哎嘞喂！星星闪着亮，哎嘞嘞嘞嘞哎嘞嘞嘞，亲亲洛带，
哎嘞嘞哎嘞喂！石板路通远方，哎嘞嘞嘞嘞哎嘞嘞嘞，亲亲洛带，
哎嘞嘞嘞嘞哎嘞嘞嘞，亲亲洛带，美丽吉祥就在你身旁。
哎嘞嘞嘞嘞哎嘞嘞嘞，亲亲洛带，美丽吉祥就在你身旁，
rit dim
美丽吉祥就在你身旁。

朱晓双 265700 河北省霸州市教育局 614969223@qq.com 13653262225

钱 诚 243000 安徽省马鞍山市文联 qianc123@qq.com 13955550430

全心全意

1=G 4/4　（独唱）

中速　深情、优美地

阎肃 词
吴克敏 曲

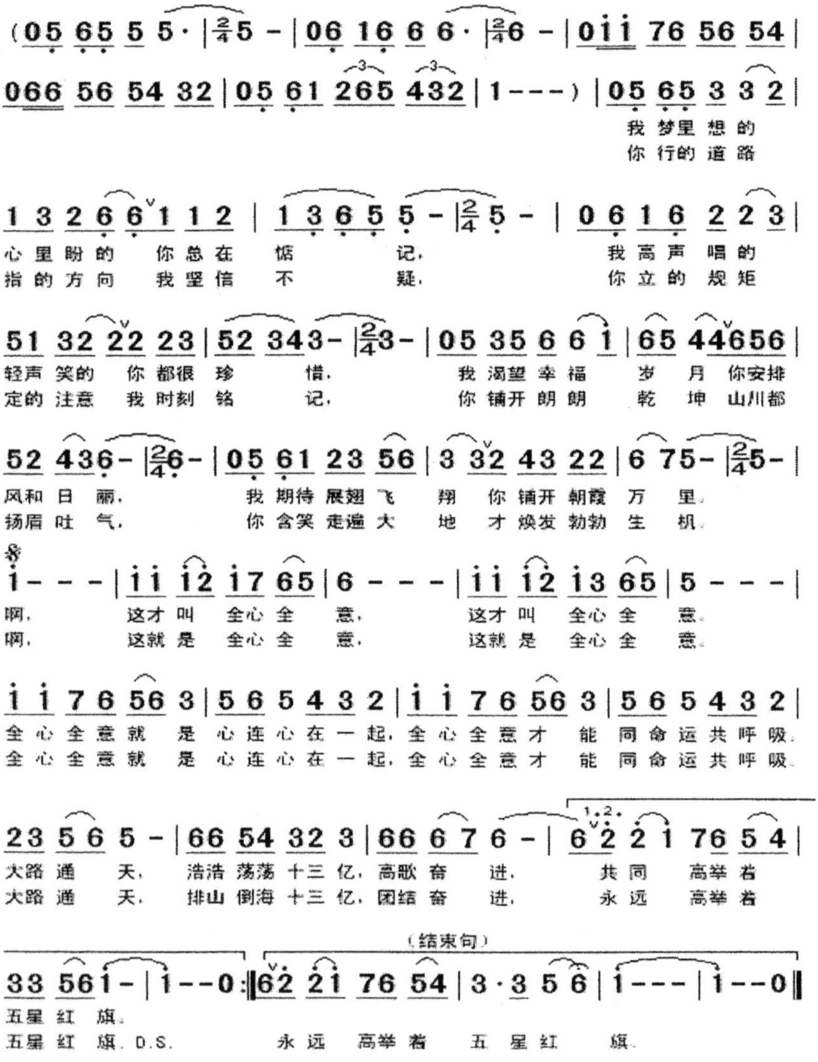

（从S处反复唱第二段歌词至结束句）

军中好儿郎

1=D $\frac{4}{4}$

热情 昂扬地

邬洁梅 词
张 文 曲

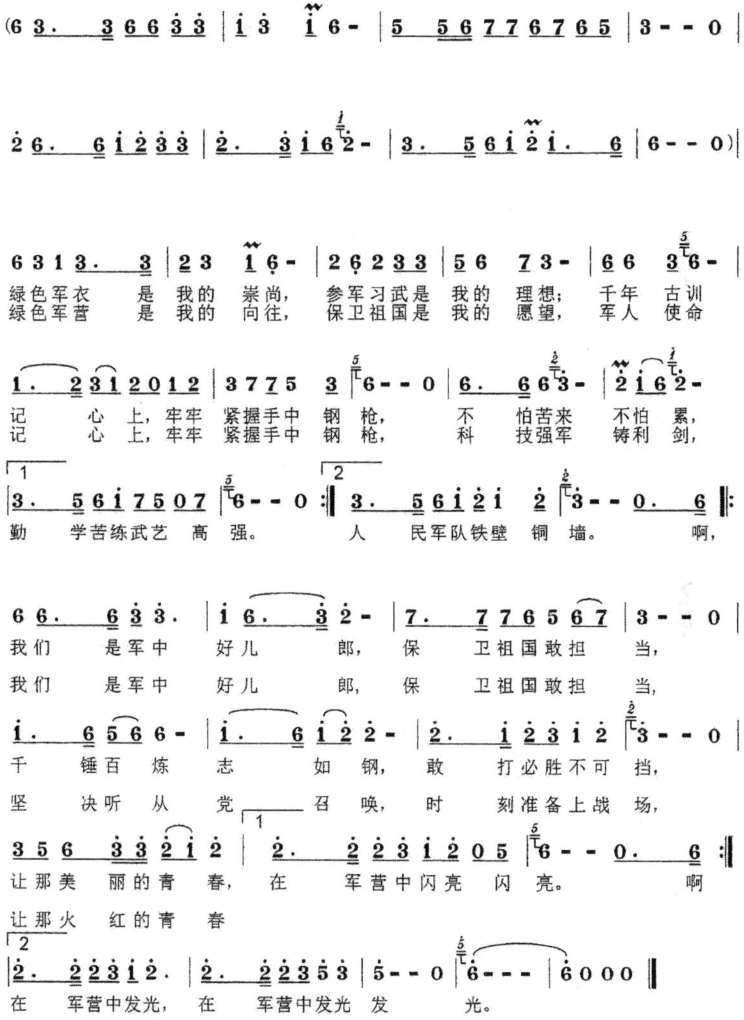
绿色军衣 是 我的 崇尚，参军习武是 我的 理想；千年 古训
绿色军营 是 我的 向往，保卫祖国是 我的 愿望，军人 使命
记 心 上，牢牢 紧握手中 钢 枪，不 怕苦来 不怕 累，
记 心 上，牢牢 紧握手中 钢 枪，科 技强军 铸利 剑，
勤 学苦练武艺 高 强。
人 民军队铁壁 铜 墙。啊，
我们 是军中 好儿 郎，保 卫祖国敢担 当，
我们 是军中 好儿 郎，保 卫祖国敢担 当，
千 锤百 炼 志 如 钢，敢 打必胜不可 挡，
坚 决听 从 党 召 唤，时 刻准备上战 场，
让那美 丽的青 春，在 军营中闪亮 闪 亮。啊
让那火 红的青 春
在 军营中发光，在 军营中发光 发 光。

邬洁梅 地址：江西省萍乡市人民政府机关事务局 邮编：337000
张 文 地址：山东省枣庄八中南校 音乐组 邮编：277099
电话：13563255608 QQ：1076284158
邮箱：zhangwen_200611@163.com

總第六期（雪花號，二〇一五年）

周俞林（湖南），〈歡迎你到湘西來〉。

尤素福・海青青（河南），〈天香中國：《中國香》三部曲之一〉、〈詩香中國：《中國香》三部曲之二〉。

歐正中（四川），〈爺爺的鋤頭〉。

刁長育（山東），〈活出自我〉、〈四季娃〉。

陳迎（重慶），〈小螳螂吃西餐〉、〈兩隻大剪子〉、〈小蜜蜂〉。

劉新正（河南），〈最後一次〉、〈酒〉、〈春殤〉。

謝堂章（湖南），〈古城巴德崗〉。

李愫生（河北），〈一指江山・十里桃花〉。

汪茶英（江西），〈恰同學少年〉。

劉秉剛（上海），〈青蛙過冬〉、〈團結友愛手拉手〉。

同在第三版，有海青青給趙老師（趙樂，《廣播歌選》雜誌編輯）；也有秉剛給海主編的一封信。

范修奎（廣東），〈一首歌曲的呼喊與震撼：評譚維維所演繹的歌曲〈給你一點顏色〉〉。（第四版全版文章）

尤素福・海青青詞曲、海青青演唱，〈大中原〉。

趙大國詞、張和平曲，〈在春天的故事裡想你〉。

范修奎詞、劉北休曲，〈客家阿妹收割忙〉。

于天花詞、錢誠曲，〈藝術人生〉。

客家阿妹收割忙

1=C 4/4

范修奎 词
刘北休 曲

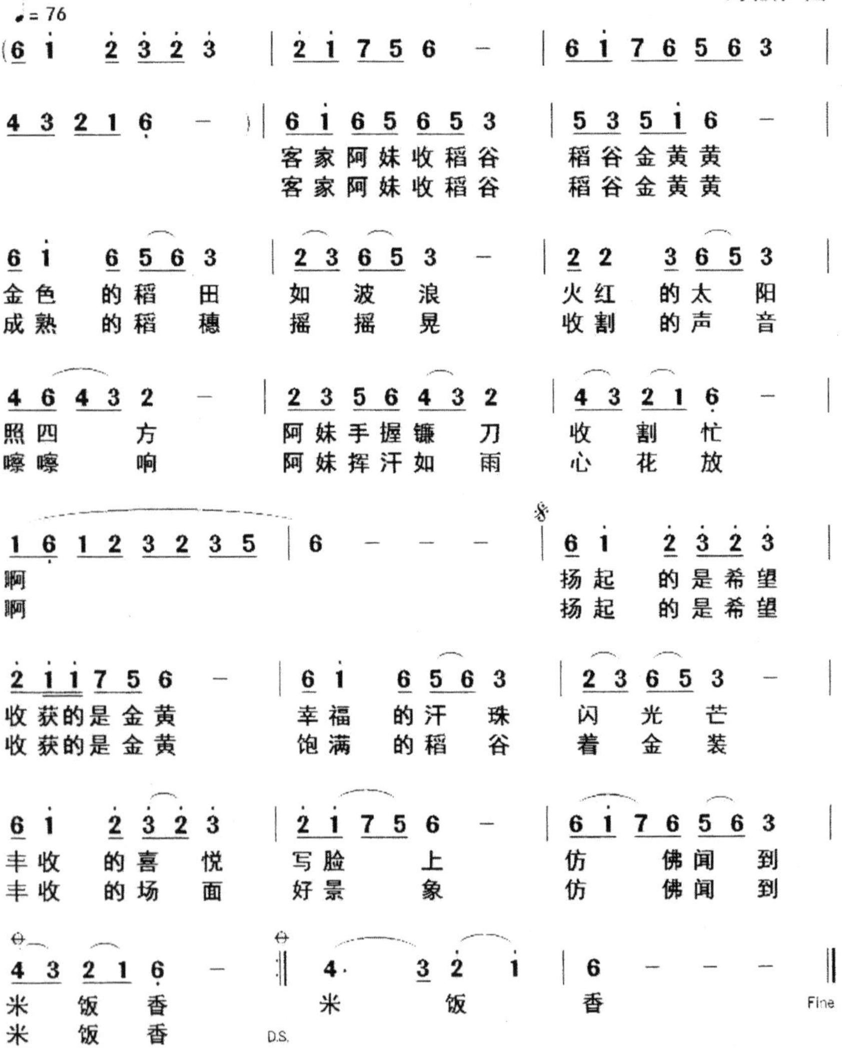

大中原

1=C 4/4

尤素福·海青青 词曲
海青青 演唱

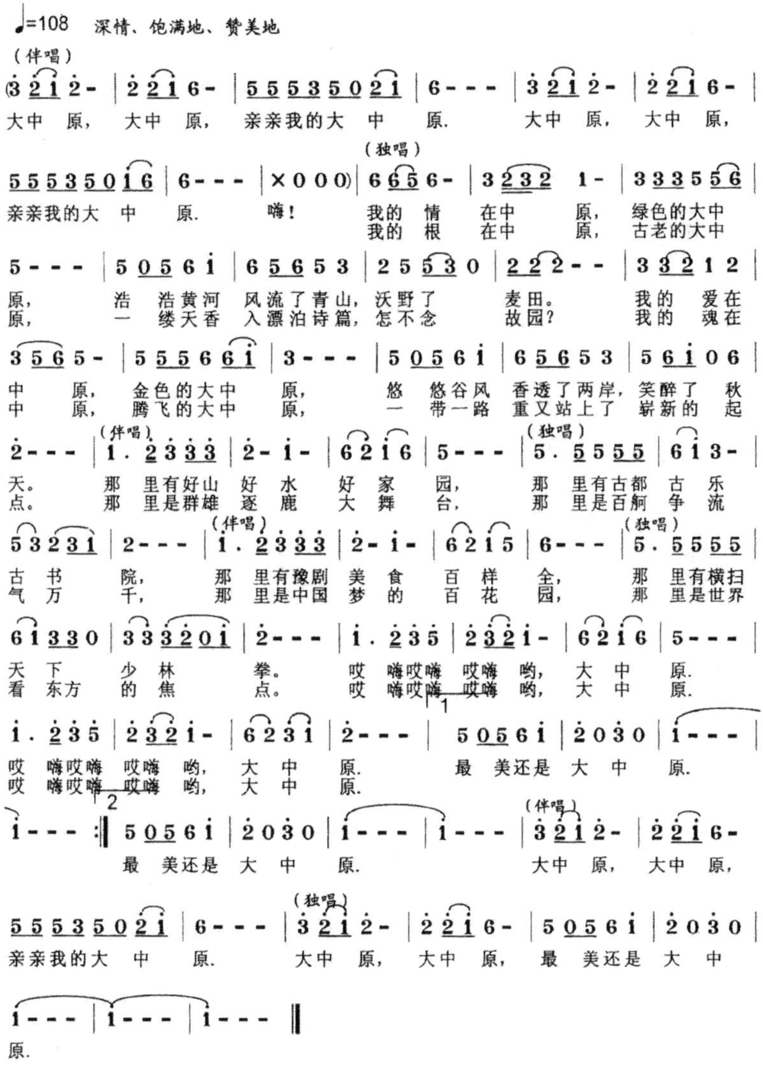
♩=108 深情、饱满地、赞美地
（伴唱）
大中 原，大中 原，亲亲我的大 中 原. 大中 原，大中 原，
亲亲我的大 中 原. 嗨！
（独唱）
我的 情 在中 原，绿色的大中
我的 根 在中 原，古老的大中
原，浩 浩黄河 风流了青山，沃野了 麦田。我的 爱在
原，一 缕天香 入漂泊诗篇，怎不念 故园？我的 魂在
中 原，金色的大中 原，悠 悠谷风 香透了两岸，笑醉了 秋
中 原，腾飞的大中 原，一 带一路 重又站上了 崭新的 起
（伴唱） （独唱）
天。那 里有好山 好 水 好 家 园，那 里有古都 古 乐
点。那 里是群雄 逐 鹿 大 舞 台，那 里是百舸 争 流
（伴唱） （独唱）
古 书 院，那 里有豫剧 美 食 百 样 全，那 里有横扫
气 万 千，那 里是中国 梦 的 百 花 园，那 里是世界
天 下 少 林 拳。哎 嗨哎嗨 哎嗨 哟，大 中 原.
看 东方 的 焦 点。哎 嗨哎嗨 哎嗨 哟，大 中 原.
1
哎 嗨哎嗨 哎嗨 哟，大 中 原. 最 美还是 大 中 原.
哎 嗨哎嗨 哎嗨 哟，大 中 原.
2
（伴唱）
最 美还是 大 中 原. 大中 原，大中 原，
（独唱）
亲亲我的大 中 原. 大中 原，大中 原，最 美还是 大 中
原.

艺术人生

1=C4/4 （男中音独唱） 于天花 词

钱 诚 曲

每分钟 68 拍 深情 感慨万千地

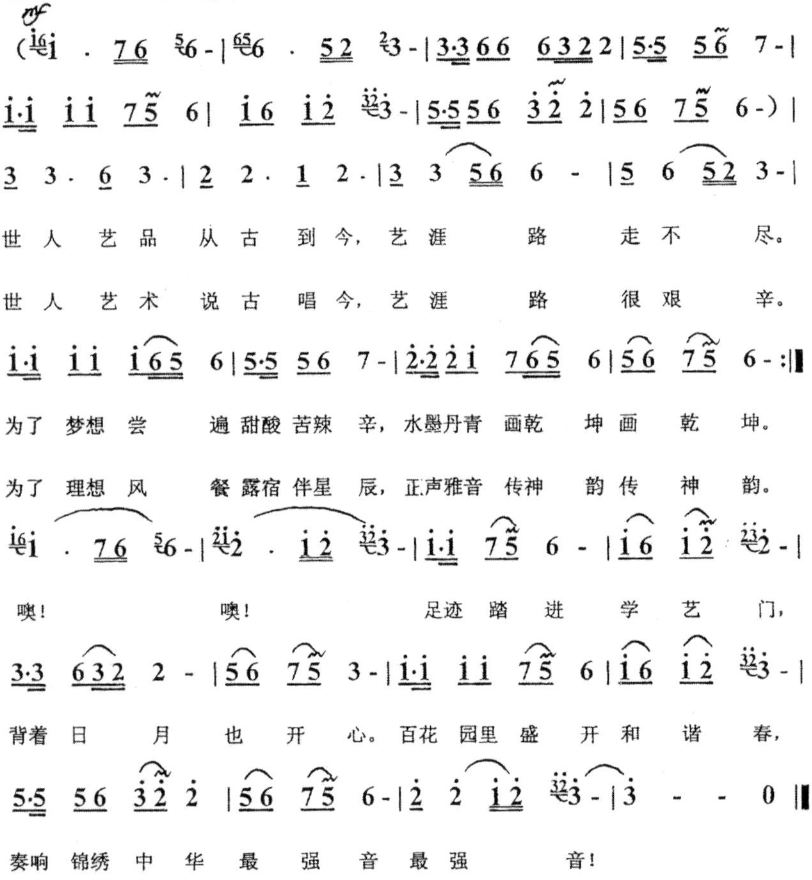
mf
世人艺品从古到今，艺涯路走不尽。
世人艺术说古唱今，艺涯路很艰辛。
为了梦想尝遍甜酸苦辣辛，水墨丹青画乾坤画乾坤。
为了理想风餐露宿伴星辰，正声雅音传神韵传神韵。
噢！ 噢！ 足迹踏进学艺门，
背着日月也开心。百花园里盛开和谐春，
奏响锦绣中华最强音最强音！

于天花 264200 山东省威海市莱西路 18 号楼 203 室 13563160652

钱 诚 243000 安徽省马鞍山市文联音乐家协会 13955550430

创作于 2015-5-18

在春天的故事里想你

女声独唱　　　　　　　　　　　　赵大国 词

1=F 4/4

每分钟60拍　深情、思念地　　　　　　　　张和平 曲

(5 6 1 2‖: 5 5 5 6 5 6 5 5·3 | 2̃ 1 7 6 5 6 5 - | 0 5 3 5 2 1 7 6 5 6 | 5·ᵛ6 5 5 6 1 2)

5 5 5 6 5 6 5 5·3 | 2·2 3 7 6 1 5 - | 5·6 1 6 6 4 3 2 3 | 2 2 3 1 6 3 2 2 -|

熟悉的旋　　律在　耳边响　　起，曾经激动的心　儿 依然　激动不　已！
优美的旋　　律　经久不　　息，满腹炽热的华　语 汇成　了　小　溪；

2·3 5 3̃ 2̌ 1· | 2·2 3 7 6 5 6　- | 0 6 1 2 3·6 5 3 | 2 1 7 6 5 6 5 (5 6 1 2)

山　在这里回忆，水在这里寻　觅，　　那份情刻骨铭心 永难　忘　记！
云　在这里眺望，风在这里迷　离，　　那份爱骨肉相连 血脉　相　依！

5 6 5 6 5 5·ᵛ3 | 1 1 1 2 1 7 6 5 | 5·6 1 6 5 6 6 5 3 | 2·6 1 2 3 2 2 -|

啊，　　在　春天的　故事里想你，你的步伐还　　是　那么矫健有　力；
啊，　　在　春天的　故事里想你，天南地北何　　处　不是激情洋　溢？

5 6 5 6 5 1·ᵛ2 | 3 5 5 5 7 7 6 5 6 · | 5·6 1 2 3·5 2 1 |¹· 2 1 7 6 5 6 5 -(5 6 1 2)

啊　　　在　春天的　故事里想　你，你的脸上依稀挂满　温暖的笑　意！
啊　　　在　春天的　故事里想　你，手举红旗再次致以

²·
2 1 7 6 5 6 5 - |结束句 5·6 1 2 3·5 2 1 | 2̃ 1 7 6 5 6 6 -|渐慢 5 - - | 5 - ‖

崇高的敬　　礼，　手举红旗再次致以　崇高的敬　　　礼！

赵大国（638011）四川省广安市恒升中学
张和平（726100）陕西省洛南县文化馆

總第七期（閻肅號，二〇一六年）

汪荼英（江西），〈旗幟爲什麼這樣紅〉。

孫偉（北京），〈京東大蘆蕩〉、〈總有一天我要回家：寫給海外留學生〉。

范修奎（廣東），〈習大大到我家〉、〈人生〉。

徐穎（江西），〈快來爲我點讚吧〉。

黃文華（貴州），〈獨角獸〉。

刁長育（山東），〈WIFI〉、〈快樂的小音符〉。

劉秉剛（上海），〈誠信友善做好人〉、〈雲姐姐．風哥哥〉、〈我愛抗日小英雄〉。

尤素福．海青青（河南），〈清明上河圖〉。

范修奎（廣東），〈閻老，請你一路走好：送別病逝的德藝雙馨藝術家閻肅〉。

海青青（河南），〈閻肅先生和《大中原歌壇》〉。（第三版約半版文章，海青青回憶和閻肅先生的因緣）

范修奎（廣東），〈歌詞有特色演唱有風格：評全能創作唱作人曾昭瑋歌曲〈幸虧

沒生在古代〉〉。（第四版全版文章）

王德清詞、張文曲，〈祖國萬歲〉。

尤素福．海青青詞曲，海青青演唱，〈請到回鄉來〉。

何德林詞、錢誠曲，〈請你多去窮山溝走一走〉。

何德林詞、彭念七曲，〈山裡的孩子愛唱歌〉。

请到回乡来

1=C 4/4

尤素福·海青青　词 曲
海青青　演 唱

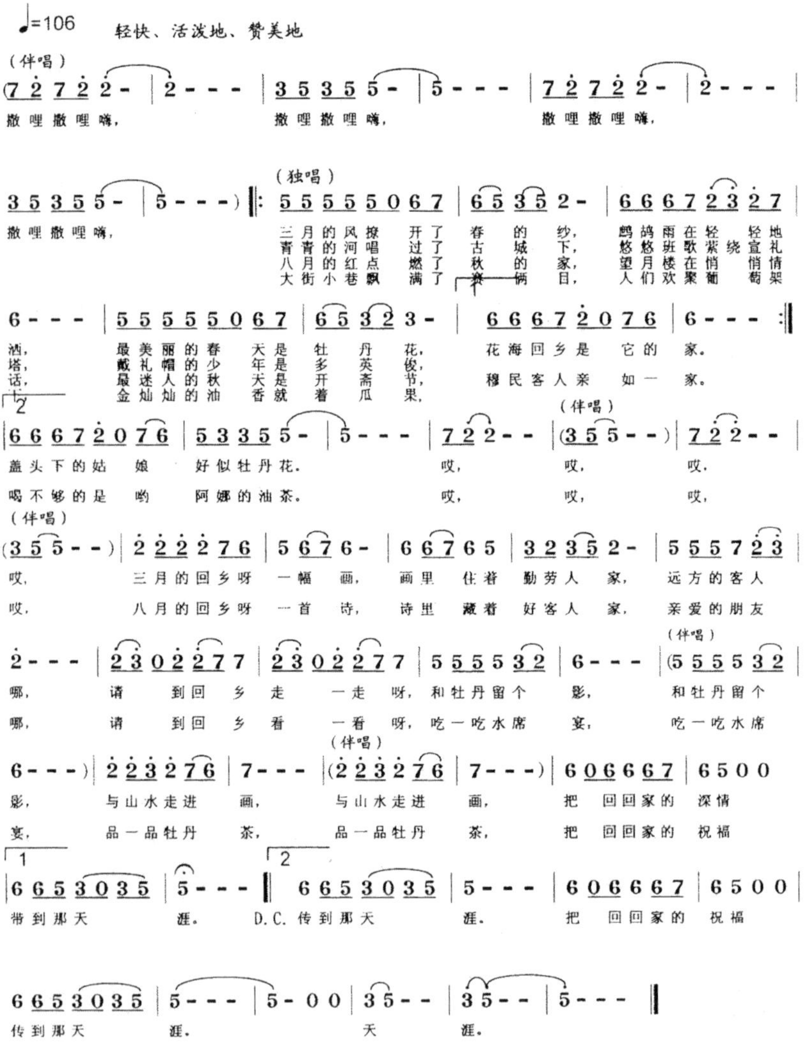
♩=106　轻快、活泼地、赞美地
（伴唱）
撒哩撒哩嗨，撒哩撒哩嗨，撒哩撒哩嗨，
撒哩撒哩嗨，
（独唱）
三月的风撩开了春的纱，鹧鸪雨在轻轻地洒，
青青的河唱过了古城下，悠悠班歌萦绕宣礼塔，
八月的红点燃了秋的家，望月楼在悄悄情话，
大街小巷飘满了赛俩目，人们欢聚葡萄架下，
最美丽的春天是牡丹花，花海回乡是它的家。
戴礼帽的少年是多英俊，
最迷人的秋天是开斋节，穆民客人亲如一家。
金灿灿的油香就着瓜果，
盖头下的姑娘好似牡丹花。哎，（伴唱）哎，哎，
喝不够的是哟阿娜的油茶。哎，哎，哎，
（伴唱）
哎，三月的回乡呀一幅画，画里住着勤劳人家，远方的客人
哎，八月的回乡呀一首诗，诗里藏着好客人家，亲爱的朋友
哪，请到回乡走一走呀，和牡丹留个影，（伴唱）和牡丹留个
哪，请到回乡看一看呀，吃一吃水席宴，吃一吃水席
影，与山水走进画，（伴唱）与山水走进画，把回回家的深情
宴，品一品牡丹茶，品一品牡丹茶，把回回家的祝福
带到那天涯。D.C. 传到那天涯。把回回家的祝福
传到那天涯。天涯。

请你多去穷山沟走一走

1=F4/4　　独 唱　　何德林 词

每分钟 76 拍 诚挚地　　钱 诚 曲

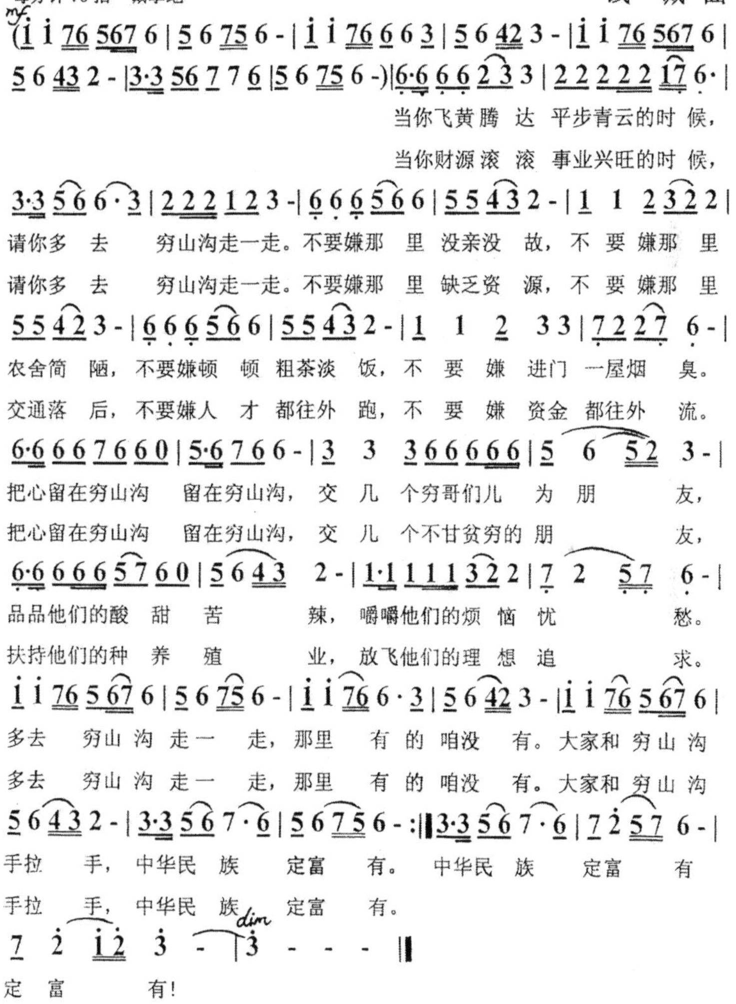
mf
当你飞黄腾达 平步青云的时候，
当你财源滚滚 事业兴旺的时候，
请你多去穷山沟走一走。不要嫌那里没亲没故，不要嫌那里
请你多去穷山沟走一走。不要嫌那里缺乏资源，不要嫌那里
农舍简陋，不要嫌顿顿粗茶淡饭，不要嫌进门一屋烟臭。
交通落后，不要嫌人才都往外跑，不要嫌资金都往外流。
把心留在穷山沟 留在穷山沟，交儿个穷哥们儿为朋友，
把心留在穷山沟 留在穷山沟，交儿个不甘贫穷的朋友，
品品他们的酸甜苦辣，嚼嚼他们的烦恼忧愁。
扶持他们的种养殖业，放飞他们的理想追求。
多去穷山沟走一走，那里有的咱没有。大家和穷山沟
多去穷山沟走一走，那里有的咱没有。大家和穷山沟
手拉手，中华民族定富有。中华民族定富有
手拉手，中华民族定富有。
dim
定富有！

何德林 635000 四川省达州市人民银行何德林信箱 760263138@qq.com 13518246188
钱 诚 243000 安徽省马鞍山市文联音乐家协会 563559882@qq.com 13955550430

祖国万岁

王德清 词
张　文 曲

1=D 3/4

热情 豪迈地

♩=162

(5 ‖: 3. 5 i 2 | 3 - - | 4. 3 2 i | 2 - - | 5 5 5 6 4 | 3 4 3 i 6 | 5 6 3 |

2 0 5 6 | i - - | i - 0) | 5 - 3 6 5 6 | i - - | 1 - 3 i - 7 | 6 3 6 | 5 - - |

风 里 雨 里，　你 千 折 百 回，
歌 里 画 里，　你 巍 然 矗 立，

5 - 1 | 6. 6 4 5 | 6 - - | 6. 1 4 3 | 2 - - | 5 6 5 | 4. 3 2 3 | 1 - - | 1 - 5 |

你 伟 大 转 身 花 开 富 贵，花 开 富 贵。 啊
你 继 往 开 来 信 心 百 倍，信 心 百 倍。 啊

i. 5 i 2 | 3 - i | 7. 3 7 | 6 - - | 3 6 5 | 4. 3 1 | 2 - - | 2 - 3 | 5. 6 5 1 |

祖 国，我 凝 视 你 的 国 徽，麦 穗 和 稻
祖 国，我 仰 望 你 的 国 旗，金 色 的 五

6 - - | 4. 1 6 7 | 6 - - | 6 2 3 | 2 6 7 | 5 - - | 5 - 0 | 5 6 5 | 4. 3 2 3 |

穗 香 飘　千 山 万 水，　千 山 万
星 辉 映　千 山 万 水，　千 山 万

i - - | 1 - (5 ‖: 5 6 7 | i. 6 3 | 2 - - | 2 - 0 | 5 5 4 | 3. 7 2 | i - - | 1 - 5 |

水。　山 河 壮 美，　山 河 壮 美。 啊

3. 5 i 2 | 3 - - | 4. 3 2 i | 2 - 5 | i. 2 3 | 7 - 5 5 | 6 5 5 1 2 | 3 - - |

我 的 母 亲 祖 国 万 岁，五 湖 四 海 为 你 举 起 了 酒 杯。

5 6 i | 3 2 - | 4 3 i | 5 - - | 5 - 0 | 3 5 0 | 3 i 6 0 6 | 2. 6 2 3 | 4 - - |

镰 刀 和 铁 锤 永 铸 丰 碑，　干 杯 干 杯，与 日 月 同 辉，

5 6 3 | 2. 5 2 | i - - | i - 5 | 2 2 - - | 2 0 6 | i - - | i - - | i 0 0 ‖

与 日 月 同 辉，与 日 月　同 辉。

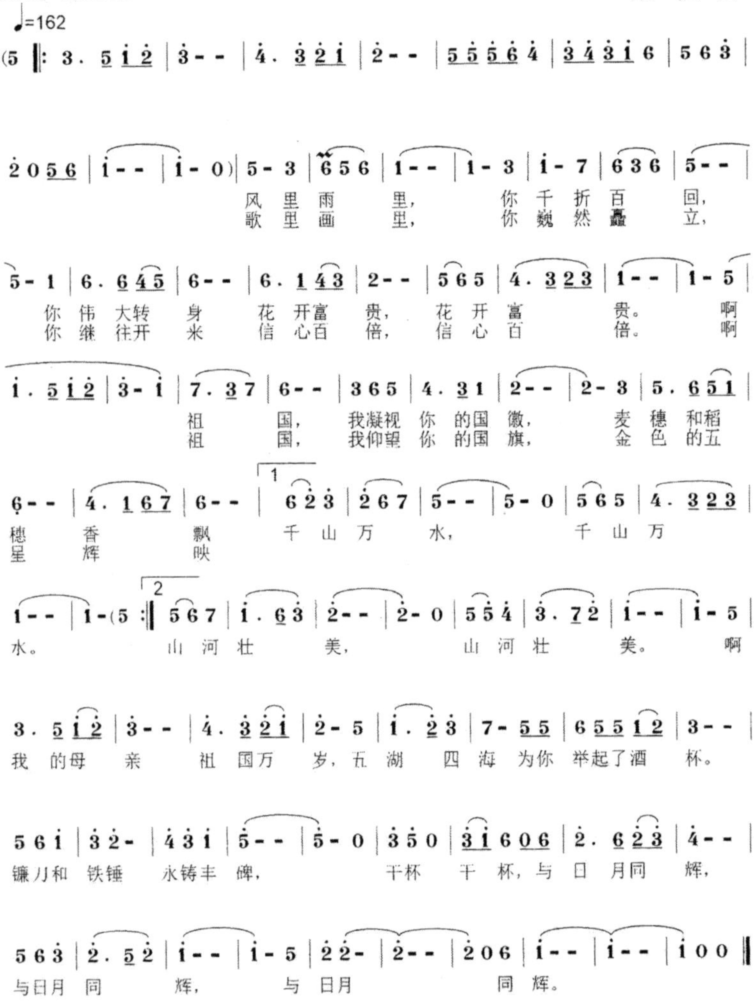

王德清 地址：成都市新生路6号四川音乐学院艺术处 邮编：610021
　　　　电话：13908052379
张　文 地址：山东省枣庄八中南校 音乐组　　邮编：277099
　　　　电话：13563255608　　　　　　Q Q:1076284158
　　　　邮箱：zhangwen_200611@163.com

山里的孩子爱唱歌

（少儿歌曲）

作词 何德林
作曲 彭念七

1=♭E 2/4
中速稍快 愉快地

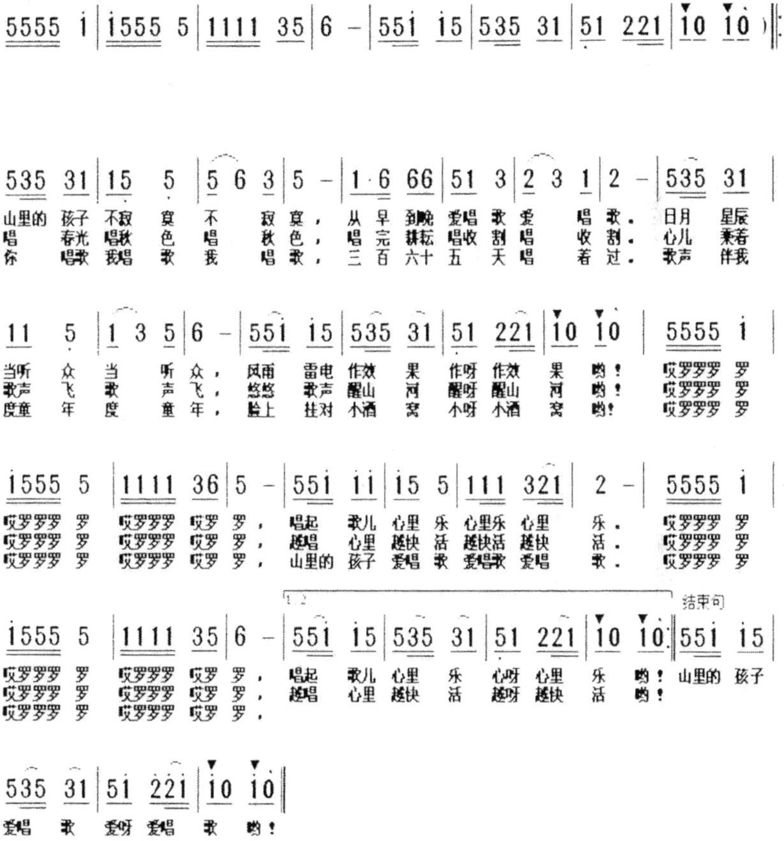
山里的 孩子 不寂 寞 不 寂寞，从早 到晚 爱唱 歌爱 唱歌。日月 星辰
唱 春光 唱秋 色 唱 秋色，唱完 耕耘 唱收 割唱 收割。心儿 乘着
你 唱歌 我唱 歌 我 唱歌，三百 六十 五 天唱 着过。歌声 伴我
当听 众 当 听众，风雨 雷电 作效 果 作呀 作效 果 哟！ 哎罗罗罗 罗
歌声 飞 歌 声飞，悠悠 歌声 醒山 河 醒呀 醒山 河 哟！ 哎罗罗罗 罗
度童 年 度 童年，脸上 挂对 小酒 窝 小呀 小酒 窝 哟！ 哎罗罗罗 罗
哎罗罗罗 罗 哎罗罗罗 哎罗 罗，唱起 歌儿 心里 乐 心里乐 心里 乐。 哎罗罗罗 罗
哎罗罗罗 罗 哎罗罗罗 哎罗 罗，越唱 心里 越快 活 越快活 越快 活。 哎罗罗罗 罗
哎罗罗罗 罗 哎罗罗罗 哎罗 罗，山里的 孩子 爱唱 歌 爱唱歌 爱唱 歌。 哎罗罗罗 罗
1.2
结束句
哎罗罗罗 罗 哎罗罗罗 哎罗 罗，唱起 歌儿 心里 乐 心呀 心里 乐 哟！山里的 孩子
哎罗罗罗 罗 哎罗罗罗 哎罗 罗，越唱 心里 越快 活 越呀 越快 活 哟！
哎罗罗罗 罗 哎罗罗罗 哎罗 罗，
爱唱 歌 爱呀 爱唱 歌 哟！

635000：四川省达州市人民银行何德林信箱 电话：13518246188

638000：四川省广安市城北水塘堡二街35号彭艺发屋 电话：13982696253

第八章　歌聲響遍神州大地

總第八期（月季號，二〇一六年）

魏義金（吉林），〈黨啊，我們相信你〉。

徐懷亮（內蒙古），〈伊金霍洛大草原〉。

盛中波（吉林），〈白族人民愛唱歌〉、〈山裡的妹子水靈靈〉。

劉新正（河南），〈花季・雨季〉。

尤素福・海青青（河南），「回族新民歌」三首，〈絲路傳奇〉、〈色倆木〉（回族見面問候語）、〈回族花兒〉。

林藍（湖北），花兒兒歌：〈雞冠花〉、〈一串紅〉、〈水仙花〉、〈杜鵑花〉。

李作華（江蘇），〈我的家〉、〈小豆芽〉、〈麥海〉。

劉秉剛（上海），〈誠實才是好孩子〉、〈青蛙過冬〉、〈心中有輪紅太陽〉、〈我愛我家小陽台〉。

陳迎（湖南），〈河蚌〉、〈蠶和蜘蛛〉、〈蠶姑娘變魔術〉、〈小老鼠〉、〈蜜蜂和黑熊〉。

王小平（重慶），〈牛牛〉、〈冰箱〉。

張倫（重慶），〈拍照〉、〈春風吹來花萬朵〉、〈小蝸牛〉。

海青青（河南），〈心靈花園〉。（第四版全版文章，二〇〇九年元月五日，海青青接受洛陽《經濟廣播電台》「心靈花園」特別節目，一小時專訪直播）

于天花詞、錢誠曲，〈你像一隻雄鷹〉。

小客詞、張文曲，〈紅旗是你〉。

吳瑞芳詞、許德清曲，〈小星星快睡覺〉。

李海鷹、李克詞、李海鷹曲，〈盛開的牡丹〉。

龙门石窟

龙门石窟是中国石刻艺术宝库之一，世界文化遗产、国家 AAAAA 级旅游景区，位于洛阳市南郊伊河两岸的龙门山与香山上。本栏目以发表现阶段的经典歌曲的简谱为主，旨在引导广大的业余作曲家不断完善自我、提高创作水平。为新开辟栏目。《盛开的牡丹》是在河南举行的第二届中博会主题歌，由著名作曲家李海鹰作曲、著名歌唱家宋祖英演唱。2008 年 4 月，在洛阳国家牡丹园拍摄成 MTV，并收录在宋祖英的专辑《东方牡丹》中。

盛开的牡丹

李海鹰、李克 词
李 海 鹰 曲

1=♯F 4/4

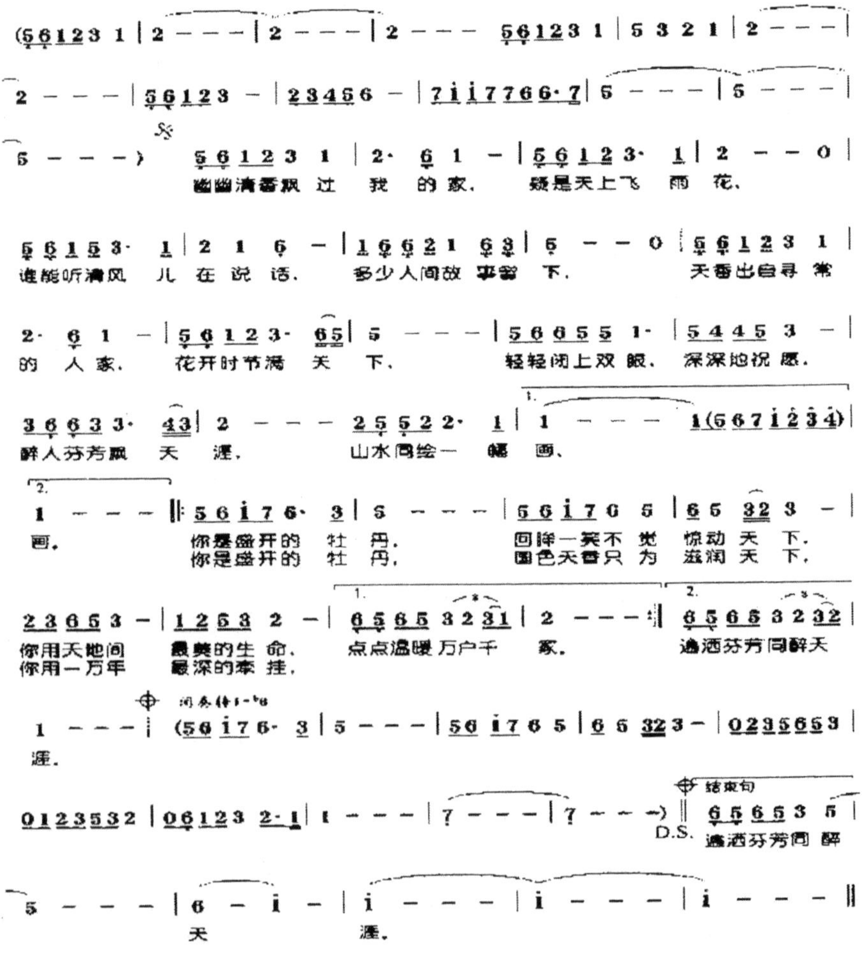
幽幽清香飘过 我 的家，
疑是天上飞 雨 花，
谁能听清风 儿 在 说 话，
多少人间故 事留 下，
天香出自寻 常
的 人 家，
花开时节满 天 下，
轻轻闭上双 眼，
深深地祝 愿，
醉人芬芳飘 天 涯，
山水同绘一 幅 画，
画，
你是盛开的 牡 丹，
回眸一笑不 觉 惊动 天 下，
你是盛开的 牡 丹，
国色天香只 为 滋润 天 下，
你用天地间 最美的生 命，
你用一万年 最深的牵 挂，
点点温暖万户千 家。
遍洒芬芳同醉天
涯。
间奏转1-4
结束句
D.S.
遍洒芬芳同 醉
天 涯。

你像一只雄鹰

1=ᵇB4/4　　（独 唱）　　于天花 词

钱 诚曲

每分钟76拍 深情地

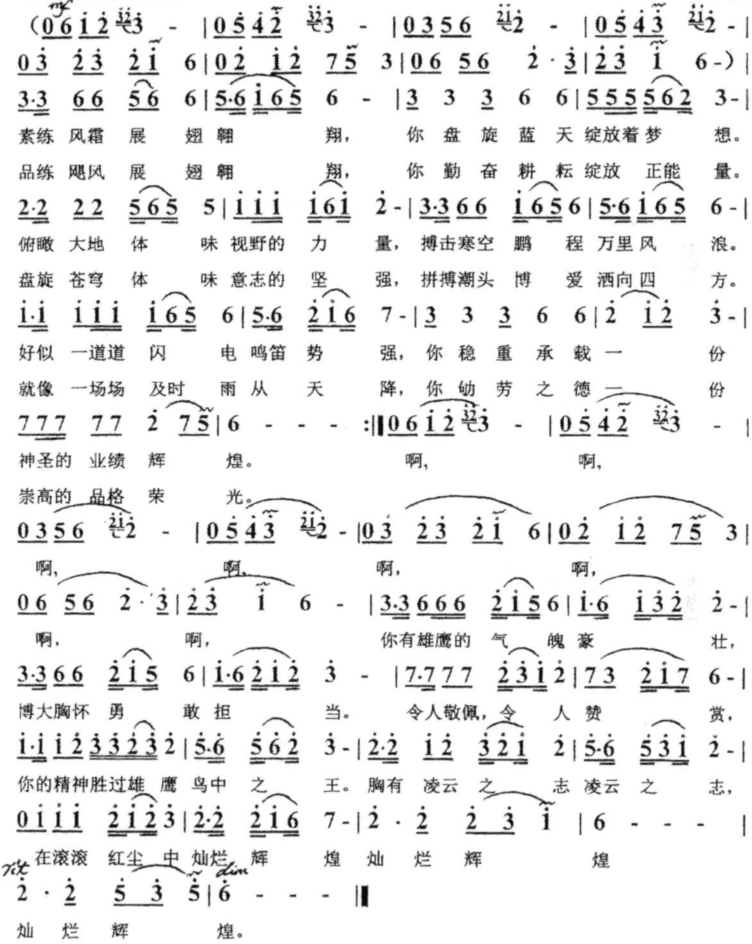

于天花 264200 山东省威海市莱西路18号楼203室 13563160652

钱 诚 243000 安徽省马鞍山市湖北路红旗花园5-402室 13955550430

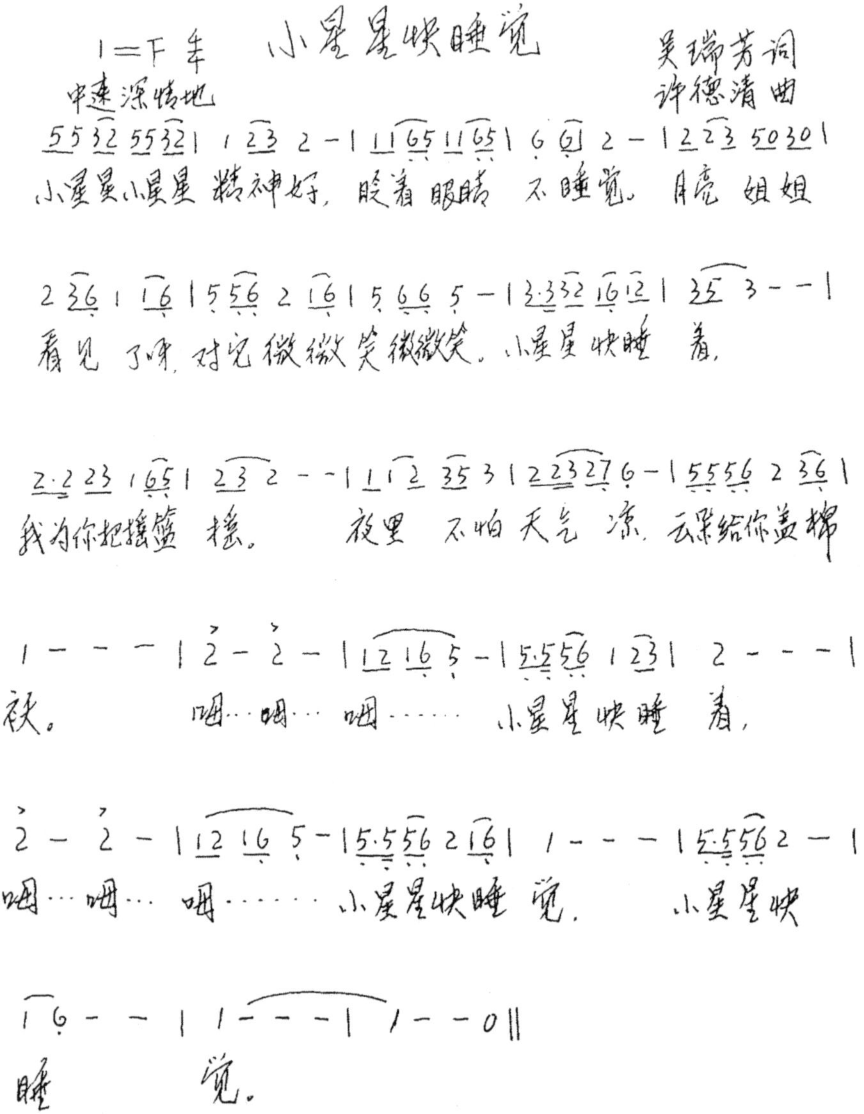

小星星快睡覺

吳瑞芳 詞
許德清 曲

1=F 拍
中速 深情地

5 5 3 2 55 3 2 1 | 1 2 3 2 — 1 1 65 1 65 | 6 6 2 — 1 2 2 3 50 30 1
小星星 小星星 精神好， 眨着 眼睛 不 睡覺， 月亮 姐姐

2 3 6 1 1 6 1 5 56 2 1 6 1 5 6 6 5 — 1 3 3 2 1 6 1 1 | 3 5 3 — — 1
看見 了你， 对你 微微 笑微微笑， 小星星 快睡 着.

2. 2 2 3 1 6 5 1 2 3 2 — — 1 1 2 3 5 3 1 2 23 2 7 6 — 1 5 5 56 2 36 1
我为你把摇篮 摇。 夜里 不怕 天气 凉， 云朵给你盖棉

1 — — — 1 2 — 2 — 1 1 2 1 6 5 — 1 5 5 56 1 2 3 1 2 — — 1
袄。 咽… 咽… 咽…… 小星星 快睡 着.

2 — 2 — 1 1 2 1 6 5 — 1 5 5 56 2 1 6 1 1 — — — 1 5 5 56 2 — 1
咽… 咽… 咽…… 小星星 快睡 觉。 小星星 快

1 6 — — 1 1 — — — 1 1 — — 0 1
睡 觉。

吳瑞芳：467100 河南平顶山市郏县新世纪小学
許德清：100039 北京市复兴路 40 号 18-213 信箱

红 旗 是 你

（女声独唱）

小 客 词
张 文 曲

1=E　4/4

抒情 赞美地

（05 ｜：i i i 2 i i - ｜7 3 5 7 6 6 - ｜5 6 i　　6 i 6 5 1 3 2 ｜

5 5 4 4 3 2　3 1 - ）｜1 5 3 5　2 1 - ｜2 2 0　3 6 5 - ｜1 6 1　1 2 3 6　3 2 ｜

昂首是　你，　奋进　是　你，　创新　是　你，
火红是　你，　壮丽　是　你，　庄严　是　你，

4 6　　7 6 5 - ｜5 i i 7 5　3 6 - ｜4 6　　5 6 2 - ｜4 4　3 2 6 6 7　6 6 ｜

开拓　是你，　你托 举旭日 晴空 万　　里，　你挥 舞朝霞光　彩
肃穆　是你，　你写 下史诗 震动 环　　宇，　你唱 响山河红　色

7 2　　6 7 5 - ｜3 i 7 6　5 1 2 3　3 ｜6 4　　3 1 2 - ｜4 4　5 6 7 i 3　2 2 ｜

熠　　熠，　你把和平 的种 子 洒向 大　地，　让春 风吹进每个　人
恋　　曲，　你把英雄 的信 念 默默 传　递，　走好 人生长　　征

｜1.
7 7 7 i 2 6　7 5 - ｜5 5 4 4 3 2　3 1 . （0 5 ｜：｜2. 6 2　　6 7 5 - ｜

每个人的心　里，　每个人的心　里。　　　　　　何止　两万里，

4 3　　2 5 1 . 0 5 ｜i i i 2　i i - ｜7 3 5 7　6 6 . 0 3 ｜6 6 5 6　5 4 - ｜

何止　两万里。　啊 红旗红　旗，　敬礼敬　礼，　啊 红旗红　旗，

3 6 5 6　　3 2 - ｜3　5 5 5　5 6 1 - ｜7　3 3 3　5 6 6 ｜

敬礼敬　　礼，　勇 士的　热血，　光 明的　火炬，

2 2 2 3 4　2 2 6 5 6 6 ｜5 2 0　4 3 1 - ｜5 7 7 - 0 2 i 7 i - - -｜i - - 0 ：｜

铸就一个伟 大的真 理，　红旗　是 你，　红旗　是 你。

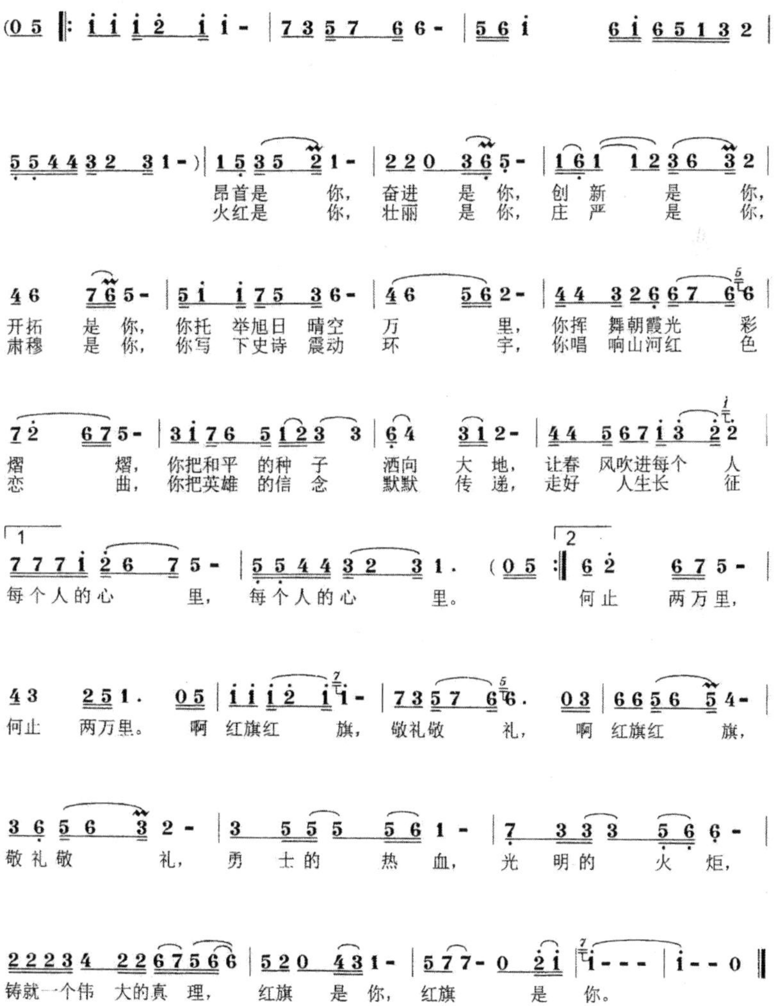

张文　地址：山东省枣庄八中南校 音乐组　　　　　　邮编：277000
　　　电话：13563255608　QQ：1076284158
小客　地址：河北山海关山海人家9号楼2单元301室 崔伟 邮编：066299

總第九期（菊花號，二〇一六年）

夏關銳（雲南），〈兜底一花奔小康〉、〈彩雲落腳的地方〉、〈大樹〉。（兜底一花：方言，全部、所有、一次性的意思。）

孫偉（北京），〈農民工的心願〉。

林藍（湖北），〈洗衣服〉、〈畫畫〉。

韓桂倫（貴州），〈變骨記〉、〈背對背影〉。

范修奎（廣東），〈我是美羊羊不愛灰太狼〉。

張倫（重慶），〈豆乖乖〉、〈月亮撒網〉、〈荷花姑娘過生日〉。

劉秉剛（上海），〈奶奶她是八零後〉、〈小猴子照鏡子〉。

盛中波（吉林），〈打羽毛球〉、〈桂花蜜〉。

王豔萍（河南），兒歌五首：〈烏龜爺爺微微笑〉、〈我幫太老剪指甲〉、〈書香〉、〈從小學做孝順娃〉、〈從小懂得尊長輩〉。

李作華（江蘇），兒歌五首：〈雪花被〉、〈小雪花〉、〈小金鴨〉、〈小蜻蜓〉、

〈洗衣裳〉。

尤素福．海青青（河南），〈回族娃〉。

海青青（河南），〈愛奔波在路上〉。（第四版全版文章，在音樂的道路上，海青青並不孤單，有許多識與不識的好人，默默地支持他，這是海青青創作與前進的一種財力。人活在世上，就是要對人、對自己的國家有所貢獻，海青青爲我們現在活著的中國人，做了最佳的示範，吾等詩友、歌友應好好學習，策勵自己！）

范修奎詞、劉北休曲，〈客家阿妹收割忙〉。

尤素福．海青青詞曲，〈歡迎你到洛陽來：《浪漫洛陽》三部曲之二〉。（海青青演唱）

溫申武詞、張和平曲，〈人字歌〉。（女聲獨唱）

任衛新詞、印青曲，〈花開中國〉。

人字歌

1＝D $\frac{4}{4}$　　女声独唱　　温申武 词

每分钟76拍　深情地　　张和平 曲

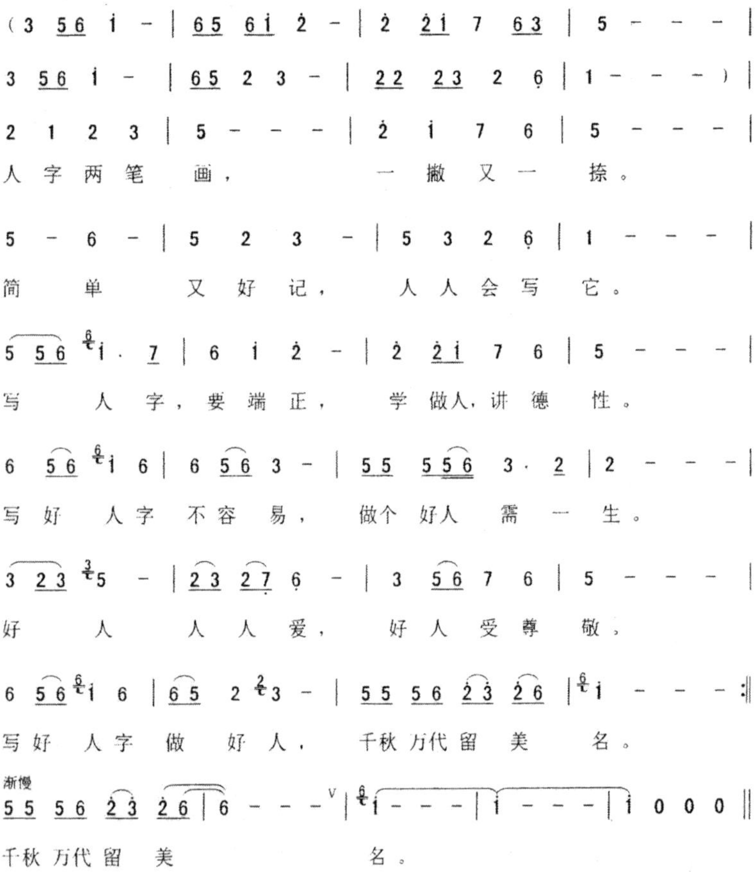
人字两笔画，一撇又一捺。
简单又好记，人人会写它。
写人字，要端正，学做人，讲德性。
写好人字不容易，做个好人需一生。
好人人人爱，好人受尊敬，
写好人字做好人，千秋万代留美名。
渐慢
千秋万代留美名。

温申武（726000）陕西省商洛市商州区广电中心

张和平（726100）陕西省洛南县文化馆

欢迎你到洛阳来

——《浪漫洛阳》三部曲之二

尤素福·海青青 词曲

1=E 4/4
♩=110 热情欢快地
(伴唱)
欢 迎你来 古都洛 阳, 欢 迎你来 花城洛 阳。
独唱:
1拂去了千年的 沧 桑, 露出了青春的脸 庞。 涂上了新世纪
2春来和春风赶 花 潮, 踏不尽的牡丹天 香。 秋到和秋月登
阳 光, 把美好的未来展 望。 这 颗历史上 的明 珠, 古老的魅
北 邙, 笑饮伊洛流出诗 香。 这 颗新时代 的明 珠, 崭新的光
力 重 绽 放。(伴唱) 欢 迎你来 古都洛 阳, 欢 迎你来
芒 耀 东 方。 欢 迎你来 古都洛 阳, 欢 迎你来
独唱:
花城洛 阳。 红 花绿水 环绕城 墙, 河 洛大地 美 丽天 堂。
花城洛 阳。 收 获里会 装满故 事, 记 忆中会 飘 满天
美 丽 天 堂。哎嗨 哟。
香。 飘 满 天 香。哎嗨 哟。
结束句
D.S. 香。
飘 满 天 香。哎嗨 哟。 哎嗨 哟。

客家阿妹收割忙

1=C $\frac{4}{4}$

范修奎 词
刘北休 曲

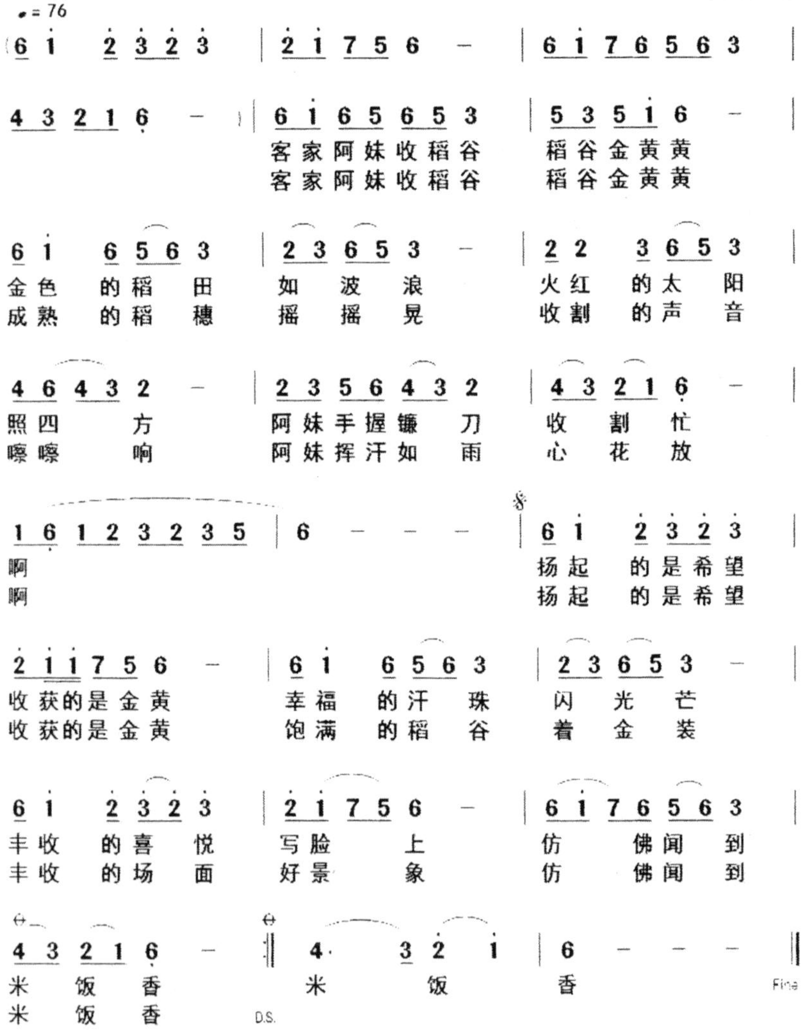

歌曲《花开中国》是 2013 年中国第 31 届洛阳牡丹文化节大型晚会上的压轴原创歌曲，由著名作曲家印青作曲、著名词作家任卫新作词、著名青年歌唱家王丽达演唱。印青代表作有《走进新时代》《江山》《走向复兴》《天路》等。任卫新创作歌词千余首，其中《永远是朋友》等歌曲广为流传。王丽达在 2010 年第十四届全国青年歌手电视大奖赛民族唱法专业组比赛中荣获金奖。

　　歌词简洁凝练，含蓄悠长，旋律新颖流畅，大气磅礴。

花开中国

1= #F　4/4

任卫新 词
印 青 曲

♩.=64

优美、大气地

(5 6 | 5 - - 6 3 | 5 - 5 3 1 7 ‖: 6 · 5 3 5 3 6 | 2 - - 5 6 | 5 - 5 1 2 3 | 6 - 6 1 2 6 |

5 · 1 3 2 6 | 1 - - -) | 3 5 6 5 6 5 - | 2 5 3 3 2 1 - | 1 · 2 3 5 6 1 5 6 |
　　　　　　　　　　　　　　　牡丹真颜　色，　花开动中　国，　引领众香泼　彩墨，

5 5 5 6 5 3 2 2 - | 5 3 6 5 6 5 - | 2 5 3 2 1 6 · | 5 · 6 5 6 5 5 2 3 |
每缕春风　都是　歌。　大美真本色，　花开动中国，　点燃江山如画　册，

2 2 2 1 6 2 1 1 - | 5 5 5 5 6 3 5 | 1 7 6 7 6 5 - | 3 · 5 6 6 1 6 5 3 · |
每朵绽放　都在　说。　风走过雨　走过，花开中　国，　每个幸福的面容

2 2 2 3 3 5 3 2 2 - | 5 5 5 3 6 5 | 1 2 2 1 6 6 - | 3 6 1 6 5 6 5 3 2 · |
都是你的轮　　廓。　欢悦多喜悦多，花开中　国，　每年春天的故事

0 2 3 2 1 6 1 2 3 2 | 1 - - - | (1 - - 2 6 | 1 - - 1 7):| 1 - - - ‖
都　是　你的杰　作。　　　　　　作。 D.S.

结束句

1 - - | 5 5 · 5 6 5 6 | 5 - - | 5 5 · 5 7 1 7 5 | 5 - - |
作。　花开　中　　国，　　花开　中　　国，

rit.

6 6 · 6 5 | 6 - 1 - | 1 - - - | 1 - - - | 1 0 0 ‖
花开　中　　国。

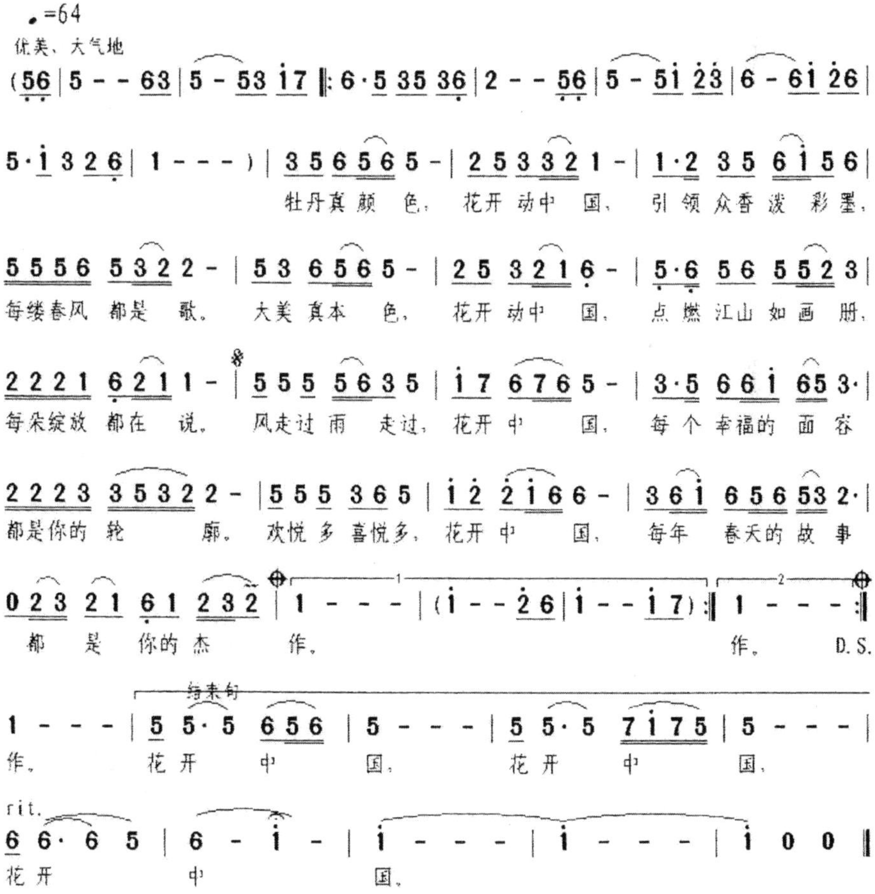

總第十、十一合期（牡丹號，二〇一七年）

趙國偉（黑龍江），〈跟著春風走〉、〈大愛一生〉、〈到群裡說說話〉、〈老地方〉。

刁長育（山東），〈農家生意經〉、〈俺是山東娃〉。

林佳煒（福建），〈必修課〉。

尤素福·海青青（河南），〈大戲河南：《大美河南》三部曲之二〉。

阮文（安徽），兒歌四首：〈要爲媽媽洗洗腳〉、〈皖皖上了幼兒園〉、〈小樹穿棉襖〉、〈文明乘車〉。

李艷華（河北），兒歌五首：〈小喇叭〉、〈照相機〉、〈玩手機〉、〈小蠟筆〉、〈趕超〉。

梁臨芳（浙江），〈看書〉、〈奶奶和孫子〉。

王艷萍（河南），〈螳螂和螞蟻〉、〈不學浪費學節儉〉、〈愛護小鳥〉。

劉秉剛（上海），〈一個同學別落下〉。

張曉天（山東），〈小區「菜農」〉。

海青青（河南），〈我永遠的先生〉。（第四版半版多文章，海青青在開書店之餘，又去上聲樂課，真是上進的青年，回族好孩子，中華民族好兒女，歌友詩友們的好示範。）

在第四版也報導，「二〇一七童星閃閃亮。超級童聲新歌試唱會」，在浙江永康圓滿落幕。（廣東著名詞作家范修奎先生供稿）

賀東久詞、印青曲，〈牡丹盛開的故鄉〉。

范修奎詞、段鶴聰曲，〈習大大到農家〉。

海青青詞、汪德崇曲，〈武術奇葩回回拳〉。

郝藝英詞、錢誠曲，〈我穿軍裝照張相〉。

杜寶華詞、錢誠曲，〈去鄉下走走〉。

歌曲《牡丹盛开的故乡》是 2008 年河南省第 26 届洛阳牡丹花会庆典大型晚会上的压轴原创歌曲，由著名作曲家印青作曲、著名军旅诗人、词作家贺东久作词、著名歌唱家宋祖英演唱。印青代表作有《走进新时代》《江山》《走向复兴》《天路》等。贺东久著作甚丰，其中《芦花》、《莫愁啊，莫愁》等歌曲广为流传。

歌词如诗，一看就知道是一位诗人的作品。旋律亲切自然，像洛阳人在向远方的朋友，娓娓述说着牡丹花开之际的激动心情和美丽向往。

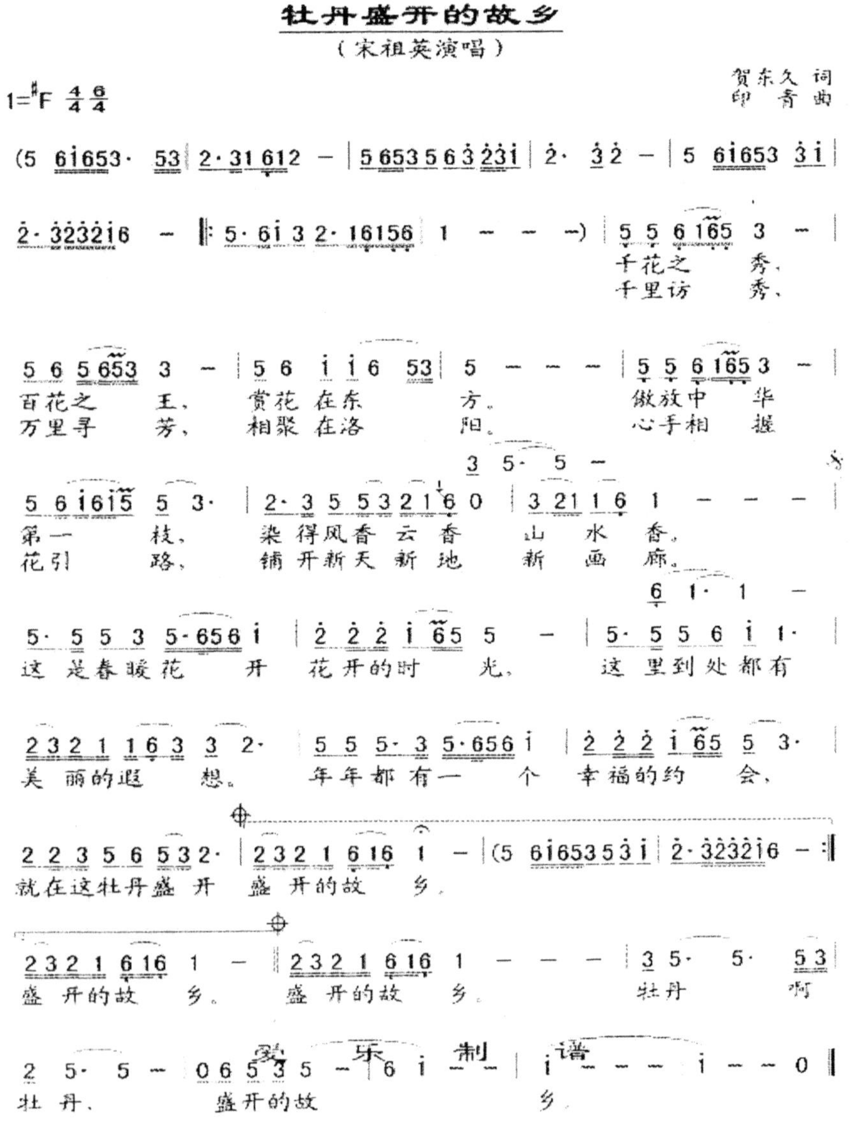

去乡下走走

1=^{b}E4/4 　　　　　　　　　　**杜宝华 词**

每分钟 80 拍 轻松、快乐地 　　　　　　**钱　诚曲**

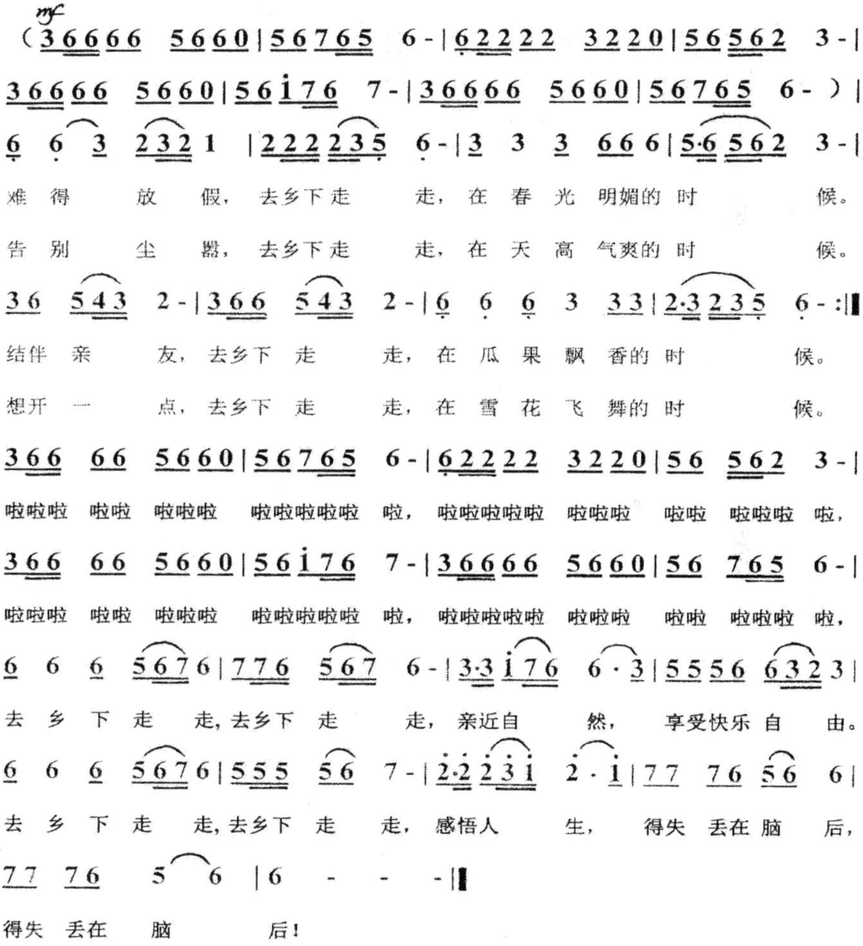
mf
难得放假，去乡下走走，在春光明媚的时候。
告别尘嚣，去乡下走走，在天高气爽的时候。
结伴亲友，去乡下走走，在瓜果飘香的时候。
想开一点，去乡下走走，在雪花飞舞的时候。
啦啦啦 啦啦 啦啦啦 啦啦啦啦啦 啦，啦啦啦啦啦 啦啦啦 啦啦 啦啦啦 啦，
啦啦啦 啦啦 啦啦啦 啦啦啦啦啦 啦，啦啦啦啦啦 啦啦啦 啦啦 啦啦啦 啦，
去乡下走走，去乡下走走，亲近自然，享受快乐自由。
去乡下走走，去乡下走走，感悟人生，得失丢在脑后，
得失丢在脑后！

杜宝华 322100 浙江省东阳市艺海路东岘新村 100 幢 2 单元 301 室 13758933728

钱　诚 243000 安徽省马鞍山市湖北路红旗花园 5-402 音乐创作室 13955550430

习大大到农家

（群众歌曲．齐唱．独唱）

范修金 词
段鹤聪 曲

1=C 2/4 （激情欢呼．载歌载舞．稍快）

习大大　呀么　到农家，
习大大　呀么　到农家，
习大大　呀么　到农家，

不封路　呀么　人人夸，走进农　家么　打牲把　呀．看　看咱养的
不清场　呀么　把手拉，走进农　家么　细观察　呀．看　看咱衣柜
不分春　秋呀　和冬夏，访贫问　苦么　谈开发　呀．政　策哪落实

鸡和鸭．　哎　哎　哎　品　品咱乡亲　泡的那茶呀，抱抱哪乡亲
新变化．　哎　哎　哎　问　问咱乡村　的冷暖，聊聊咱小康
每个家，　哎　哎　哎　群　众的冷暖　都季挂呀．农　民哪富了

怀里的娃，　抱　抱咱乡　邻的娃．
大步跨，　小　康哪大　步跨．
园强大．　民　塞哪园　强大．

民　塞哪园强　大．

武术奇葩《回回拳》

海青青词
汪德崇曲

1=F 2/4 ♩=88 激烈．壮美地

（1765　671|1765　671|1765　567|1 - |1 - ）|

556　1765|17653|55　556|3212　1|17615|
中华　民族　武术花园．回族查拳　是朵奇葩．祖师来　自

17615|3565　17615|5 - |17615|17615|
西域查密尔，明代沧州　有他佳　话．　正拳副　拳　各路对　打．

3565　5567|1 - |101|1·64|1 - |1 6·4|5·1|
鞭棍花枪　大刀月　牙．　如龙如　虎　似鹰似　鹘，若

1·64|2 - |661　256|3155|31552|
燕若　猴　像蛇　像　马．金刚捣锤　白鹤　分翅．

3155　53|203　2552|1 - |1 - |1765　1765|
大合那个　拳法人　见人　夸！　健身体魄　强我中华

1765　1765|6·5　567|1 - |1 - |1 - |1 0||
看我回回　风流潇洒！风　流潇　洒！　（如）洒！

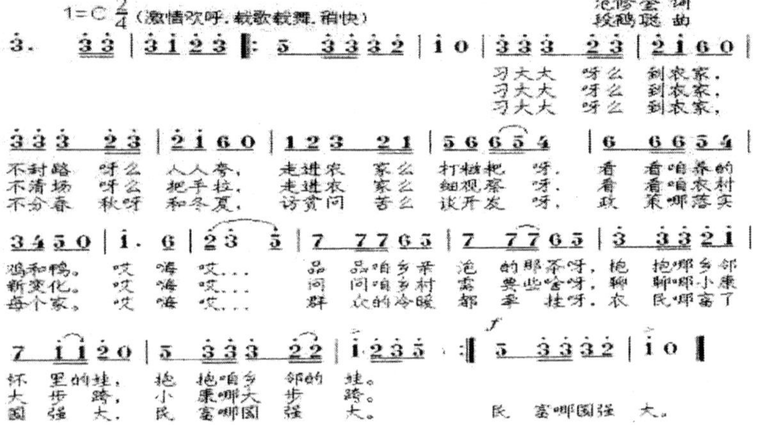

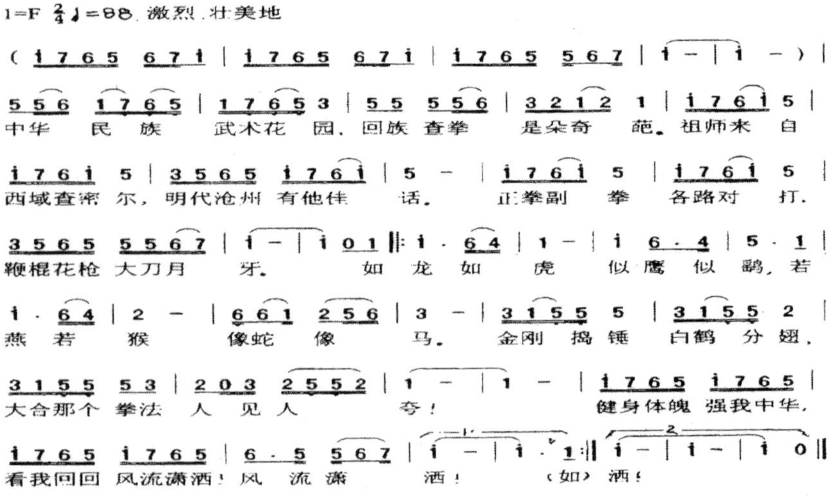

2014.9.30 作

471002 河南省洛阳市老城区肖家街福临园海青青书店 海青青
102400 北京房山区城关街道办事处羊头岗村住宅小区
　　　5号楼2单元401室 汪德崇 电话：15910637839

我穿军装照张相

1=D2/4 郝艺英 词

每分钟 110 拍 快乐 自豪地 钱 诚 曲

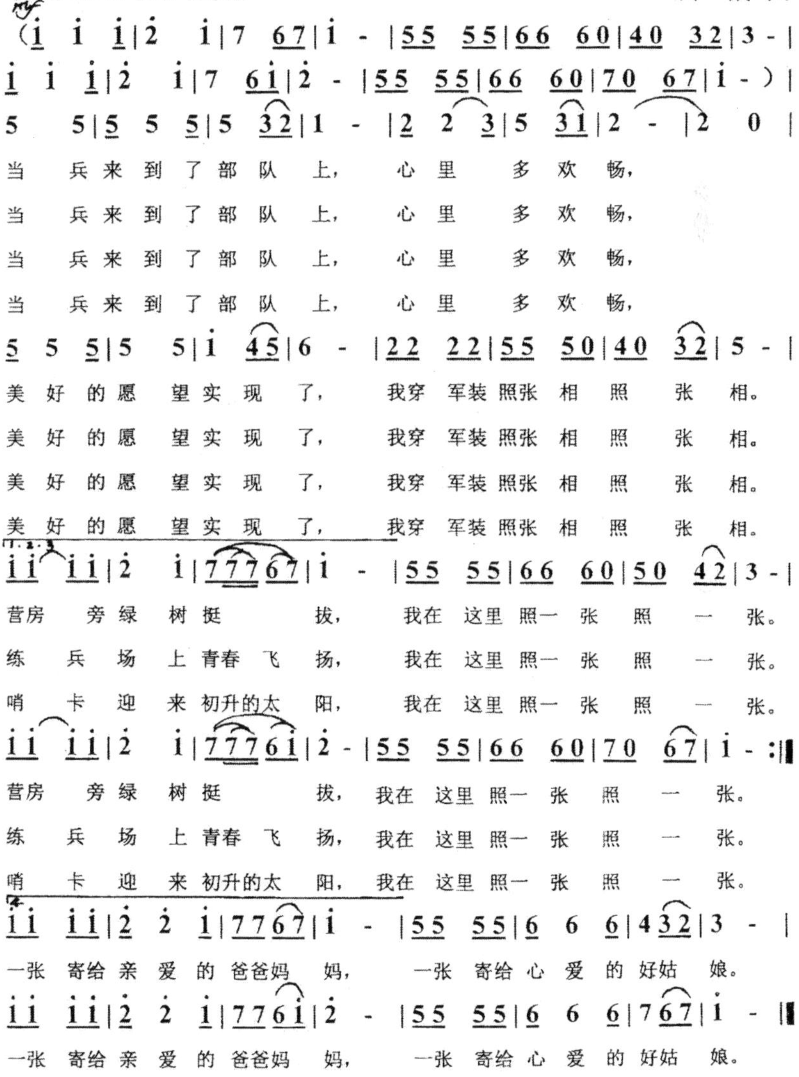
mf
当兵来到了部队上，心里多欢畅，
当兵来到了部队上，心里多欢畅，
当兵来到了部队上，心里多欢畅，
当兵来到了部队上，心里多欢畅，
美好的愿望实现了，我穿军装照张相照张相。
美好的愿望实现了，我穿军装照张相照张相。
美好的愿望实现了，我穿军装照张相照张相。
美好的愿望实现了，我穿军装照张相照张相。
营房旁绿树挺拔，我在这里照一张照一张。
练兵场上青春飞扬，我在这里照一张照一张。
哨卡迎来初升的太阳，我在这里照一张照一张。
营房旁绿树挺拔，我在这里照一张照一张。
练兵场上青春飞扬，我在这里照一张照一张。
哨卡迎来初升的太阳，我在这里照一张照一张。
一张寄给亲爱的爸爸妈妈，一张寄给心爱的好姑娘。
一张寄给亲爱的爸爸妈妈，一张寄给心爱的好姑娘。

郝艺英 417000 湖南省娄底市艺术馆创作室 15080834208
钱 诚 243000 安徽省马鞍山市湖北路红旗花园 5-402 音乐创作室 13955550430

總第十二期（月季號，二〇一七年）

趙國偉（黑龍江），〈關東咱最美〉、〈哈爾濱是我家〉、〈說京戲〉、〈說硯台〉。

劉新正（河南），〈懷念〉、〈朋友，你還記得嗎〉。

尤素福．海青青（河南），〈問江南〉、〈花都洛陽〉。

張倫（重慶），兒歌四首：〈大雁教我學寫字〉、〈我坐飛船上月亮〉、〈牆外爬滿爬山虎〉、〈我送螞蟻小汽車〉。

阮文（安徽），〈水仙花〉、〈稻草人〉、〈交通信號燈〉。

梁臨芳（浙江），〈春忙〉、〈拆飛機〉、〈剪紙〉、〈蜜蜂和蝴蝶〉。

常福生（上海），童謠四首：〈河馬打噴嚏〉、〈一水多用〉、〈什麼鹿〉、〈端午節〉。

李艷華（河北），〈想啥〉、〈播種〉。

在第三版小方塊，有梁臨芳（學生）給海青青善老師的簡信。

范修奎（廣東），〈搖滾路上的行者：評說汪峰歌曲〉。（第四版全版、第三版三

分之一版文章〉

平原詞、趙國安曲，〈河南人〉。

陳曉明詞、宋銘舉曲，〈假日，我們多麼歡暢〉。

劉兆山、傅連波詞、錢誠曲，〈盼統一，兩眼慾望穿〉。

吳瑞芳詞、許德清曲，〈雪娃娃〉。

（筆者有感：欣賞了〈盼統一，兩眼慾望穿〉，我也感慨萬千，同胞在海那邊望眼欲穿，其實在台灣島內也有很多「台灣人也是中國人」，對統一也是「兩眼慾望穿」。我們體內流著炎黃血緣，是道道地地的中華民族之一員，絕不願見台獨漢奸分裂民族，把台灣弄成美帝的文化殖民地，甚至成爲倭奴國之附庸。因此，我們期望兩岸早日統一，成爲地球上泱泱大國之國民，我們生爲中國人，死爲中國魂！投胎轉世仍是中國人！）

盼统一，两眼欲望穿

1=^{b}E4/4　　（独　唱）　　刘兆山 傅连波词

每分钟 64 拍 深情地　　钱　诚曲

f
爷爷那一年去了台湾，从此种下了许多思念。
“一中一台”闹剧又演，岛上不能再动荡不安！
骨肉分离，长夜漫漫，不知道哪一天才能团圆。
分裂有罪，岂容背叛，不能在当今留下历史遗憾!!
两岸通商春风召唤，也等来与亲人相见。
爱国才能千古流芳，家里的事情商量着办。
台湾天空没有飘扬五星红旗，难抹去心中忧患！
台湾早日升起五星红旗，是两岸人的心愿！
儿女想爹娘，爹娘把儿盼，盼统一，两眼欲望穿，
儿女想爹娘，爹娘把儿盼，盼统一，两眼欲望穿，
血统难改，亲情难变，一个中国早已写上蓝天！
血统难改，山呼海唤，一个中国早已写上蓝天！
dim
一个中国早已写上蓝天!!

刘兆山 傅连波 300252 天津市河东区太阳城龙山道丹荔园 23-1-101 室 13011346017
钱　诚 243000 安徽省马鞍山市湖北路红旗花园 5-402 音乐创作室 13955550430

假日，我们多么欢畅

1＝G $\frac{2}{4}$
欢快、舒畅地

陈晓明 词
宋铭举 曲

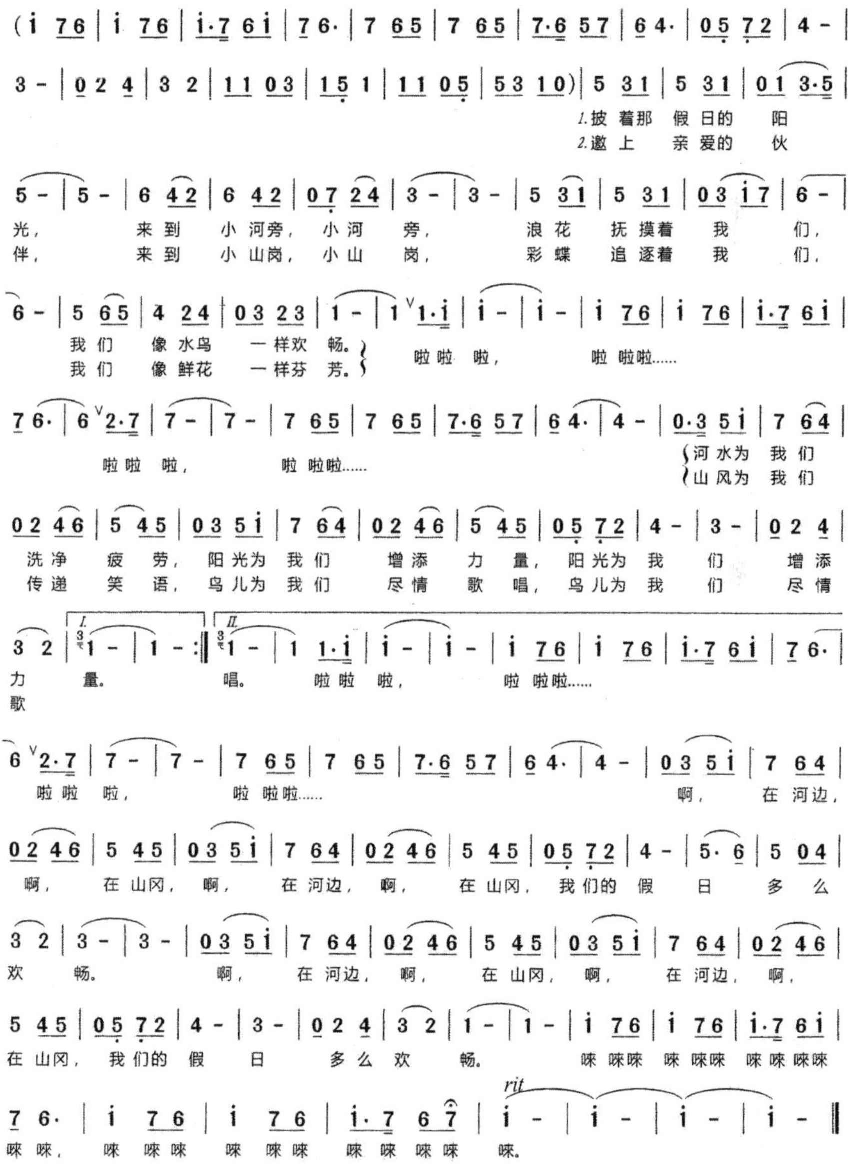

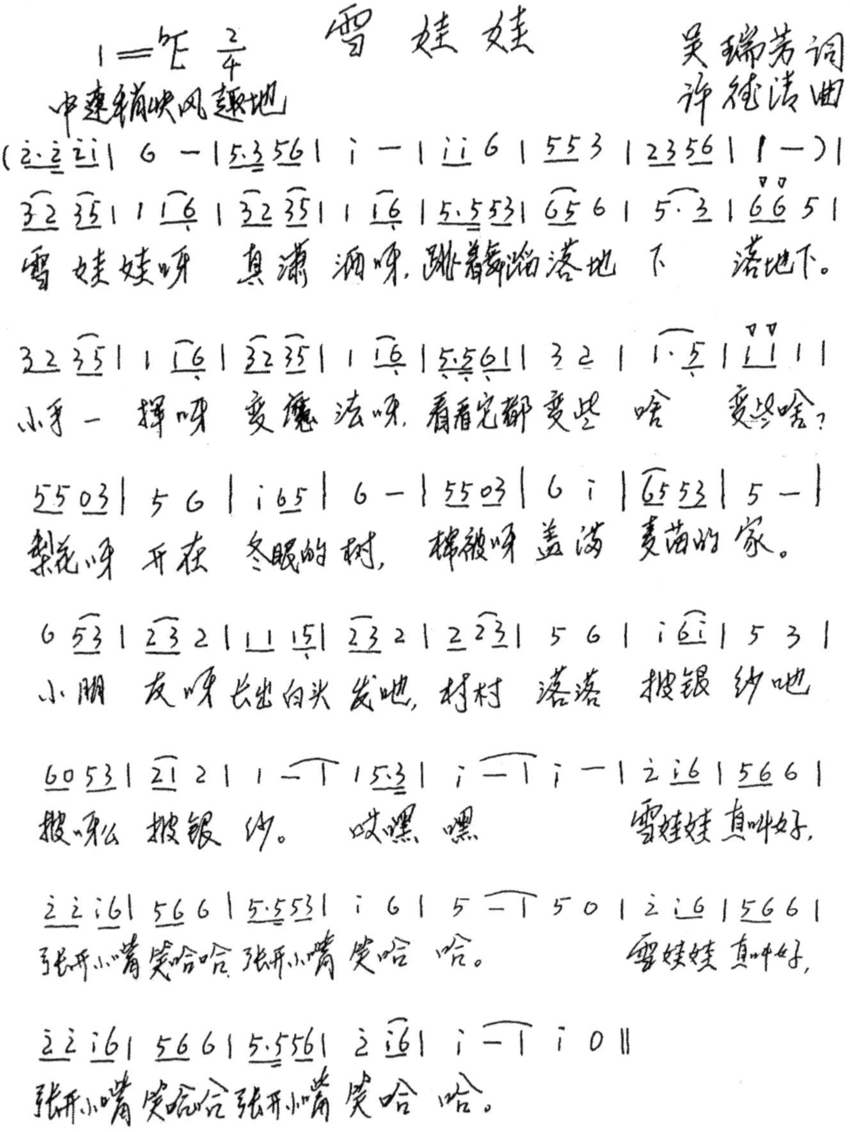

雪娃娃

吳瑞芳 詞
許德清 曲

1=降E 2/4

中速稍快風趣地

（2̣.2̣2̣1̣ | 6 - | 5.3 56 | i - | i.i 6 | 5 5 3 | 2 3 5 6 | 1 -）|

3̣.2̣ 3̣5̣ 1̣ | 1̣ 6 | 3̣.2̣ 3̣5̣ 1̣ | 1̣ 6 | 5.5 5 3 | 6 5 6 | 5.3 | 6̣ 6̣ 5 1 |
雪娃娃呀　真淘　氣呀．踏着舞蹈落地　下　落地下.

3̣.2̣ 3̣5̣ 1̣ | 1̣ 6 | 3̣.2̣ 3̣5̣ 1̣ | 1̣ 6 | 5.5 6 | 3 2 | 1̣.5 | i.i 1̣ |
小手一　揮呀　變魔　法呀．看看它都變些　啥　變些啥？

5 5 0 3 | 5 6 | i 6 5 | 6 - | 5 5 0 3 | 6 i | 6 5 5 3 | 5 - |
梨花呀　開在　冬眠的　樹，　棉被呀　蓋滿　麥苗的　家.

6 5 3 | 2 3 2 1 | 1 1̣ | 2 3 2 1 | 2 2 3 | 5 6 | i 6̣ | 5 3 1 |
小朋　友呀長出白头　发吧，　村村　落落　披銀　纱吧

6 0 5 3 | 2̣ 1 2 1 1 - | 1 5 3 | i - | i - | 2̣.i 6̣ | 5 6 6 |
披呀么　披銀　纱。　吱嘿　嘿　　雪娃娃真叫好,

2̣.2̣ i 6̣ | 5 6 6 | 5.5 5 3 | i 6 | 5 - | 5 0 | 2̣.i 6̣ | 5 6 6 |
手张开小着笑哈哈 张开小嘴　笑哈　哈。　　雪娃娃真叫好,

2̣.2̣ i 6̣ | 5 6 6 | 5.5 5 6 | 2̣.i 6̣ | i - | i 0 ‖
张开小嘴 笑嘻哈 张开小嘴 笑哈 哈。

吳瑞芳：467100 河南平頂山市郟县新世纪小学
許德清：100039 北京市復興路4号18-213信箱

歌曲《河南人》是一首具有豫剧风格的戏歌，表达了河南人在新世纪的豪迈情怀。由著名作曲家赵国安作曲、词作家平原作词、著名豫剧演员小香玉演唱。

河南人

平原词
赵国安曲

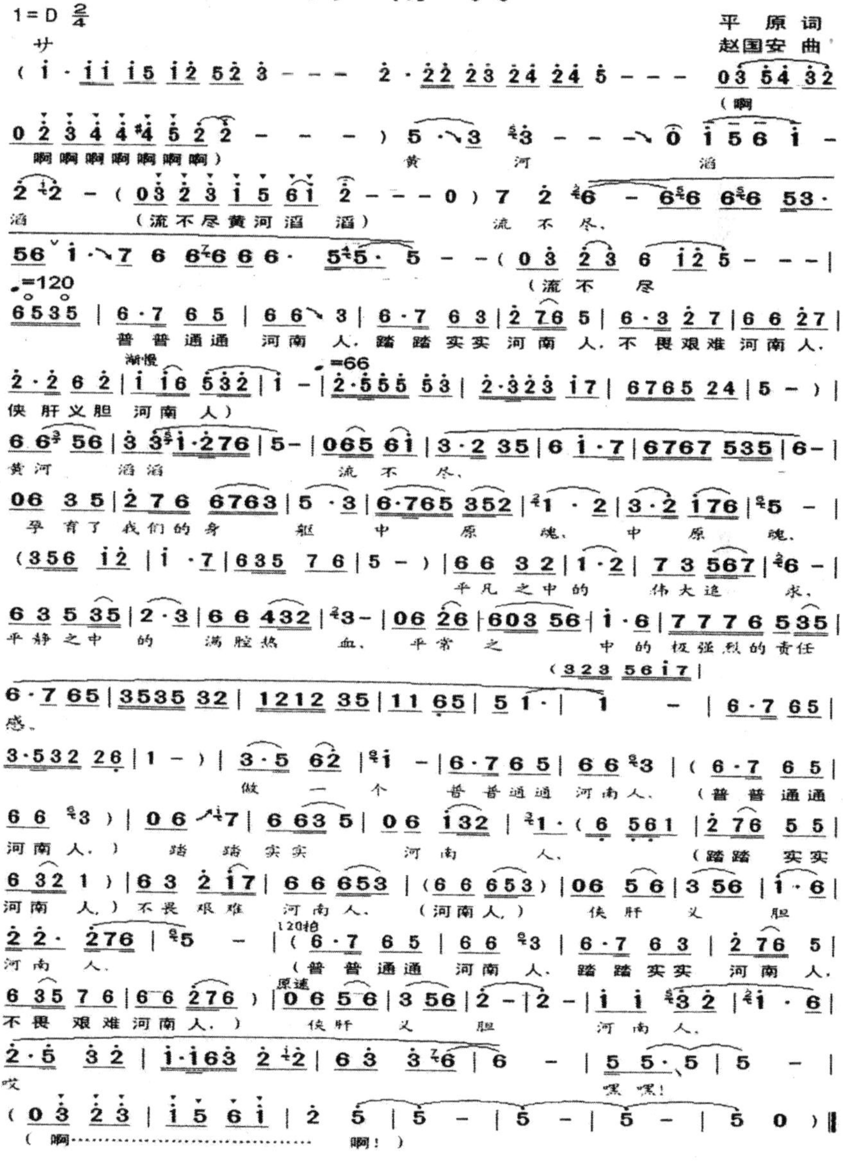

總第十三期（菊花號，二〇一七年）

鄔大爲（遼寧），〈家風歌〉。

趙國偉（黑龍江），〈鐵人的故事〉、〈走進百姓：寫給文化志願者〉、〈媽媽這一輩子〉、〈醉在草原〉。

阮居平（貴州），〈故鄉的古茶樹〉。

尤素福．海青青（河南），〈阿娜的香油茶〉、〈美麗人間〉。

林藍（湖北），兒歌五首：〈夏至〉、〈小暑〉、〈大暑〉、〈立秋〉、〈處暑〉。

田俊榕（浙江），〈捏娃娃〉、〈冬瓜〉、〈猜謎語〉。

張倫（重慶），兒歌八首：〈吃飯不要掉飯粒〉、〈木棉花〉、〈頑皮小雨點〉、〈毛毛蟲讀書〉、〈蝴蝶跳舞〉、〈蝸牛〉、〈風箏〉、〈作業本洗澡〉。

梁臨芳（浙江），幼兒歌詞四首：〈小花鹿〉、〈按魔鍾〉、〈捉蝴蝶〉、〈看花〉。

張曉天（山東），〈搬倉鼠〉。

李艷華（河北），〈梳頭〉、〈我的爸爸〉、〈坐電梯〉、〈打電話〉。

陳迎（湖南），兒歌五首：〈大螳螂〉、〈小河蚌〉、〈小蜘蛛織蚊帳〉、〈蠶寶寶〉、〈河蚌〉。

劉秉剛（上海），兒歌四首：〈亞投行是聚寶盆〉、〈小蛐蛐愛吵架〉、〈秋風來到小菜園〉、〈小種子藏貓貓〉。

尤素福・海青青（河南），〈風雨情：「汶川大地震」賑災義演記〉。（第五版全版、第六版約半版文章）

〈河南民歌的藝術特徵〉。（第六版半版文章）

第四版尚有鄔大爲、溫中武給海青青的信。（溫中武，陝西商洛市商州區廣播電視台《新商州》報編輯。）

〈王大娘釘缸〉。（漢族民俗歌舞小調）

何德林詞、淺洋曲，〈紅領巾的榜樣〉。

在河南昌邓县、息县、商城、固始一带，流行着一种汉族民俗歌舞形式，属于地花鼓。这种地花鼓多由一旦一丑合作表演，演唱内容多为北方各地流传的生活小调。民歌《王大娘钉缸》是其中代表作。

王大娘钉缸

（小 调）

1＝F 2/4　　河南 邓县
中速 活泼、风趣地　　汉 族

(6 i 5)
5. 5 5 5 | 6 3 5 | 5. 3 2 5 | 3 2 1 2 |
1.(领)挑 子 一担 响叮 当 (众)(呀 儿 哟 咴个呀儿哟
2.(领)南 庄 北庄 都去 过 (众)(呀 儿 哟 咴个呀儿哟
3.(领)王家庄 有个 王老 汉 (众)(呀 儿 哟 咴个呀儿哟
4.(领)大姑娘 名叫 人人 爱 (众)(呀 儿 哟 咴个呀儿哟
5.(领)唯 有 三姑娘 长得 好 (众)(呀 儿 哟 咴个呀儿哟
6.(领)说 走 就走 来好 快 (众)(呀 儿 哟 咴个呀儿哟
7.(领)挑 子 放在 流平 地 (众)(呀 儿 哟 咴个呀儿哟
8.(领)大 喊 三声 钉盘 子 (众)(呀 儿 哟 咴个呀儿哟

(3 5)
2 5 2 5 | 3 2 1 2 | 3. 3 3 3 | 3 6 1 |
1. 呀儿哟 呀儿哟 咴个呀儿哟)，(领)担 上挑子 走四 方，
2. 呀儿哟 呀儿哟 咴个呀儿哟)，(领)如 今要去 王家 庄，
3. 呀儿哟 呀儿哟 咴个呀儿哟)，(领)他家有三个 好姑 娘，
4. 呀儿哟 呀儿哟 咴个呀儿哟)，(领)二姑娘名叫 十里 香，
5. 呀儿哟 呀儿哟 咴个呀儿哟)，(领)起 名就叫 看不 俗，
6. 呀儿哟 呀儿哟 咴个呀儿哟)，(领)眼 前来到 王家 庄，
7. 呀儿哟 呀儿哟 咴个呀儿哟)，(领)扁 担靠到 柳树 上，
8. 呀儿哟 呀儿哟 咴个呀儿哟)，(领)钉盘子钉碗 带钉 缸，

(1. 6 5 | 6 5 6 1)
1. 6 1 | 2 1 6 5 | 5 6 1 5 6 1 | 6 5 6 1 5 ‖
1.(众)(呀儿 哟 咴 呀儿哟 呀儿哟 呀儿哟 咴个呀儿 哟)。
2.(众)(呀儿 哟 咴 呀儿哟 呀儿哟 呀儿哟 咴个呀儿 哟)。
3.(众)(呀儿 哟 咴 呀儿哟 呀儿哟 呀儿哟 咴个呀儿 哟)。
4.(众)(呀儿 哟 咴 呀儿哟 呀儿哟 呀儿哟 咴个呀儿 哟)。
5.(众)(呀儿 哟 咴 呀儿哟 呀儿哟 呀儿哟 咴个呀儿 哟)。
6.(众)(呀儿 哟 咴 呀儿哟 呀儿哟 呀儿哟 咴个呀儿 哟)。
7.(众)(呀儿 哟 咴 呀儿哟 呀儿哟 呀儿哟 咴个呀儿 哟)。
8.(众)(呀儿 哟 咴 呀儿哟 呀儿哟 呀儿哟 咴个呀儿 哟)。

1=D 2/4

红领巾的榜样

（少儿歌曲）

何德林 词
浅 洋 曲

崇敬 赞美地

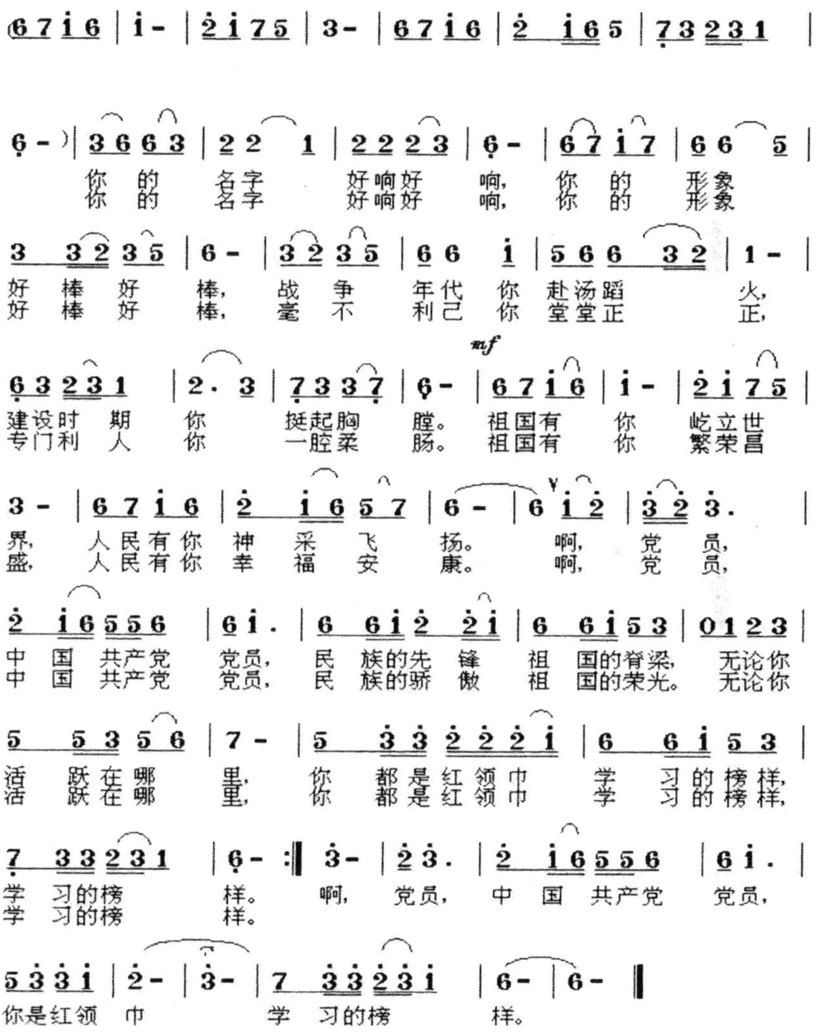
你的名字好响好响，你的形象好棒好棒，战争年代你赴汤蹈火，建设时期你挺起胸膛。
你的名字好响好响，你的形象好棒好棒，毫不利己你堂堂正正，专门利人你一腔柔肠。
mf
祖国有你屹立世界，人民有你神采飞扬。
祖国有你繁荣昌盛，人民有你幸福安康。
啊，党员，中国共产党党员，民族的先锋祖国的脊梁，
啊，党员，中国共产党党员，民族的骄傲祖国的荣光。
无论你活跃在哪里，你都是红领巾学习的榜样，学习的榜样。
无论你活跃在哪里，你都是红领巾学习的榜样，学习的榜样。
啊，党员，中国共产党党员，你是红领巾学习的榜样。

何德林 四川省达州市人民银行何德林信箱 邮编：635000
浅 洋 本名李乾南 泸州市酒城大道二段鹭岛国际电梯 1-12-04 邮编：646000

總第十四期（菊花號，二〇一九年）

趙國偉、蘇琪（黑龍江），〈中國正春天〉。

趙正雲（安徽），〈寧國好風景〉、〈山鄉春來早〉。

范修奎（廣東），〈咱們一起喝酒〉。

謝鳶（湖南），〈月光下的夷望溪〉、〈柳葉河水波連波〉。

鄒景高（重慶），〈農家的早晨〉、〈山村夕照〉。

尤素福・海青青（河南），〈老家河南〉、〈世界有一座牡丹城〉、〈故鄉的香〉。

林藍（湖北），「唱春天」五首：〈春雨下〉、〈放風箏〉、〈植樹節〉、〈蒲公英〉、〈小柳樹〉。

謝桂林（湖南），〈我把春天寄來啦〉、〈小河就是鴨子的家〉。

鄒景高（重慶），〈勤勞的松鼠〉。

張曉天（山東），〈小松鼠〉、〈蜻蜓〉、〈跳蝸牛〉、〈蒲公英〉、〈噴水羊〉、〈河馬〉。

梁臨芳（浙江），幼兒歌詞一束：〈中國地圖〉、〈做花褲〉、〈看法〉、〈咱和祖國在一起〉、〈喝涼茶〉。

張倫（重慶），〈動物園〉、〈花兒姑娘〉、〈樹媽媽〉、〈風兒成天不得閒〉。

范修奎（廣東），〈述說人間大愛描寫親情無價：評析影視導演、編劇、詞作家趙友歌詞〉。（第五版全版文章）

第四版小方塊有趙正雲給海青青的信。

范修奎詞、張顯貞曲，〈活到老學到老〉。

彭長霖詞、錢誠曲，〈青青外婆菜〉。

趙國偉詞、王文曲，〈千古江南〉。

（附說：第十三期是二〇一七年出的刊，第十四期是二〇一九出的刊，二〇一八年沒有出刊（但期未斷）。可能是如海青青在《牡丹園》五六期說的，他到一家公司上班，太累了被迫停刊。不得已辭掉公司的工作，回到原來的生活，再把停掉的刊一一補上。）

青青外婆菜

1=C4/4 （独 唱） 彭长霖词

♩=68 深情地 钱 诚曲

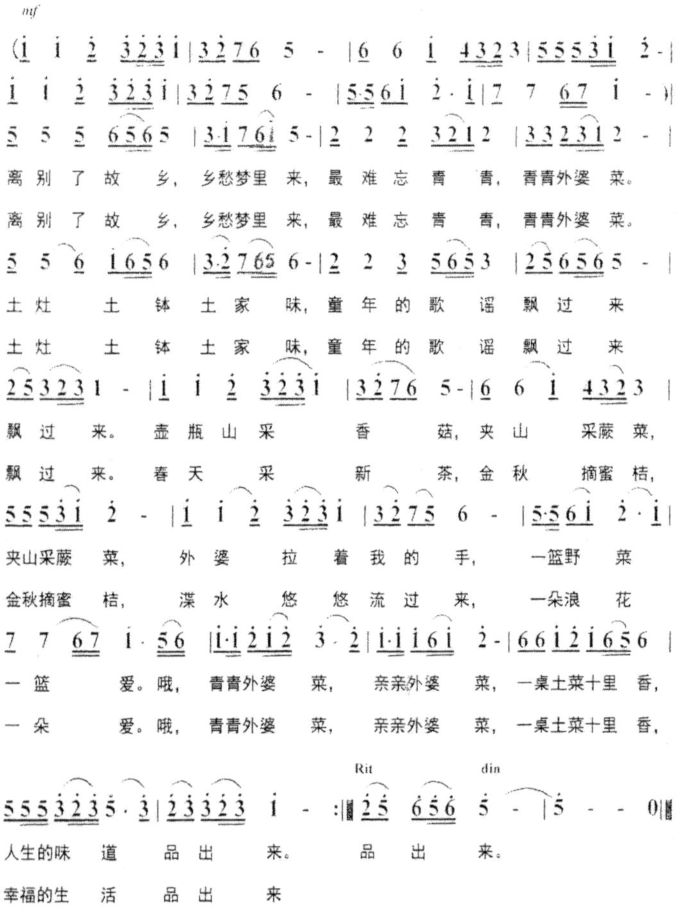
mf
离别了故乡，乡愁梦里来，最难忘青青，青青外婆菜。
离别了故乡，乡愁梦里来，最难忘青青，青青外婆菜。
土灶土钵土家味，童年的歌谣飘过来
土灶土钵土家味，童年的歌谣飘过来
飘过来。壶瓶山采香菇，夹山采蕨菜，
飘过来。春天采新茶，金秋摘蜜桔，
夹山采蕨菜，外婆拉着我的手，一篮野菜
金秋摘蜜桔，澧水悠悠流过来，一朵浪花
一篮爱。哦，青青外婆菜，亲亲外婆菜，一桌土菜十里香，
一朵爱。哦，青青外婆菜，亲亲外婆菜，一桌土菜十里香，
Rit
din
人生的味道品出来。品出来。
幸福的生活品出来

创作于 2018-1

彭长霖 415600 湖南省安乡县森林公安局陈曼转交 1390013109@qq.com 18607367989
钱 诚 243000 安徽省马鞍山市东方城二区 16 栋 1202 室 563559882@qq.com 13955550430

千古江南

1= F $\frac{4}{4}$

赵国伟 词
王 文 曲

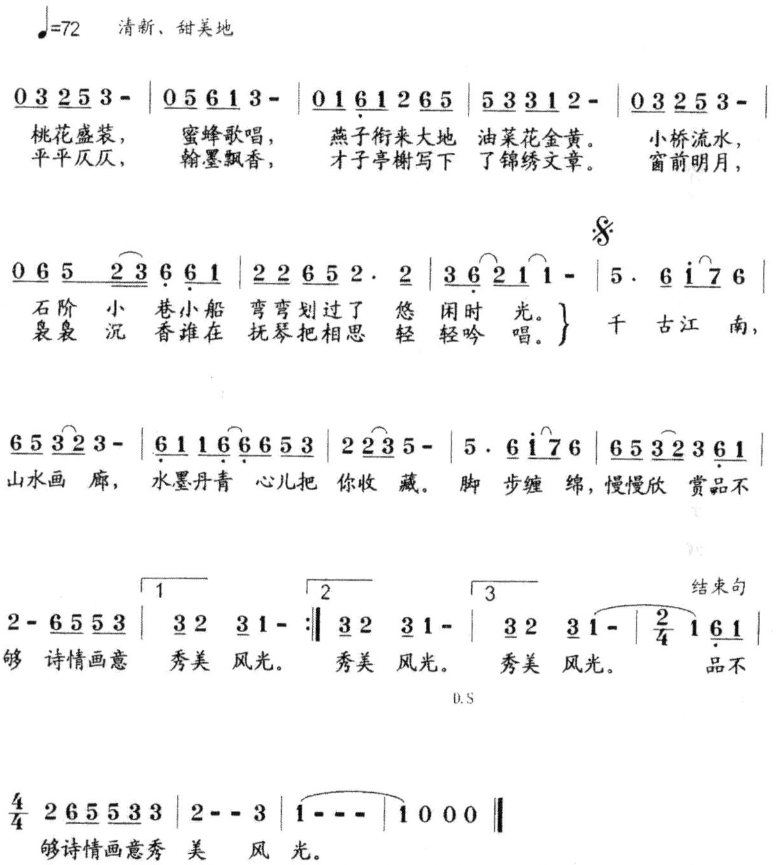
♩=72 清新、甜美地
桃花盛装，蜜蜂歌唱，燕子衔来大地 油菜花金黄。小桥流水，
平平仄仄，翰墨飘香，才子亭榭写下 了锦绣文章。窗前明月，
石阶 小 巷小船 弯弯划过了 悠 闲时 光。
袅袅 沉 香谁在 抚琴把相思 轻 轻吟 唱。
千 古江 南，
山水画 廊，水墨丹青 心儿把 你收 藏。脚 步缠 绵，慢慢欣 赏品不
够 诗情画意 秀美 风光。秀美 风光。秀美 风光。品不
结束句
D.S
够诗情画意秀 美 风 光。

赵国伟：150200 黑龙江省电力线路器材有限公司
王文：525300 广东省信宜市电力街泰德琴行 手机：13535911308
邮箱：328641459@qq.com

活 到 老 学 到 老

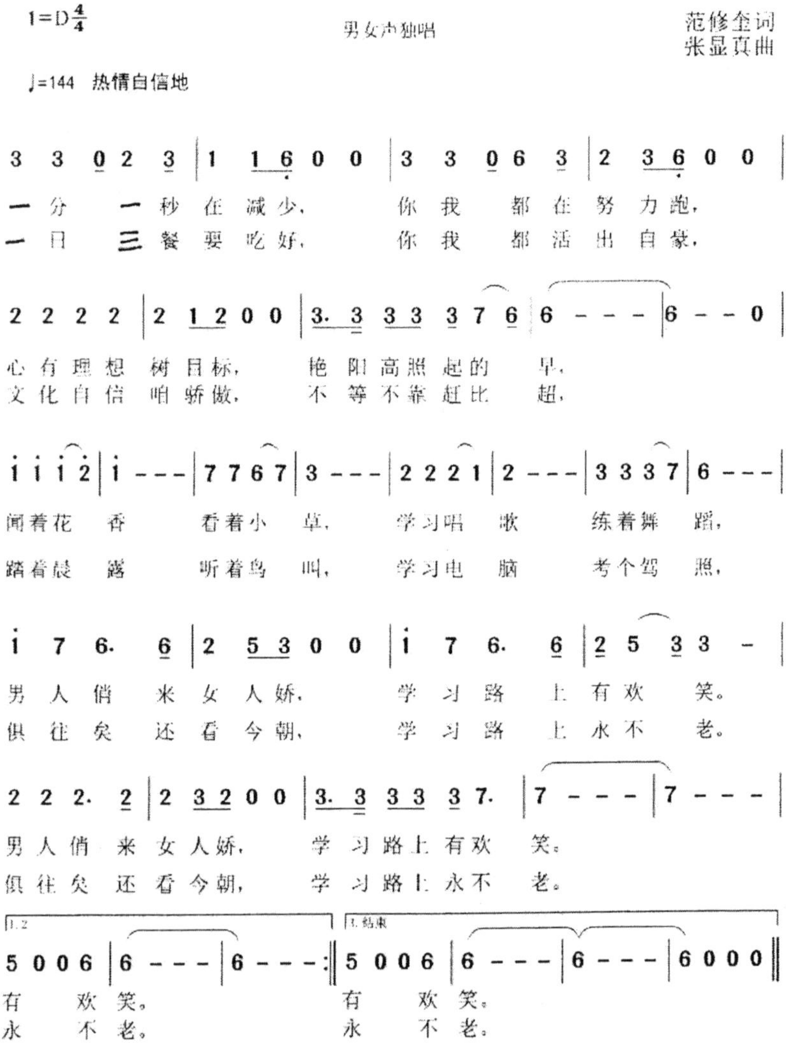

1=D 4/4

男女声独唱

范修全词
张显真曲

♩=144　热情自信地

3 3 0 2 3 | 1 1 6 0 0 | 3 3 0 6 3 | 2 3 6 0 0 |

一分 一秒 在 减少，　你 我　都 在 努 力 跑，
一日 三餐 要 吃好，　你 我　都 活 出 自 蒙，

2 2 2 2 | 2 1 2 0 0 | 3·3 3 3 3 7 6 | 6 - - - | 6 - - 0 |

心有理想树目标，　艳阳高照起的　早，
文化自信咱骄傲，　不等不靠赶比　超，

i i i 2 | i - - - | 7 7 6 7 | 3 - - - | 2 2 2 1 | 2 - - - | 3 3 3 7 | 6 - - - |

闻着花 香　看着小 草，学习唱 歌　练着舞 蹈，
踏着晨 露　听着鸟 叫，学习电 脑　考个驾 照，

i 7 6· 6 | 2 5 3 0 0 | i 7 6· 6 | 2 5 3 3 - |

男人俏 来女人娇，　学习路 上 有欢 笑。
俱往矣 还看今朝，　学习路 上 永不 老。

2 2 2· 2 | 2 3 2 0 0 | 3·3 3 3 3 7· | 7 - - - | 7 - - - |

男人俏来女人娇，　学习路上有欢　笑。
俱往矣还看今朝，　学习路上永不　老。

[1.2]
5 0 0 6 | 6 - - - | 6 - - - : ‖ [1.结束]5 0 0 6 | 6 - - - | 6 - - - | 6 0 0 0 ‖

有　欢 笑。　　　　有　欢 笑。
永　不 老。　　　　永　不 老。

總第十五期（冬季號，二〇二〇年）

鄔大為（遼寧），〈百年凱歌：獻給建黨一百週年〉。

范修奎（河北），〈想起家鄉的豆沫香〉、〈家鄉的玉米粥〉。

李鎖剛（黑龍江），〈新時代〉。

楊靜（江蘇），〈我的職業我熱愛〉。

謝桂林（湖南），〈鄉村的月光〉。

竹心（重慶），〈梨花帶雨〉、〈清香送萬家〉、〈醉含得〉。

李潔翔（河北），〈醉劉伶〉。

趙凌雲（江蘇），〈夢中的故鄉〉、〈我乘高鐵下揚州〉。

何眞宗（重慶），〈春到咱們土家〉。

楊季濤（四川），藏族情歌兩首：〈尋找達瓦卓瑪〉、〈拉姆錯的傳說〉。

戚萬凱（重慶），〈立志歌〉、〈賣春天〉、〈兩朵紅花〉。

陳封冰（重慶），〈一場對文藝工作者的考驗：「抗疫」歌曲創作有感〉。（第四

版近全版、第二版部分文章）

同在第四版，有鄔大爲給海青青的簡信。

朱吳妮娜詞、錢誠曲，〈點讚前線人〉。（致奮戰在抗擊新冠病毒一線的人們）劉頂桂詞、楊季濤曲，〈好夢今日圓〉。

嚴惠萍詞、王芝玉曲，〈中國的年〉。

陳曉明詞曲，〈把黨徽戴上〉。

好梦今日圆

1=♭E $\frac{2}{4}$

加男声伴唱的女声独唱

刘顶柱 词
杨季涛 曲

♩=108 欢快、热烈地

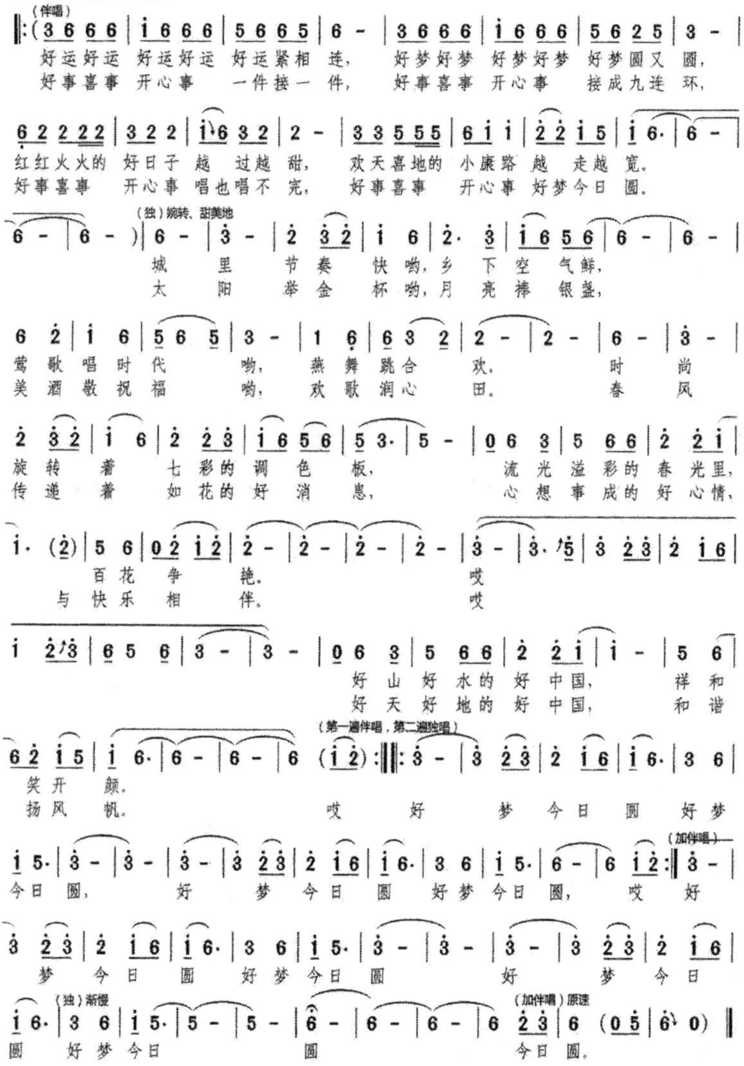
（伴唱）
好运好运 好运好运 好运紧相 连， 好梦好梦 好梦好梦 好梦圆又 圆，
好事喜事 开心事 一件接一 件， 好事喜事 开心事 接成九连 环，
红红火火的 好日子越 过越甜， 欢天喜地的 小康路越 走越宽。
好事喜事 开心事唱也唱不 完， 好事喜事 开心事 好梦今日 圆。
（独）婉转、甜美地
城 里 节奏 快哟，乡 下空 气鲜，
太 阳 举金 杯哟，月 亮捧 银盏，
莺歌唱时代 哟， 燕舞跳合 欢。 时 尚
美酒敬祝福 哟， 欢歌润心 田。 春 风
旋转 着 七彩的调 色 板， 流光溢彩的春光里，
传递 着 如花的好 消 息， 心想事成的好心情，
百花争 艳。 哎
与快乐相 伴。 哎
好山好水的好中国， 祥和
好天好地的好中国， 和谐
（第一遍伴唱，第二遍独唱）
笑开 颜。
扬风 帆。 哎 好 梦 今日 圆 好梦
（加伴唱）
今日 圆， 好 梦 今日 圆 好梦今日 圆， 哎 好
梦 今日 圆 好梦今日 圆 好 梦 今日
（独）渐慢
（加伴唱）原速
圆 好梦今日 圆 今日 圆。

刘顶柱：710061 西安市雁塔区曲江新区荣禾曲池东岸7-2-1002
杨季涛：610091 成都市青羊区玉宇路998号1-1-603 电话：13658022740

把党徽戴上

1＝C $\frac{4}{4}$

（陈晓明 演唱）

陈晓明 词曲

♩＝106 热情、豪迈地

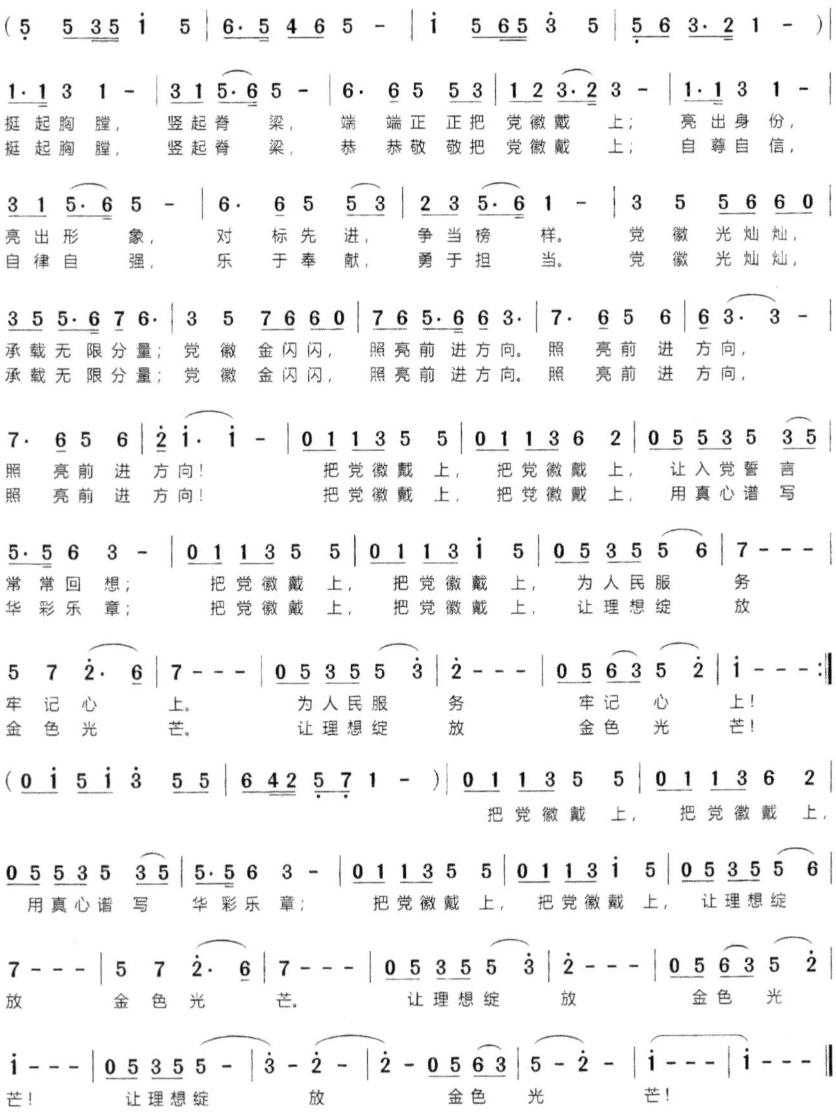

地址：江西鹰潭贵溪市贵冶北区1栋105号；手机：13970185131；信箱：cxm60@163.com

点赞前线人

（致奋战在抗击新冠病毒一线的人们）

1=♭E 4/4

朱吴妮娜 词
钱 诚 曲

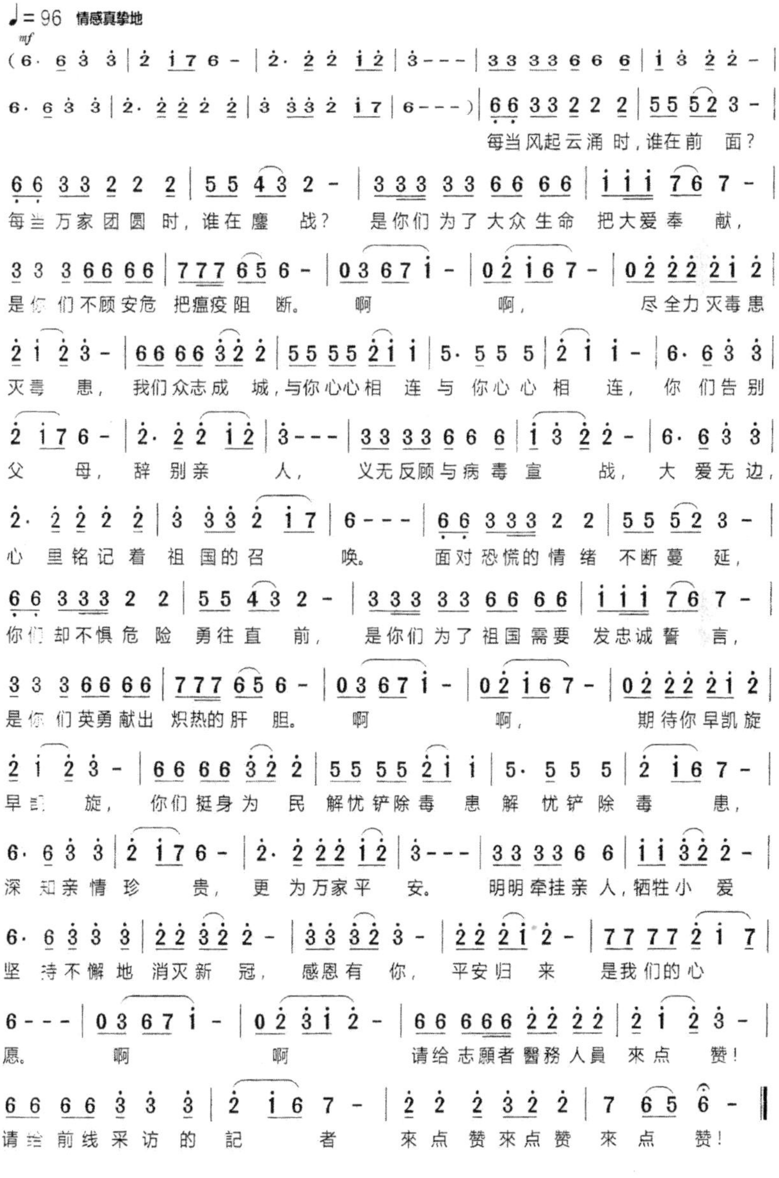
♩=96 情感真挚地
mf
每当风起云涌时，谁在前面？
每当万家团圆时，谁在鏖战？是你们为了大众生命把大爱奉献，
是你们不顾安危把瘟疫阻断。啊 啊，尽全力灭毒患
灭毒患，我们众志成城，与你心心相连与你心心相连，你们告别
父母，辞别亲人，义无反顾与病毒宣战，大爱无边，
心里铭记着祖国的召唤。面对恐慌的情绪不断蔓延，
你们却不惧危险勇往直前，是你们为了祖国需要发忠诚誓言，
是你们英勇献出炽热的肝胆。啊 啊，期待你早凯旋
早凯旋，你们挺身为民解忧铲除毒患解忧铲除毒患，
深知亲情珍贵，更为万家平安。明明牵挂亲人，牺牲小爱
坚持不懈地消灭新冠，感恩有你，平安归来是我们的心
愿。啊 啊 请给志願者醫務人員來点赞！
请给前线采访的記者來点赞來点赞來点赞！

中国的年

严惠萍　词
王芝玉　曲

1=F 2/4

（1.111 | 6165 | 1.111 | 6165 | 3.333 | 2321 | 3.333 | 2321 |

0116 | 5　5 | 5.632 | 1.　6 | 5553 | 2376 | 5　66 | 5 - ）

5　3.5 | 12165 | 3.5 656 1 | 5 - | 1.161 | 56532 |

爽 爽 的 好 滋 味， 是 咱 中 国 的 年， 酒 香 浓　菜 香 甜
旺 旺 的 好 红 火， 是 咱 中 国 的 年， 红 灯 笼　红 对 联

56 123 | 2 - | 3　3.5 | 32123 | 55　535 | 6 - |

家 家 庆 团 圆。 酷 酷 的 好 声 音， 是 咱 中 国 的 年，
福 字 映 笑 脸。 棒 棒 的 好 前 程， 是 咱 中 国 的 年，

1.161 | 56532 | 36 5632 | 1 - | 1.111 | 6165 |

锣 鼓 敲 鞭 炮 响 笑 语 飞 满 天。 团 团 圆 圆 中 国 年，
瑞 雪 飘 捷 报 传 吉 祥 又 美 满。

1.116 | 6165 | 6.666 | 56532 | 6.666 | 56532 |

欢 欢 乐 乐 又 一 年， 红 红 火 火 中 国 年， 好 梦 成 真 幸 福 年，

0165 | 5.　3 | 6.　1 | 5.6　32 | 1.　6 | 5553 | 2376 |

好 梦 成 真 幸 福 年 呀， 好 梦 成 真 幸 福

1.
5　66 | 5 - :|

年 幸 福 年。

2.
（5653 50 | 5653 50 | 5 5653 | 5050 ）
5　66 | 5 - | 5 - | 5 - | 5 - ||

年 幸 福 年。

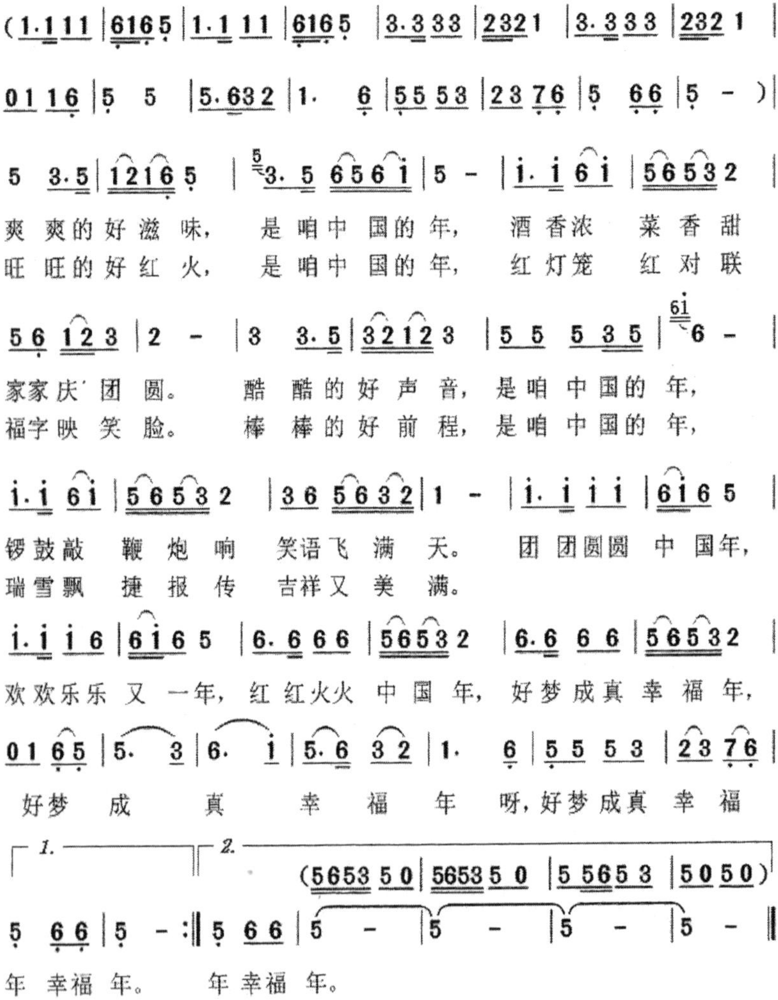

通联方式：

河北省沧州市万泰丽景东区8号楼3002　王芝玉　15530704855

江苏省苏州工业园区琉璃街166号中海国际3区八栋502　严惠萍

總第十六期（牡丹號，二〇一二年）

瞿琮（北京），〈洛陽尋夢〉。

李清風（吉林），〈誰讓中國紅〉。（華秀作曲、壹嘯編曲、高子童演唱）

張穎（重慶），〈你的愛是海〉、〈山泉姑娘〉。

台客（台灣），〈台灣姑娘〉。

石方策（河南），〈比誰能〉。

楊靜（江蘇），〈揚州，愛你那一城〉。

劉舒東，〈草原上永不褪色的旗幟〉。（雲圖、包琦作曲，游牧人組合演唱，雲圖、包琦編曲）

何貞宗（重慶），〈鄉村畫卷〉、〈馬桑花〉。

趙鐵民（遼寧），〈童年的歌謠〉。

海青青（河南），〈老城時光〉。

楊得獎（湖南），〈故鄉的老戲台〉。

張倫（重慶），〈松樹〉、〈露珠〉、〈柳樹洗頭髮〉、〈小樹芽芽〉。

第三版登出，著名詞作家、《大中原歌壇》顧問李幼容，於二〇二一年八月廿一日，在北京病逝，享壽八十五歲。先生著作有詩歌、小說、劇本、散文，以及大量的兒少歌曲，榮獲各種創作獎二百多次，可謂著作等身，榮耀一生。

商希林（重慶），〈我的軍旅業餘音樂〉。（第四版半版文章。按：商希林（嘉陵），一九三七年十二月三十日出生在四川宜賓。他的著作《我的軍旅業餘音樂》，由中國文聯出版社，於二〇〇七年九月出版發行，〈我的軍旅業餘音樂〉一文，是該書的自序。）

同在第四版，有楊靜給海青青的一封信。

王培元詞、王剛強曲，〈一把軍號〉。

胡適之詞、溫喆曲、雲飛演唱，〈湖山謠〉。

尤素福．海青青詞曲，〈河南老家〉。

海青青詞、楊季濤曲，〈花開中國夢〉。

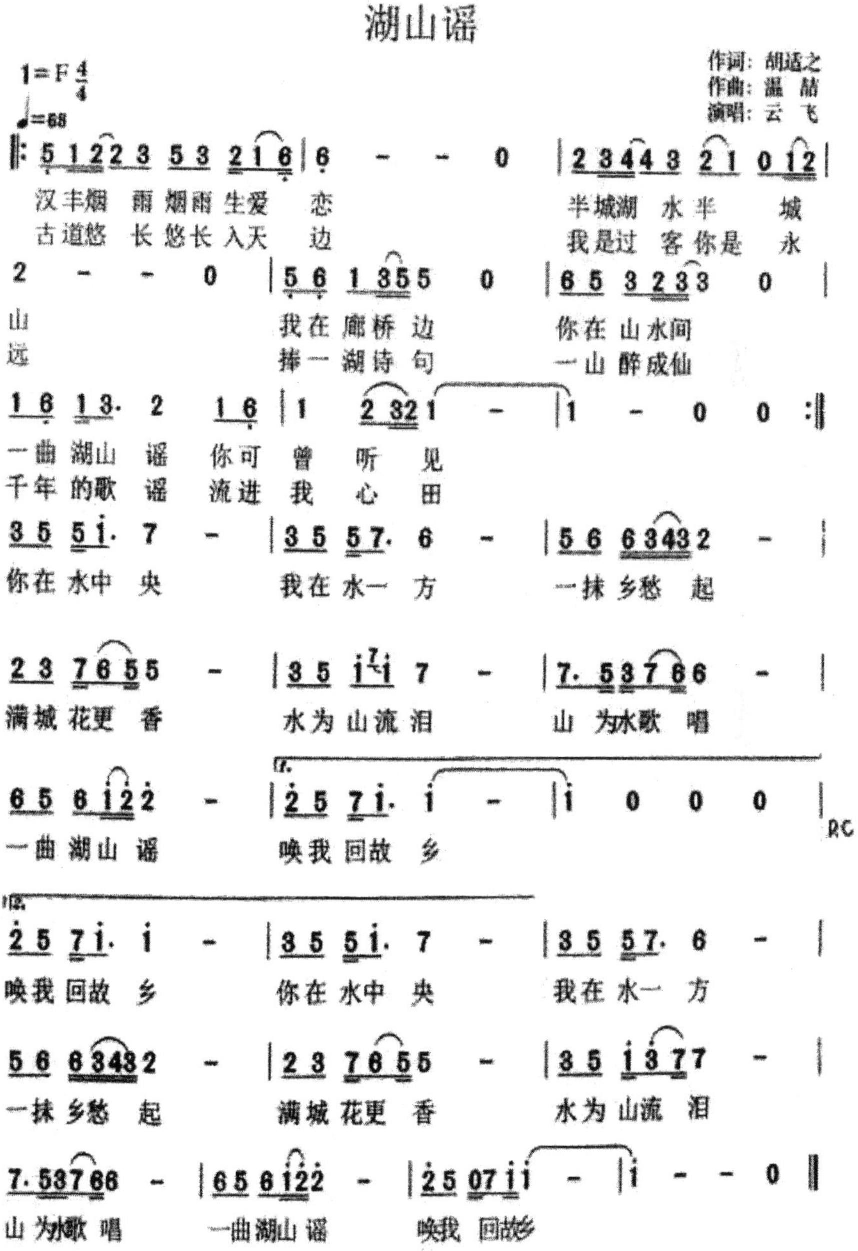
湖山谣
1=F 4/4
♩=68
作词：胡适之
作曲：温 喆
演唱：云 飞
汉丰烟雨烟雨生爱恋
古道悠长悠长入天边
半城湖水半城山
我是过客你是永远
我在廊桥边
捧一湖诗句
你在山水间
一山醉成仙
一曲湖山谣你可曾听见
千年的歌谣流进我心田
你在水中央
我在水一方
一抹乡愁起
满城花更香
水为山流泪
山为水歌唱
一曲湖山谣
唤我回故乡
唤我回故乡
你在水中央
我在水一方
一抹乡愁起
满城花更香
水为山流泪
山为水歌唱
一曲湖山谣
唤我回故乡

一把军号

王培元 词
王刚强 曲

花开中国梦

独　唱

海青青 词
杨季涛 曲

1=C　2/4

♩=72 亲切地

‖:(3· 2̇1̣ | 5· 6̣1̣ | 2̇—⌒2̇ | 0 3̇ 2̇1̣6̣ | 1̣ 6̣5̣6̣ | 5̣5̣6̣5̣ 5̣

5̣—| 5̣—）| 3̣5̣5̣ 1̣5̣ | 6·⌄6̣6̣ | 5̣6̣6̣1̣5̣ | 3̣— | 2̣2̣2̣2̣1̣6̣

美丽的花　　朵　开出　美丽的倩　影，　美丽的倩
幸福的花　　朵　开出　幸福的心　情，　幸福的心

2·⌄2̣3̣ | 2̣3̣3̣56·⌄ | 3̣— | 3̣5̣5̣1̣5̣ | 6̣— | 5̣5̣6̣5̣3̣ | 2̣—

影　摇戈　美丽的憧　憬，百年的憧　憬　不再只是梦，
情　写满　幸福的笑　容，花朵和笑　容　谁能分得开？

2̣2̣2̣2̣2̣3̣ | 6̣5̣3̣2̣ | 1̣— | 1̣0 5̣ | 3̣5̣5̣ 1̣2̣ | 3̣—

撸起袖　子来　事事都能　成。　　哦　美丽的牡　丹
幸福的　歌声　飘呀飘满　城。　　哦　幸福的牡　丹

2̇2̇3̇ 1̇65̣ | 6̣— | 3̣ 1̇·1̇ | 6̣5̣6̣5̣3̣ | 2̣2̣2̣2̣6̣5̣ | 5̣— | 3̣5̣1̣2̇

花开　中国　梦，　梦里的太平已成世界的风　景。　绿水青
花开　中国　梦，　复兴的东方已成世界的推　动。　乡村振兴

3̣·3̣3̣ | 2̇2̇3̇ 1̇65̣ | 3̣— | 05̣ 5̣5̣ | 5̣6̣ 1̣2̇ | 3̣2̇·

山　就是　金山　银　　山，　　祥和的　大地那是　心通
旺　啊城　市绿色　行，　　振兴的　大地那是　家通

5̣1̣6̣6̣ | 1̣—1̣— :‖ 3̣· 2̇1̣ | 5· 6̣1̣ | 2̇—2̇ | 0 3̇ 2̇1̣6̣1̣

国运　　通。　　D.S.哦　　　　　　　　　　哦
万事　　通。

1̇65̣6̣ | 5̣6̣5̣5̣ 5̣ | 5̣— | 0 3̣3̣3̣ | 5̣6̣1̣2̇ | 3̇2̇· 2̇—

　　　　　　　　　　　　　　振兴的　大地那是　家通

2̇0 5̣1̣6̣ | 6̣— | 1̇— | 1̇— | 1̇— | 1̇0 ‖

万事　　　　通。

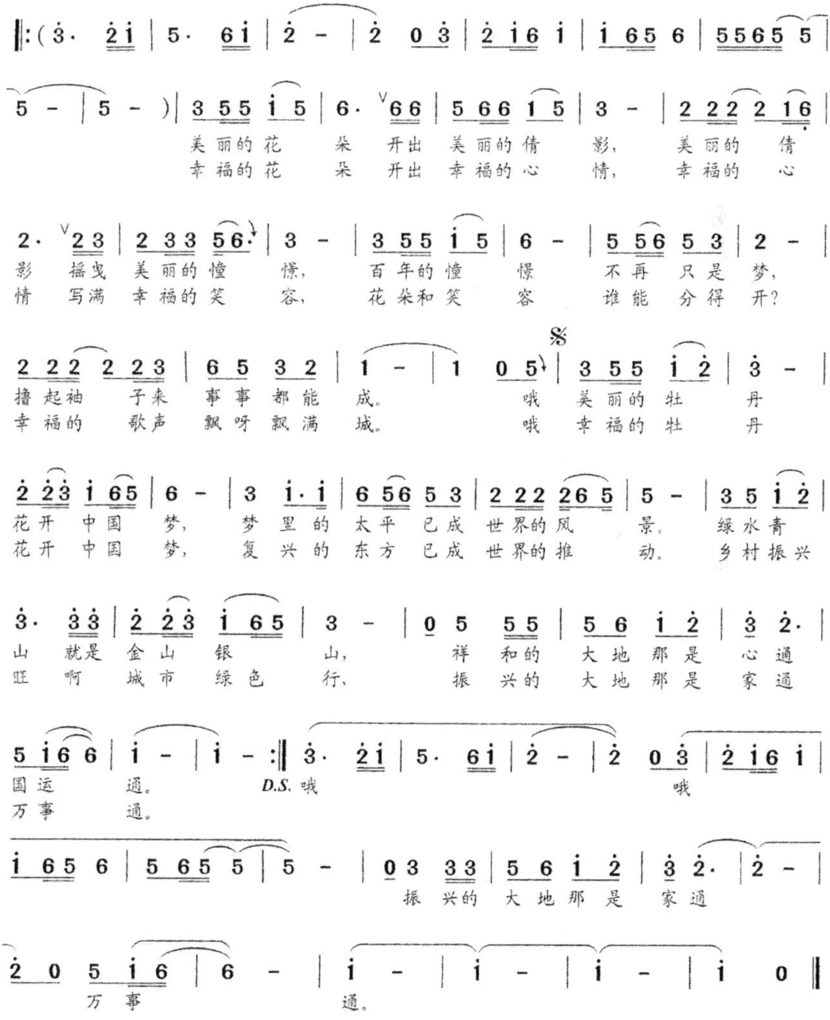

河南老家

尤素福・海青青 词 曲

1=C 4/4
♩=106 深情地、骄傲地
河南老 家, 河南老 家。啊, 啊, 啊。
祖先 在这里 生, 父辈 在这里 长,
忘不了少林 寺, 改不掉河南 话,
我的梦也在 这 里 发 芽。 树 上是嵩山 月,
千里万里我 是 河 洛 娃。 梦里紧抱齐云 塔,
院 里是牡丹 花, 门 前是一 条哇 黄 河
泪中结满乡思 花, 最 爱是一 碗哪 烩 面
哗 啦 啦。 二 里 头 是 最 早的 家,
热 辣 辣。 大 平 原 是 最 美的 家,
绵 延了 五千 年, 五千年文 化。 应 天 门 是 俺 家的
一 年 四 季 如诗 如 画, 大 河 南 是 半 卷华
门, 古 老的 家 名 叫 中 华。 中华。
夏, 欢 迎你来 河 南 老 家。
老家。 哎 嗨 哟, 哎嗨 哟, 哎嗨哎嗨哟, 哎嗨 哟,
欢 迎你到 河南 老家。

第九章　大中原歌聲穿透中華五千年

總第十七期（菊花號，二〇二二年）

張繼征（香港），〈紫荊花開〉。

何眞宗（重慶），〈故鄉的土瓦房〉。

張穎（重慶），〈追尋〉。

李亞娟（山東），〈美人茶〉。

楊靜（江蘇），〈蘇州三題〉：〈寶帶橋〉、〈北寺塔〉、〈滄浪亭〉。

楊得獎（湖南），〈咏菊〉。

竹心（重慶），〈歸期〉、〈風中的爸爸〉。

趙鐵民（遼寧），〈我愛中國海〉。

張倫（重慶），兒歌三首：〈小布熊〉、〈愛哭的雨娃娃〉、〈小星星〉。

鄒景高（重慶），〈中國地圖〉、〈捉害蟲慶功會〉、〈蔬菜歌〉。

在第三版有海青青給錢誠老師的一封信。

海青青（河南），〈羌族姑娘〉。（第四版全版文章，汶川大地震時，一個叫「李玉紅」的姑娘重傷，被送到洛陽治療。今河南洪災，她捐款救災回報。）

崔道寧詞、錢雷曲，〈若思念便思念〉。

李官明詞、楊季濤、珊卡曲，〈長江媽媽〉。

瞿琮詞、尤素福・海青青曲，〈洛陽尋夢〉。

洛阳寻梦

1=♭E $\frac{4}{4}$

瞿琮 词
尤素福·海青青 曲

♩=106 深情向往地

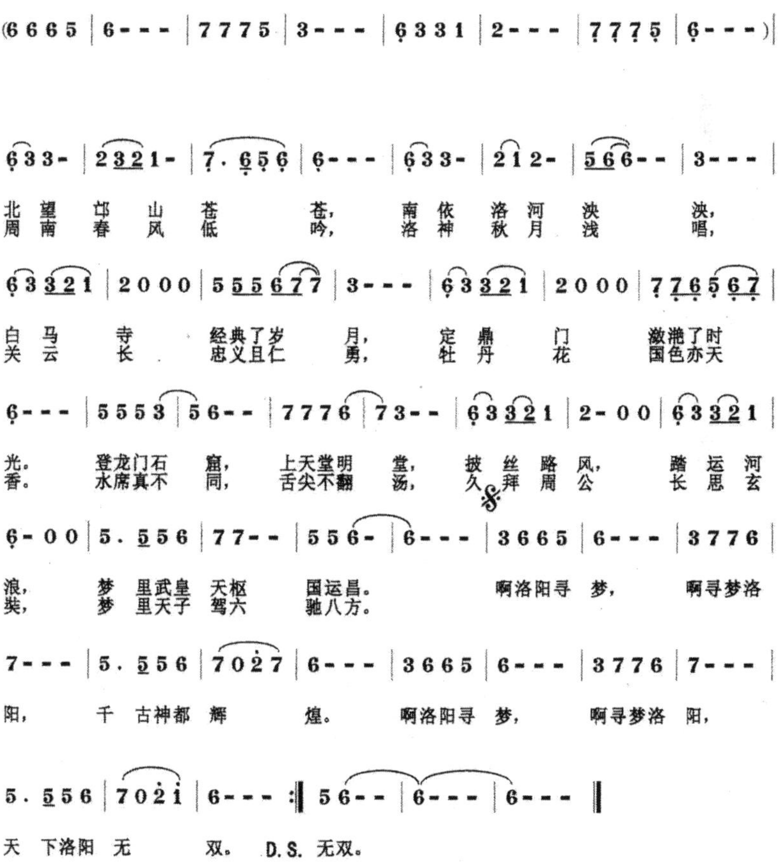

童声朗诵：
前奏：“北望邙山苍苍，南依洛河泱泱”。
尾奏：“周南春风低吟，洛神秋月浅唱”。

长江妈妈

男声独唱

李 官 明 词
杨季涛、珊卡 曲

1=♭B　2/2

每分钟68拍 亲切、深情地

mp（伴唱）

（5 - - ｜5 - - -）5 - 2 - ｜5 6 - - ｜5 - 2 - ｜5 6 - -｜
　　　　　　　　　　哟　嗦　　　哟嗦　　哟　嗦　　哟嗦

mf

5 0 0 2 0 5 6 0｜5 0 0 2 0 5 6 0｜*f* 1 0 0 5 0 1 2 0｜1 0 0 5 0 1 2 0｜
哟　嗦嗦嗦 哟　嗦嗦嗦 哟　嗦嗦嗦 哟　嗦嗦嗦

‖: 5 6 5 6 2 ｜2̇ · ｜5 6 5 6 2 - ｜2 3 2 3 5 ｜5̇ ｜3̇ 2̇ 1̇ 1̇ 2 5 ｜2̇ - - -｜
歌唱你的歌哟，话说你的话，歌唱你的歌哟，话说你的话，哟 嗦
歌唱你的歌哟，话说你的话，歌唱你的歌哟 话说你的话，哟 嗦

（独唱）

2̇ - - 0｜5 6 5 6 5 1̇ ｜2̇ 2̇ - 5｜5̇ 3̇ 2̇ 1̇ 6｜2̇ - - - ｜2̇ 5 - 2｜
　　　　岸边那个种庄稼哟，水里养鱼虾，长江
　　　　不分那个冬和秋哟，无论春和夏，长江

5̇ 3̇ 2̇ 1̇ ｜6 2̇ 3̇ 5̇ - 0｜5 6 5 6 1̇ 6｜2̇ 3̇ - 5｜
妈　妈　养育我长大。　被涡就是我酒杯哟，
妈　妈　总是忙无暇。　涛声就是我的歌哟，

5̇ 3̇ 2̇ 1̇ 2̇ 3̇ ｜2̇ 1̇ 6 - - ｜2̇ 5 - 2 3̇｜2̇ 2̇ 1̇ 6 - ｜4̇ · 4̇ 4̇ 5 6 0 6｜
浪　是我铠甲，　　跟随　长江妈妈　走出那个大 三
船　是我的家，　　凝望　长江妈妈　情洒那个大 中

（独唱）

5 - - ｜4̇ · 4̇ 4̇ 5 6̇ - ｜6̇ - - 2̇ 6̇ · ｜5̇ - - - ｜5̇ - - -｜
峡　　　　走出那个大　　三　峡。
华　　　　情洒那个大　　中　华。

（伴唱）

0 0 0 0｜0 0 0 0｜0 0 0 0｜2̇ 0 5 2̇ 0 5 2̇ 0｜2̇ 0 5 2̇ 0 5 2̇ 0｜
　　　　　　　　　　　　　　　哟 嗦嗦 嗦嗦 哟 嗦嗦 嗦嗦
　　　　　　　　　　　　　　　哟 嗦嗦 嗦嗦 哟 嗦嗦 嗦嗦

5̇ 0 0 0｜0 0 0 0｜5 6 5 6 2̇ ｜2̇ · ｜5 6 5 6 2̇ - ｜
　　　　　　　　　　歌唱你的歌哟，话说你的话，
　　　　　　　　　　歌唱你的歌哟，话说你的话，

5 0 2 5 0 2 5 0｜5 0 2 5 0 2 5 0｜5 6 5 6 2̇ ｜2̇ · ｜5 6 5 6 2̇ -｜
哟 嗦嗦 嗦嗦 哟 嗦嗦 嗦嗦 哟 嗦嗦 嗦嗦 哟 嗦嗦 嗦嗦

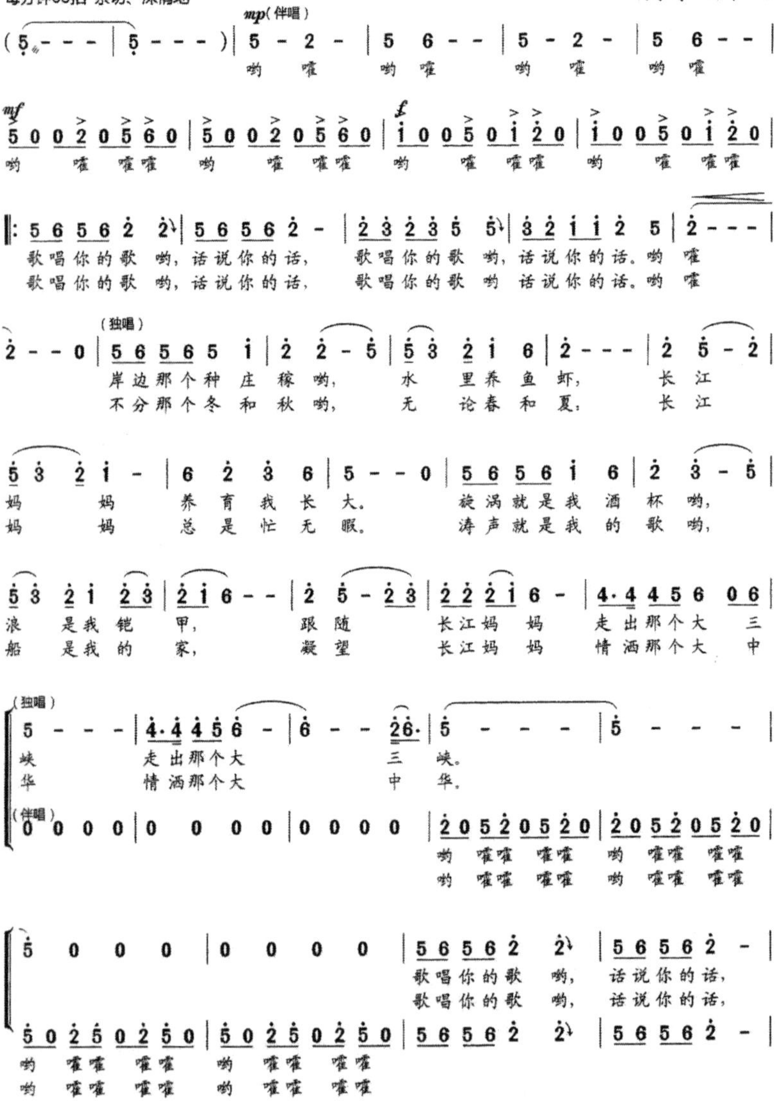

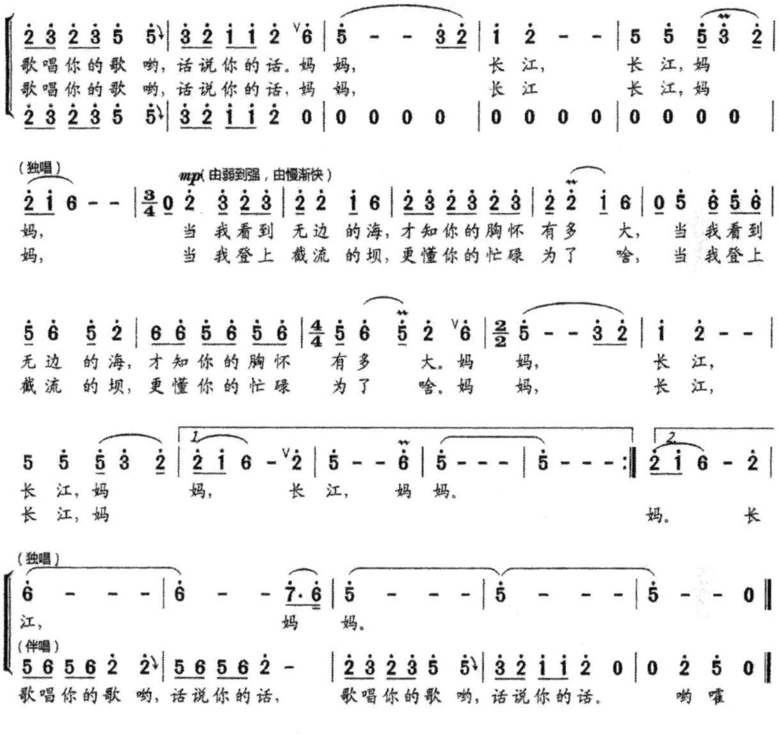

（王宏伟 首唱）

李官明：610091 成都市青羊区东坡北二路688号4-4-1102 电话：13908233360
杨季涛：610091 成都市青羊区玉宇路998号1-1-603 电话：13658022740
珊 卡：201100 上海市莘庄宝安新苑84号102室 电话：13162256700

2021年9月19日晚，河南卫视《中秋奇妙游》惊艳亮相，由崔道宁作词、钱雷作曲、青年歌手周深演唱的歌曲《若思念便思念》深情哀婉、空旷辽远，述说着客家文化和河洛文化的渊源，同时也表达了客家人对故土的绵延千年的思念，动人心魄，催人泪下。

若思念便思念

1=#F 4/4
♩=63

演唱：周深

崔道宁 词
钱雷 曲

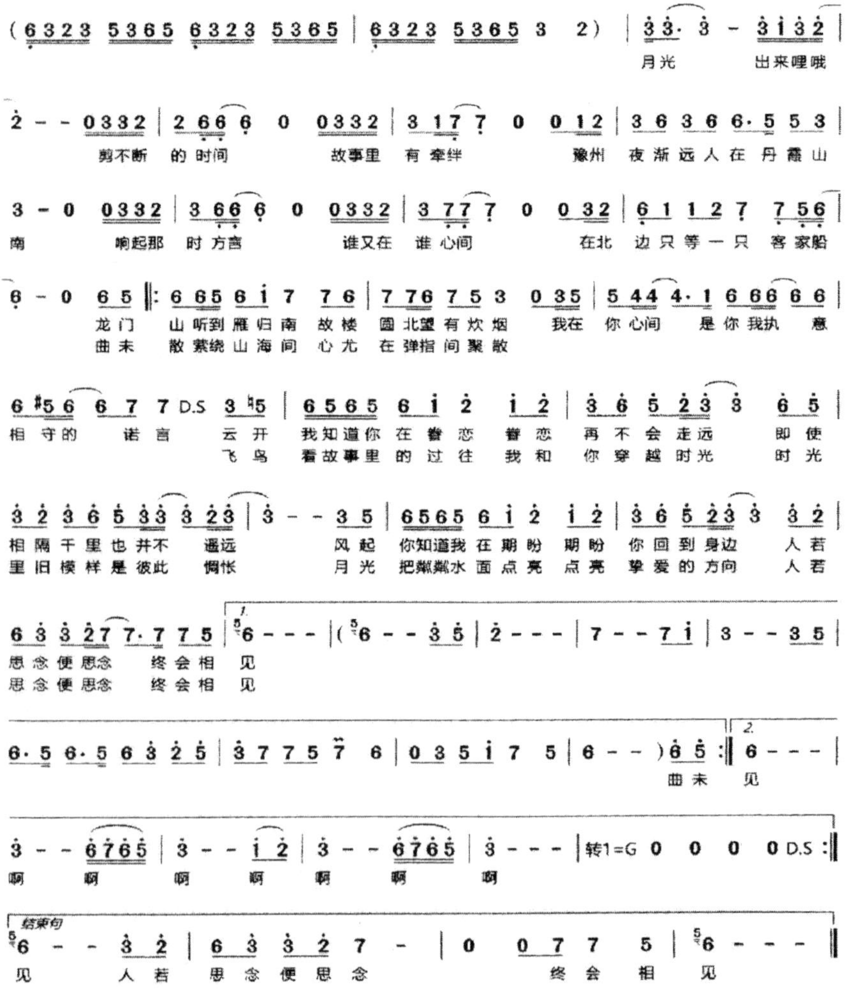
月光 出来哩哦
剪不断 的时间 故事里 有牵绊 豫州 夜渐远人在丹霞山
南 响起那 时方言 谁又在 谁心间 在北 边只等一只 客家船
龙门 山听到雁归南 故楼 圆北望有炊烟 我在 你心间 是你我执 意
曲未 散萦绕山海间 心尤 在弹指间聚散
相守的 诺言 云开 我知道你 在眷 恋 眷 恋 再不会走远 即使
飞鸟 看故事里 的过往 我和 你穿越时光 时光
相隔千里也并不 遥远 风起 你知道我 在期 盼 期 盼 你回到身边 人若
里旧模样是彼此 惆怅 月光 把粼粼水 面点 亮 点 亮 挚爱的方向 人若
思念便思念 终会相 见
思念便思念 终会相 见
曲未 见
啊 啊 啊 啊 啊 啊 啊
转1=G D.S
结束句
见 人若 思念便思念 终会 相 见

總第十八期（牡丹號，二〇二二年）

張繼征（香港），〈冬至情暖〉。

范修奎（河北），〈爲誰辛苦爲誰忙〉。

江志偉（安徽），〈我們是北京冬奧啦啦隊〉。

凌大鑫，〈粉墨〉。

紀樹林（河北），〈常給媽媽打電話〉。

張立國（江蘇），〈我家門前是大海〉。

仇東標（江蘇），〈團圓〉、〈羅曼蒂克的故事〉。

何眞宗（重慶），〈廉潔中國〉。

趙凌雲（江蘇），〈熱血迷彩〉、〈永遠的和平鴿〉。

張倫（重慶），兒歌五首：〈雨點練蹦極〉、〈蘿卜〉、〈紅柿子〉、〈花兒開〉、〈顆顆米粒都撿起〉。

鄒景高（重慶），〈動物運動會〉、〈春雨〉。

在第三版有海青青給瞿老的一封信。

劉恩汛／@THE UMC 詞、Bryan（孫偉）／@THE UMC 曲，等什麼君演唱，〈尋洛〉。

屈塬詞、胡旭東曲，〈晚風吹過哨塔〉。

姜建新詞、熊生祥曲，〈藍圖：爲黨的二十大而作〉。

石啓榮詞、楊武麟曲，〈鄉音〉。

尤素福．海青青詞曲，〈色倆目，美麗的瀍河〉。

色俩目，美丽的瀍河

1=D 4/4

尤素福·海青青 词曲

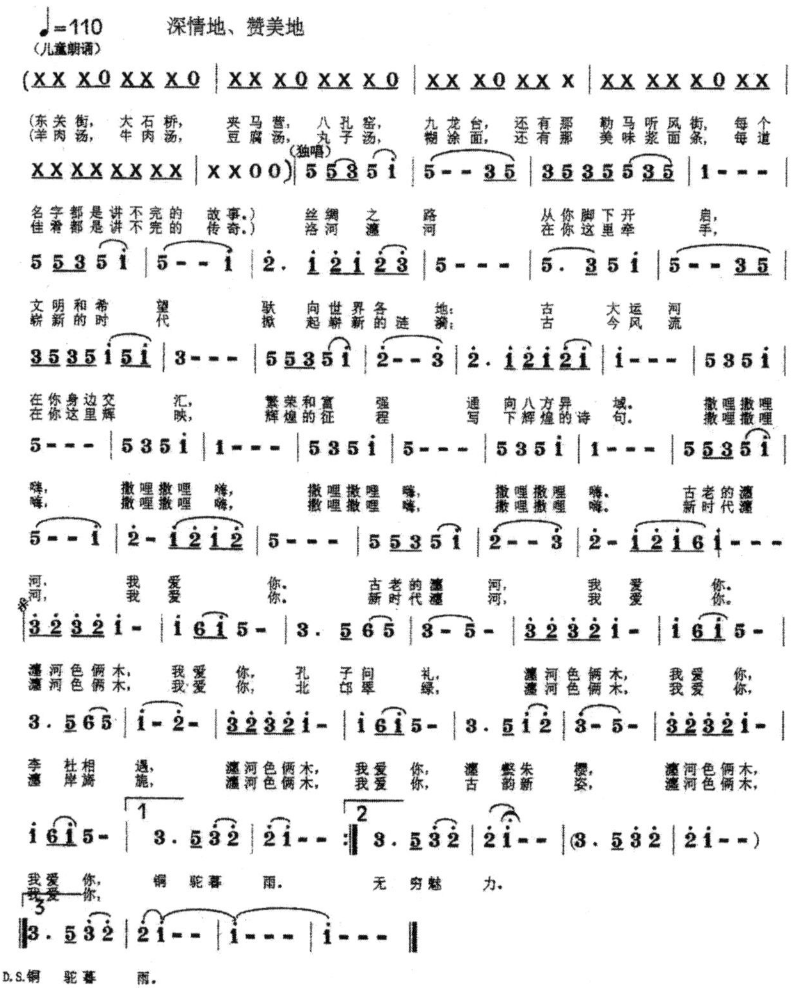
♩=110 深情地、赞美地
(儿童朗诵)
(东关街，大石桥，夹马营，八孔窑，九龙台，还有那勒马听风街，每个
(羊肉汤，牛肉汤，豆腐汤，丸子汤，糊涂面，还有那美味浆面条，每道
(独唱)
名字都是讲不完的故事。) 丝绸之路 从你脚下开启，
佳肴都是讲不完的传奇。) 洛河瀍河 在你这里牵手，
文明和希望 驮向世界各地： 古大运河
崭新的时代 掀起崭新的涟漪： 古今风流
在你身边交汇， 繁荣和富强 通向八方异域。 撒哩撒哩
在你这里辉映， 辉煌的征程 写下辉煌的诗句。 撒哩撒哩
嗨， 撒哩撒哩嗨， 撒哩撒哩嗨， 撒哩撒哩嗨。 古老的瀍
嗨， 撒哩撒哩嗨， 撒哩撒哩嗨， 撒哩撒哩嗨。 新时代瀍
河， 我爱你。 古老的瀍河， 我爱你。
河， 我爱你。 新时代瀍河， 我爱你。
瀍河色俩木，我爱你，孔子问礼， 瀍河色俩木，我爱你，
瀍河色俩木，我爱你，北邙翠绿， 瀍河色俩木，我爱你，
李杜相遇， 瀍河色俩木，我爱你，瀍壑朱樱， 瀍河色俩木，
瀍岸旖旎， 瀍河色俩木，我爱你，古韵新姿， 瀍河色俩木，
我爱你， 铜驼暮雨。 无穷魅力。
我爱你，
D.S.铜驼暮雨。

《登场了！洛阳》是由爱奇艺、洛阳文保集团、洛阳广电传媒集团联合出品，由汪涵担任洛阳探索团团长，与IXFORM-罗一舟、IXFORM-唐九洲、IXFORM-连淮伟、IXFORM-刘隽、李浩源一同组成“洛阳探索团”，是一档全景式人文探索节目，共有10期。节目通过从车马、服饰、妆发、礼仪、建筑、舞蹈、音乐、道具、手工、彝美、厨艺、兵器这十二个维度，全面探索并致敬洛阳。主题歌《寻梦》歌词唯美，旋律兼具流行与古典风格，委婉深情，是近年涌现的优秀歌曲。

寻洛

1=E 4/4　♩=77

演唱：等什么君

刘思汛／@ THE UMC 词
Bryan（孙伟）/@ THE UMC 曲

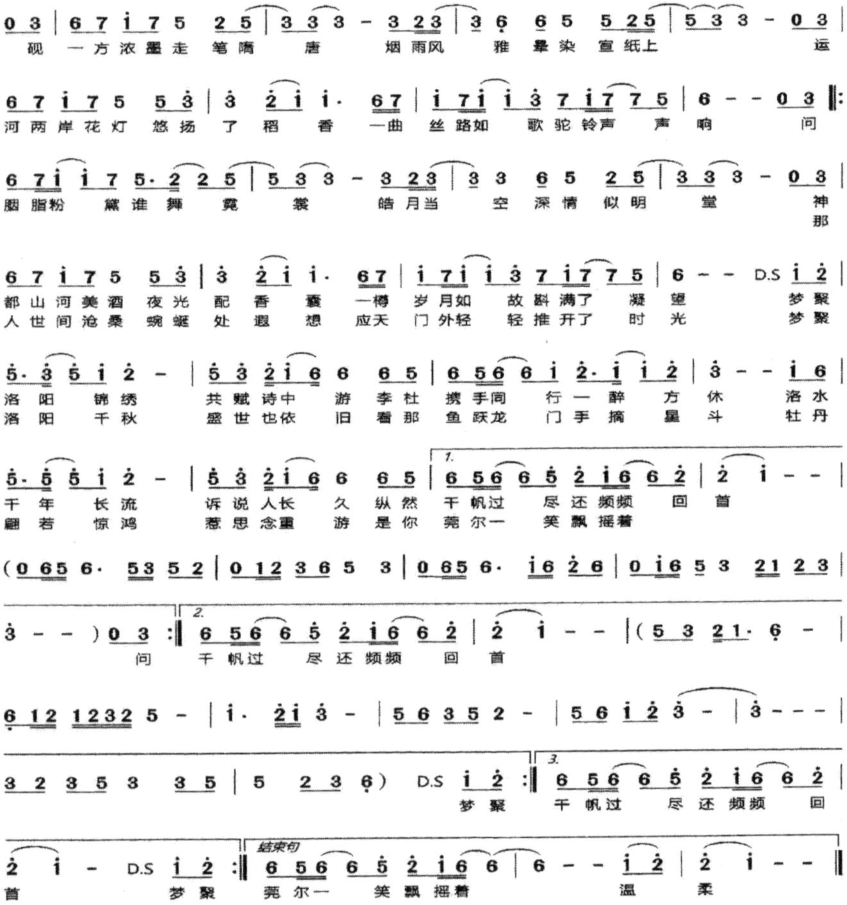

乡 音

独 唱

1=F 4/4 2/4

♩=62 深情、眷恋地

石启荣 词

杨武麟 曲

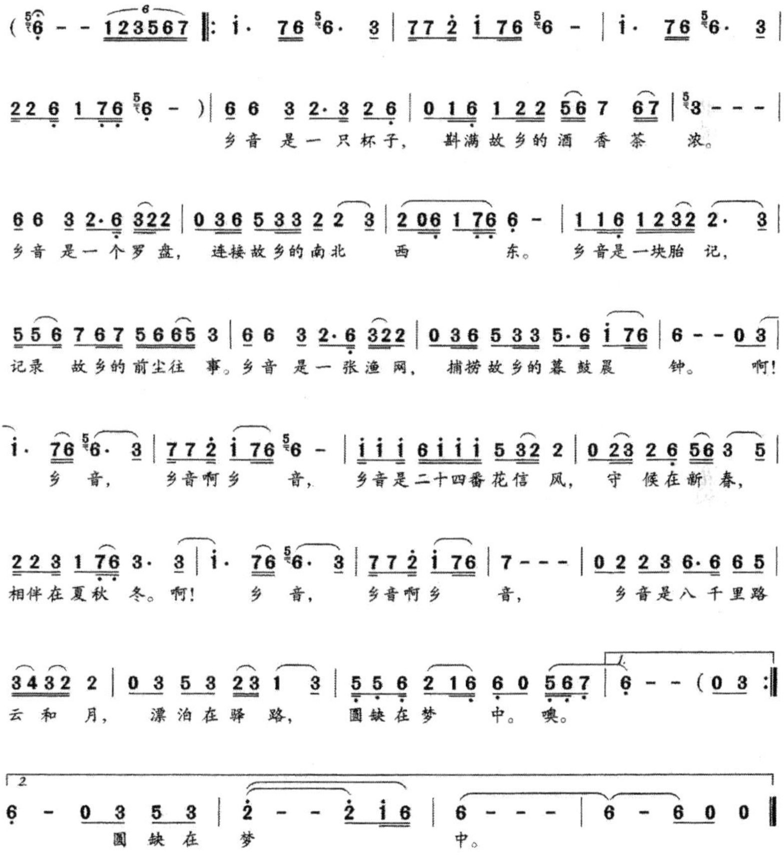
乡音是一只杯子，斟满故乡的酒香茶浓。
乡音是一个罗盘，连接故乡的南北西东。乡音是一块胎记，
记录故乡的前尘往事。乡音是一张渔网，捕捞故乡的暮鼓晨钟。啊！
乡音，乡音啊乡音，乡音是二十四番花信风，守候在新春，
相伴在夏秋冬。啊！乡音，乡音啊乡音，乡音是八千里路
云和月，漂泊在驿路，圆缺在梦中。噢。
1.
2.
圆缺在梦中。

晚风吹过哨塔

（雷佳 演唱）

屈塬　词
胡旭东　曲

1=♯F 6/8

中速 优美地

(636712 3 i7 | 6·313 2· | 525671 276 | 5·234 3 i7 |

‖: 6·313 2·276 | 5·272 1 17 | 671 2 34 | 3·3·) |

3611 | 2·3· | 22 223 | ⁺6·6· | 1111 6 | 2223 2· |
晚 风 吹 过 哨 塔， 天 边 一 抹 红 霞， 年轻的 士 兵 巡逻归 来，
晚 风 吹 过 哨 塔， 天 边 升 起 月 芽， 年轻的 士 兵 唱着歌 儿，

55 532 | 3·3· | 377 765 | 6·6· | i76 765 | 3·3· |
枪口 一朵野 花。 一样的 英俊少 年， 一样的 英姿挺 拔，
轻轻 弹着吉 它。 唱 着青春的 梦， 唱 着心里的 话，

63 ⁺31 | 223 ⁺5· | ⁺535 2 16 | 6·6· | 666 i7 | 6·6· |
一身 征尘 更显 得 威武潇 洒。 遥远的 边 关，
阵阵 歌声 平息 了 漫漫风 沙。 为谁去 从 军？

776 5·65 | 3·3· | 6·⁺6 3 | 2·31 2· | 1 1 225 |
美好的 年 华， 忠 诚的 步 伐 走过 春秋冬
为谁守 天 涯？ 无 悔的 笑 容 就是 最好回

3·3· | 666 i7 | 6·6· | 776 5·65 | 3·3· | 66 ⁺63 |
夏。 轻轻的 晚 风， 高高的 哨 塔， 少 女的
答。 轻轻的 晚 风， 高高的 哨 塔， 万家 灯火

┌─1─┐
2231 ⁺2· | 535 2 23 | ⁺6· 6· | (232646 2 17 |
梦境 里， 一幅 动人的 画。
有 人 把你 牵

┌─3─┐
121646 1 76 | 717645 671 | 3 ⁺321 70 3i7 ‖: ⁺6·6· :‖
挂。　　　　　　　　　　　　　　　　　　　　　　D.S.

结束句　　突慢　　　　　　　回原速
⁺6·6· | ⁺53 ⁺2· | i765 | 6·6· | 6·6· | 6·6· ‖
挂，　　　把你 牵　　　挂。

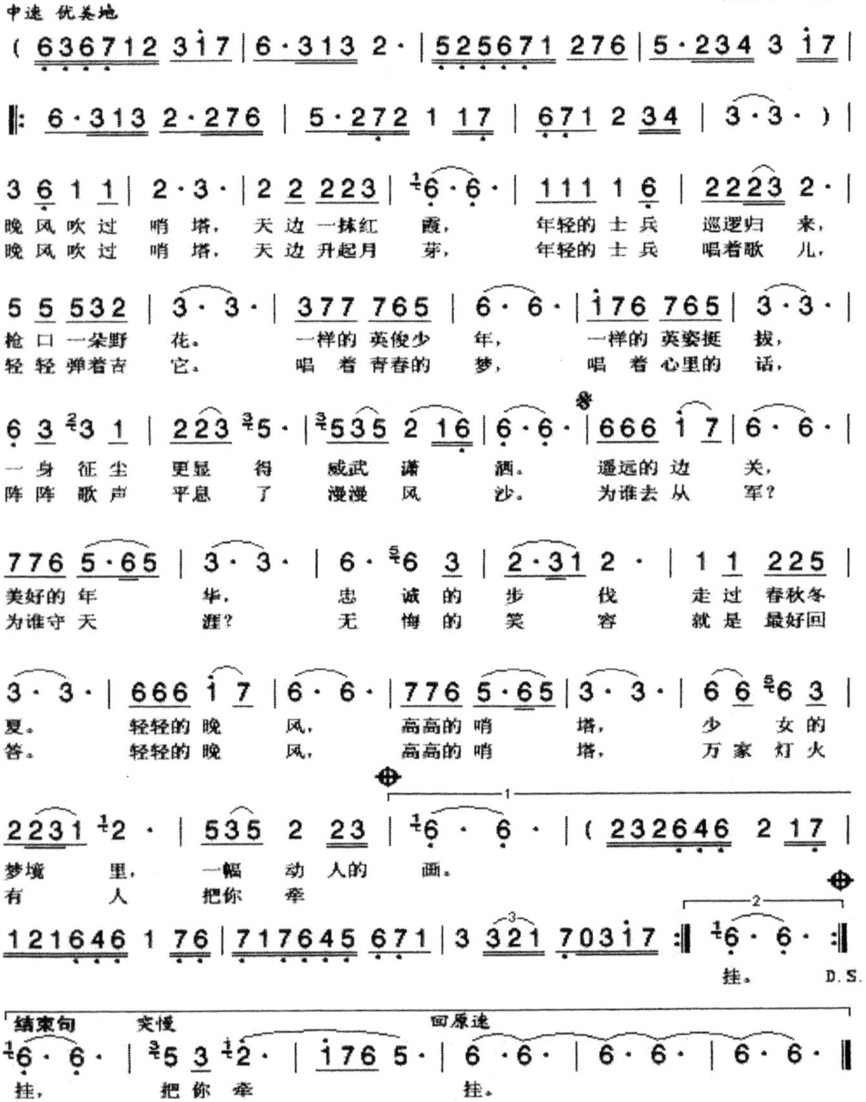

蓝 图

1=^{b}B $\frac{2}{4}$

——为党的二十大而作

♩=74 向往地

姜建新 词

熊生祥 曲

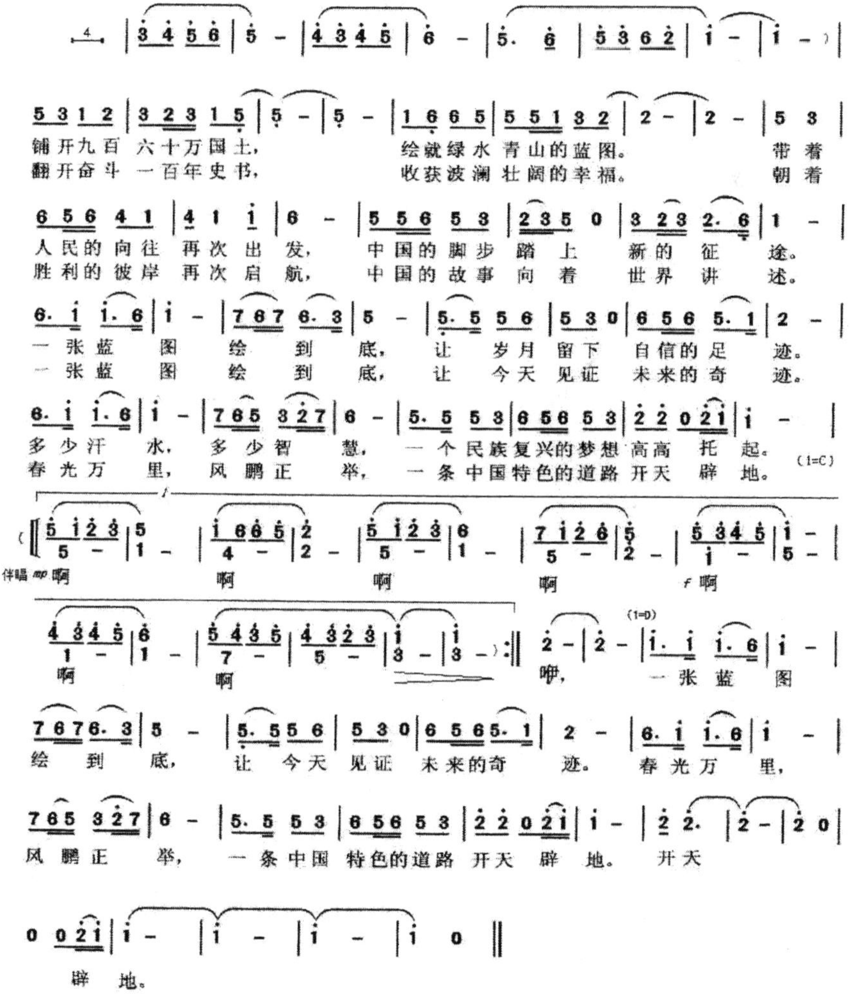

總第十九期（月季號，二〇二三年）

瞿琮（北京），〈太陽與春風的傳說〉。

楊季濤（四川），〈翠雲廊〉、〈遙望〉。

賈建軍（河北），〈只此青綠〉。

徐立樹（江蘇），〈二泉映月〉。（按：〈二泉映月〉，由徐立樹古音樂開發工作室，依民間藝人阿炳的名曲〈二泉映月〉改編而成。）

肖勁松（湖南），〈今夜我爲祖國守歲〉。

張立國（江蘇），〈請別忘記梨花〉。

何真宗（重慶），〈故鄉的晚霞〉、〈與人民在一起〉。

戚萬凱（重慶），〈太陽看升旗〉。

在第三版，有海青青給瞿琮先生的信。

鞠長榮（海南），〈春風入我心：詞壇巨匠石順義老師印象〉。（第四版全版、第三版部分）

高峰詞、胡新連曲，〈遇見洛神〉。
吳傳玖詞、李智曲，〈回家〉。
陳珉詞、高吉魁曲，〈有黃土的地方〉。
尤素福・海青青詞曲，〈少年山楂樹〉。

由知名词作家高峰、曲作家胡新连创作的新国风歌曲《遇见洛神》已于新近隆重推出。歌词以写意精练的笔墨、空灵飘渺的意境、唯美浪漫的风格再现了传说中的洛神；旋律古典中透着时尚，流行中浸透着民族元素，是一首不可多得的回味无穷的佳作。

遇见洛神

作词：高　峰
作曲：胡新连

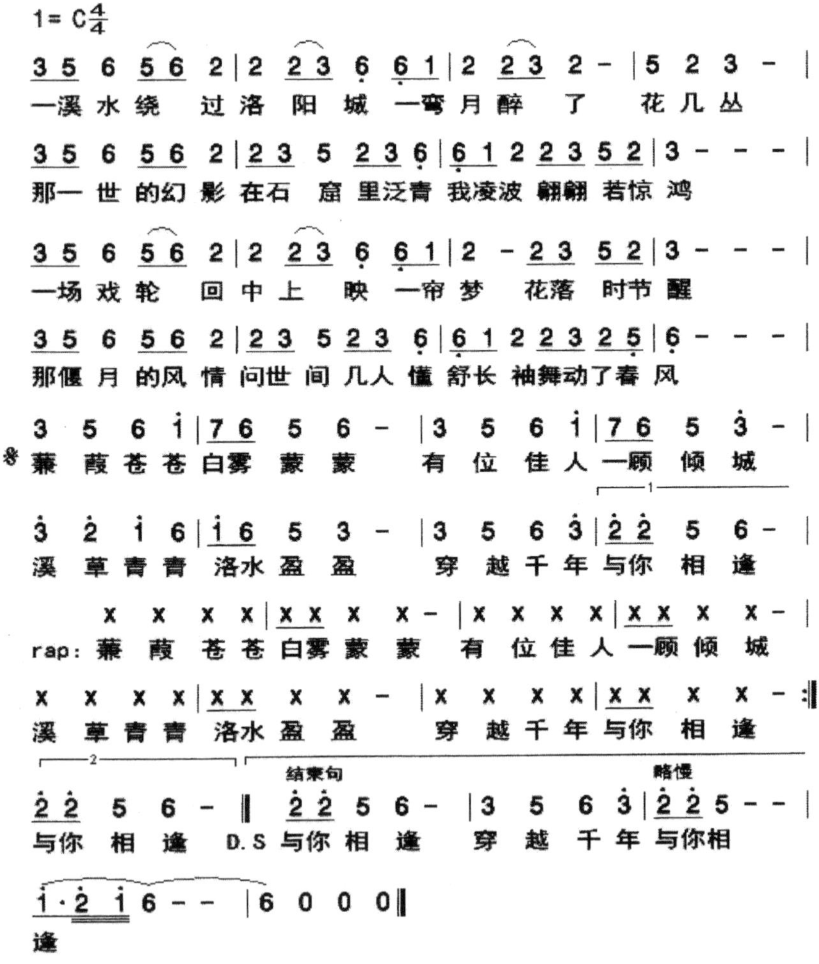
1= C 4/4
一溪水绕 过洛阳城 一弯月醉 了 花几丛
那一世的幻影在石 窟里泛青 我凌波翩翩若惊鸿
一场戏轮 回中上 映 一帘梦 花落 时节醒
那偃月的风情问世 间几人懂 舒长袖舞动了春 风
蒹葭苍苍白雾蒙蒙 有位佳人一顾倾城
溪草青青洛水盈盈 穿越千年与你相逢
rap: 蒹葭苍苍白雾蒙蒙 有位佳人一顾倾城
溪草青青洛水盈盈 穿越千年与你相逢
结束句
略慢
与你相逢 D.S 与你相逢 穿越千年与你相
逢

少年山楂树

1=D 4/4 2/4

尤素福·海青青 词曲

♩=85 深情地忧伤地

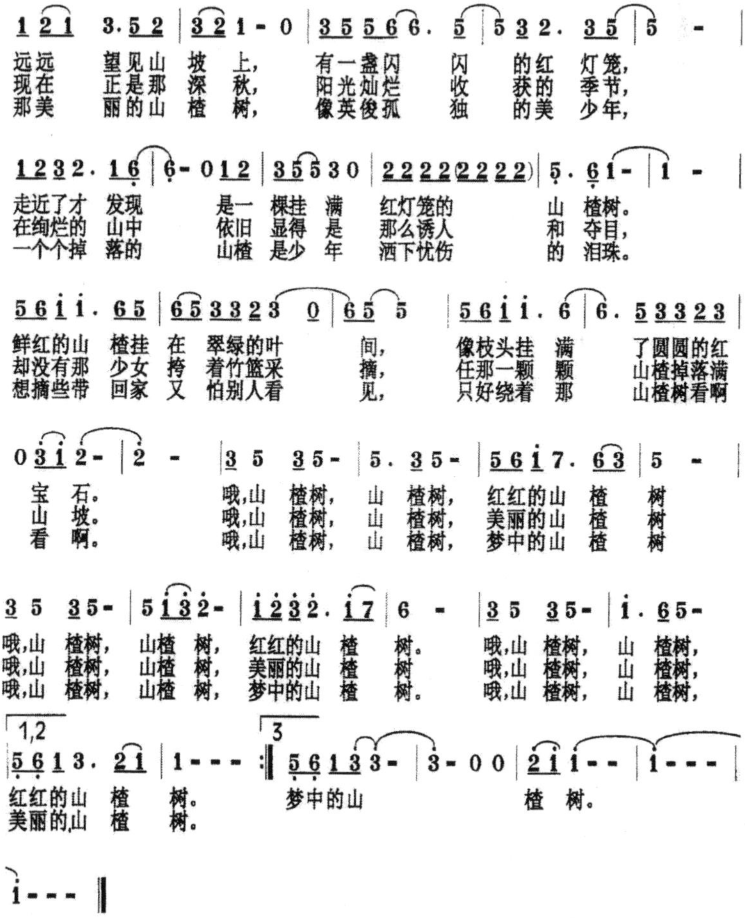
远远望见山坡上，有一盏闪闪的红灯笼，
现在正是那深秋，阳光灿烂收获的季节，
那美丽的山楂树，像英俊孤独的美少年，
走近了才发现是一棵挂满红灯笼的山楂树。
在绚烂的山中依旧显得是那么诱人和夺目，
一个个掉落的山楂是少年洒下忧伤的泪珠。
鲜红的山楂挂在翠绿的叶间，像枝头挂满了圆圆的红宝石。
却没有那少女挎着竹篮采摘，任那一颗颗山楂掉落满山坡。
想摘些带回家又怕别人看见，只好绕着那山楂树看啊看啊。
哦,山楂树，山楂树，红红的山楂树
哦,山楂树，山楂树，美丽的山楂树
哦,山楂树，山楂树，梦中的山楂树
哦,山楂树，山楂树，红红的山楂树。哦,山楂树，山楂树，
哦,山楂树，山楂树，美丽的山楂树 哦,山楂树，山楂树，
哦,山楂树，山楂树，梦中的山楂树。哦,山楂树，山楂树，
1,2
红红的山楂树。
美丽的山楂树。
3
梦中的山楂树。

有黄土的地方

作词:陈　珉
作曲:高吉魁

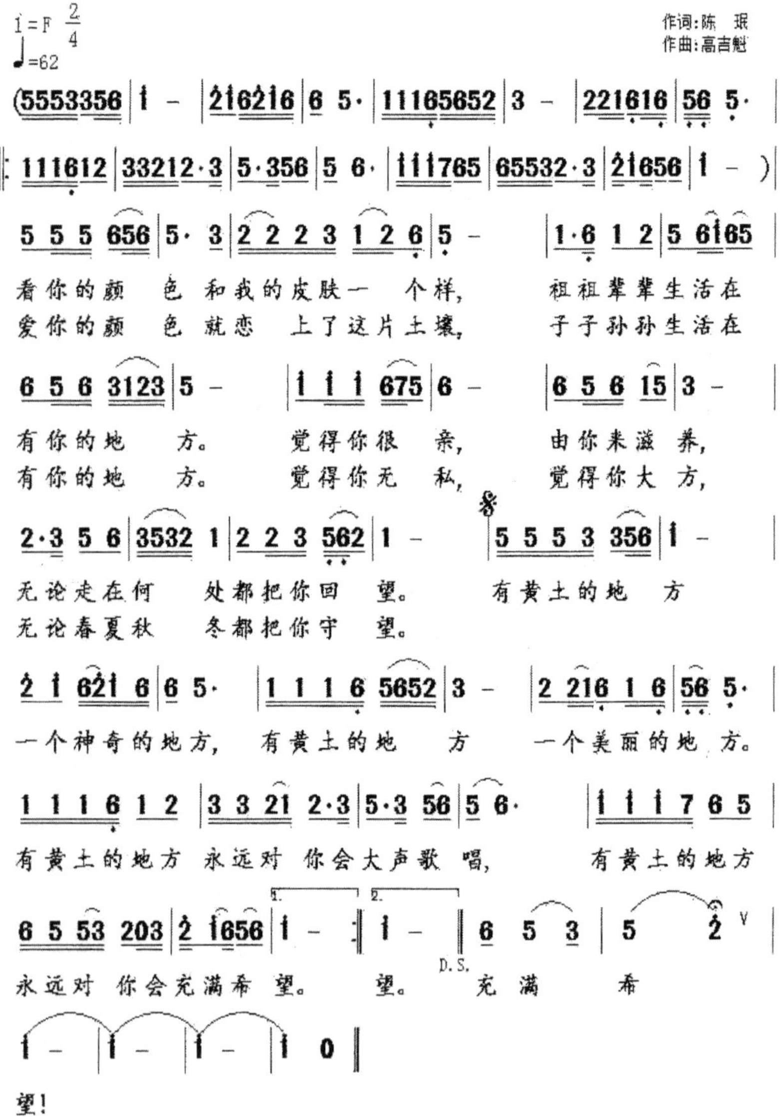
1=F 2/4
♩=62
看你的颜　色 和我的皮肤一　个样，　祖祖辈辈生活在
爱你的颜　色 就恋　上了这片土壤，　子子孙孙生活在
有你的地　方。　觉得你很　亲，　由你来滋　养，
有你的地　方。　觉得你无　私，　觉得你大　方，
无论走在何　处都把你回　望。　有黄土的地　方
无论春夏秋　冬都把你守　望。
一个神奇的地方，有黄土的地　方　一个美丽的地 方。
有黄土的地方 永远对 你会大声歌 唱，　有黄土的地方
永远对 你会充满希 望。　望。充满　希
D.S.
望！

陈　珉 743315 甘肃省通渭县碧玉镇小河村　　高吉魁 13363850897

回家

1＝C $\frac{4}{4}$

吴传玖 词
李 智 曲

♩＝64

快乐 期盼 向往地

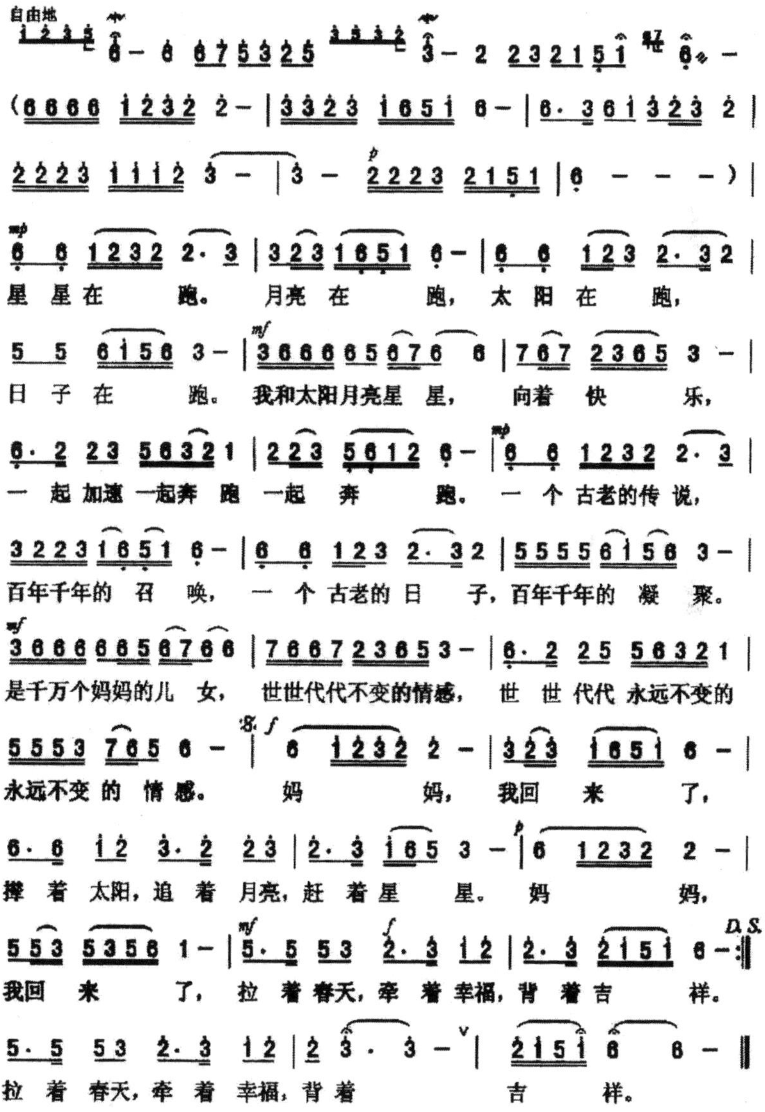
自由地
p
mp
mf
f
D.S.
星星在跑。月亮在跑，太阳在跑，
日子在跑。我和太阳月亮星星，向着快乐，
一起加速一起奔跑一起奔跑。一个古老的传说，
百年千年的召唤，一个古老的日子，百年千年的凝聚。
是千万个妈妈的儿女，世世代代不变的情感，世世代代永远不变的
永远不变的情感。妈妈，我回来了，
撑着太阳，追着月亮，赶着星星。妈妈，
我回来了，拉着春天，牵着幸福，背着吉祥。
拉着春天，牵着幸福，背着吉祥。

總第二十期（雪花號，二〇二三年）

石啓榮（江蘇），〈我們青年〉。
王培元（四川），〈大槐樹〉。
楊國（湖北），〈你好我也好〉。
孫曉剛（安徽），〈老黨員〉、〈不想走〉。
竹心（重慶），〈那支隊伍〉、〈軍嫂〉。
劉永國（廣東），〈眞心話〉。
張倫（重慶），〈竹箏〉、〈栗子〉、〈樹葉〉、〈桃花瓣〉。
田峻榕（浙江），〈冬瓜〉。
鄒景高（重慶），〈龍種〉、〈爸回家迷路了〉。
玉板白（河南），〈學戲記〉。（第三版半版多文章，河南是戲劇大省，豫劇、曲劇、越劇、四平調、二夾弦等，美不勝收。）
第四版有海青青給錢誠先生的一封信。

同第四版有許（青枝）老師給海青青的一封微信，和海青青給許（青枝）老師的微信回信。

陳守鋒詞、威建波曲，〈黃河口放歌〉。

張繼征詞、林賢太曲，〈淺水灣〉。

李友焱詞、周愛雄曲，〈黃河水從我家門前過〉。

尤素福．海青青詞曲，〈龍門石窟〉。

黄河口放歌

男高音独唱

陈守锋 词
戚建波 曲

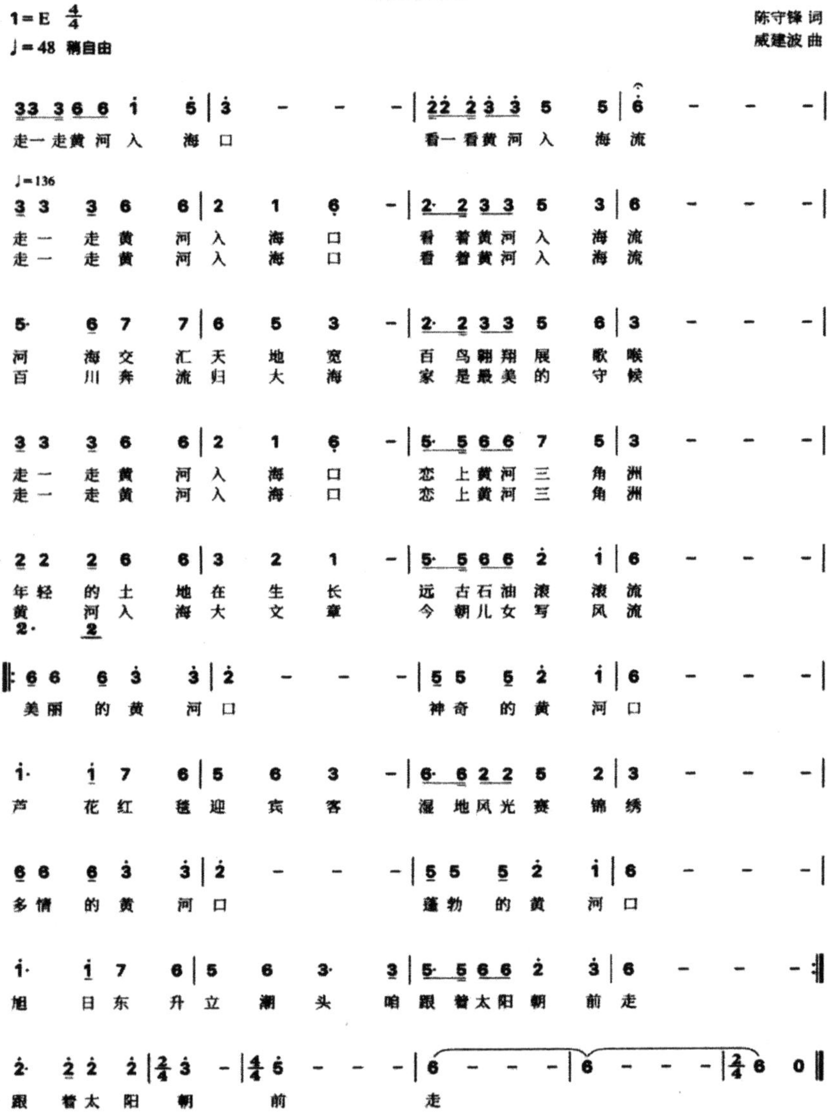

歌曲《黄河口放歌》由陈守锋作词，著名作曲家戚建波作曲，著名男高音歌唱家刘和刚倾情演唱。整首作品气势磅礴、铿锵恢弘，富有鲜明的黄河文化特征和黄河口地域特色。歌曲MV精美精致，带听众领略黄河的慈爱与博大。刘和刚的歌声豪迈大气、富有激情，唱出了黄河奔腾入海的昂扬气势，以及黄河儿女在新征程上铆足干劲，书写好时代答卷的壮志豪情。

黄河水从我家门前过

作词：李友焱
作曲：周爱雄
演唱：刘卓依

1=♭C或D $\frac{4}{4}$
深情的

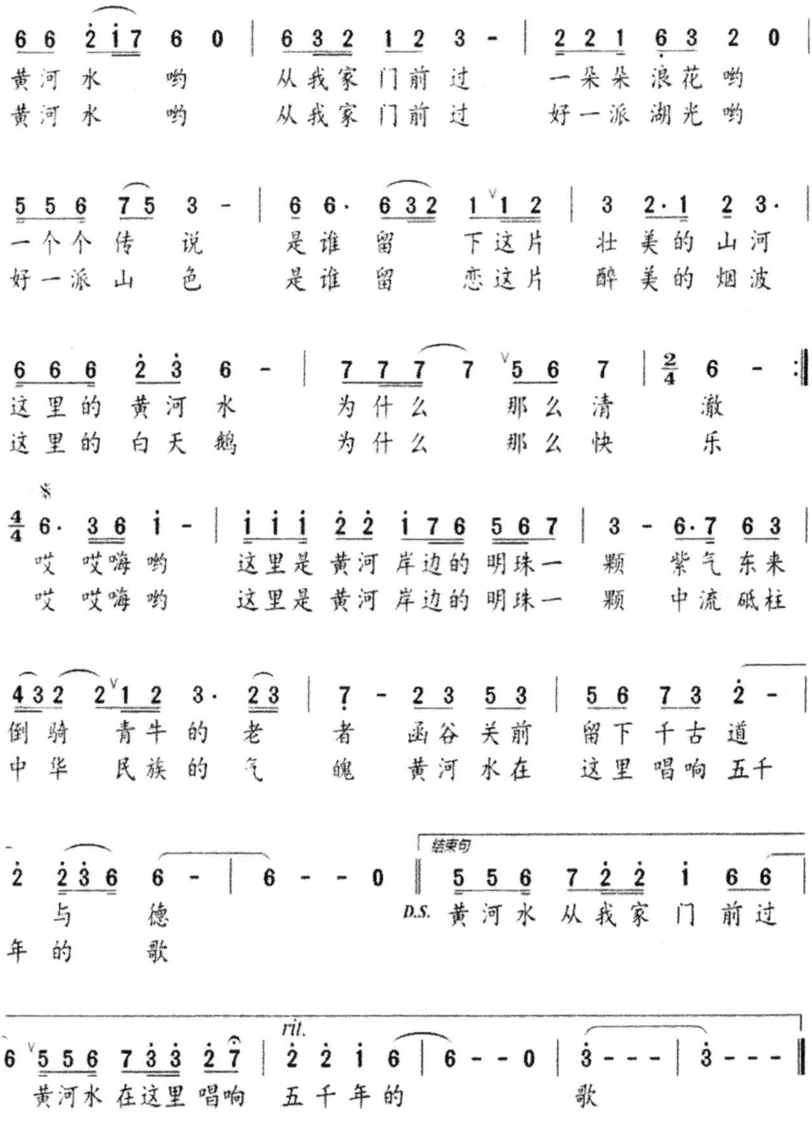
黄河水 哟 从我家门前过 一朵朵浪花哟
黄河水 哟 从我家门前过 好一派湖光哟
一个个传说 是谁留 下这片 壮美的山河
好一派山色 是谁留 恋这片 醉美的烟波
这里的黄河水 为什么 那么清 澈
这里的白天鹅 为什么 那么快 乐
哎 哎嗨哟 这里是黄河岸边的明珠一 颗 紫气东来
哎 哎嗨哟 这里是黄河岸边的明珠一 颗 中流砥柱
倒骑 青牛的老 者 函谷关前 留下千古道
中华 民族的气 魄 黄河水在 这里唱响五千
与 德
年的 歌
结束句
D.S. 黄河水从我家门前过
rit.
黄河水在这里唱响 五千年的 歌

龙门石窟

1=♭A 4/4

尤素福·海青青 词曲

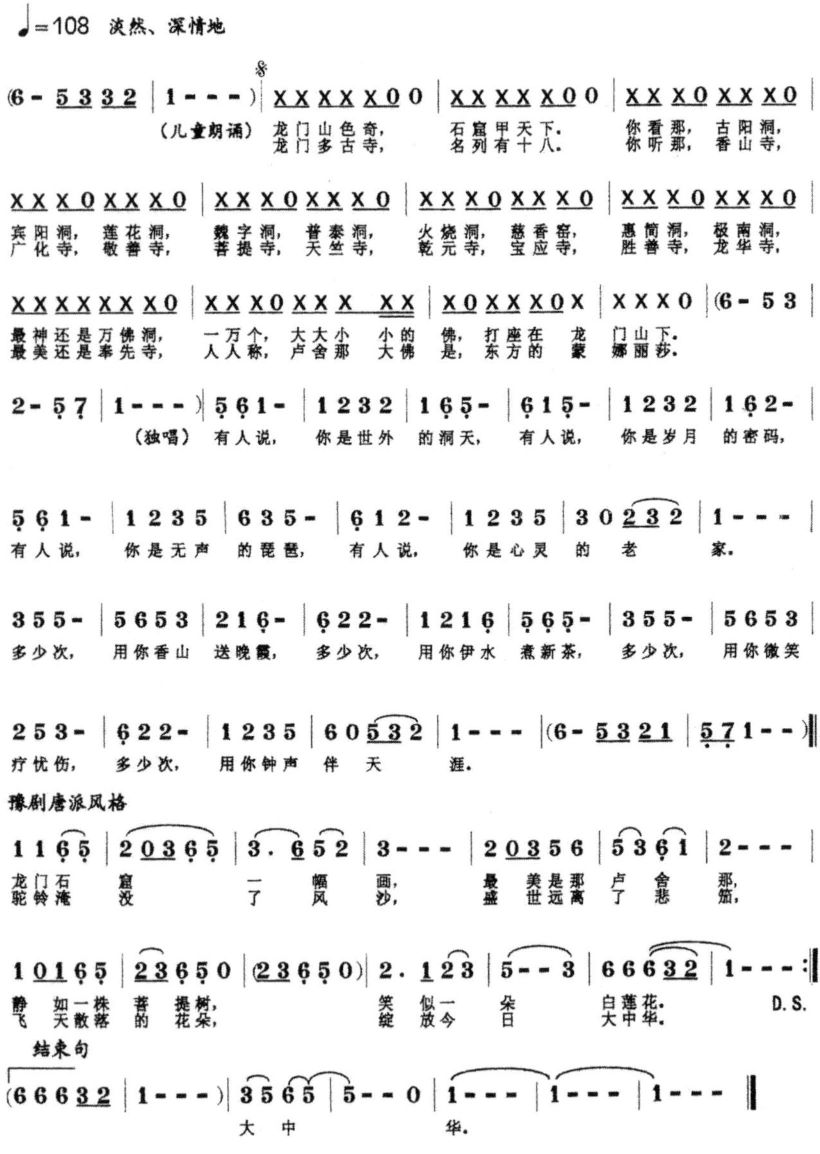
♩=108 淡然、深情地
(儿童朗诵) 龙门山色奇，石窟甲天下。你看那，古阳洞，
龙门多古寺，名列有十八。你听那，香山寺，
宾阳洞，莲花洞，魏字洞，普泰洞，火烧洞，慈香窑，惠简洞，极南洞，
广化寺，敬善寺，菩提寺，天竺寺，乾元寺，宝应寺，胜善寺，龙华寺，
最神还是万佛洞，一万个，大大小 小的 佛，打座在 龙 门山下。
最美还是奉先寺，人人称，卢舍那 大佛 是，东方的 蒙 娜丽莎。
(独唱) 有人说，你是世外 的洞天，有人说，你是岁月 的密码，
有人说，你是无声 的琵琶，有人说，你是心灵 的 老 家。
多少次，用你香山 送晚霞，多少次，用你伊水 煮新茶，多少次，用你微笑
疗忧伤，多少次，用你钟声 伴 天 涯。
豫剧唐派风格
龙门石 窟 一 幅 画，最美是那 卢 舍 那，
驼铃淹 没 了 风 沙，盛世远离 了 悲 笳，
静 如一株 菩 提树，笑 似一 朵 白莲花。D.S.
飞 天散落 的 花朵，绽 放今 日 大中华。
结束句
大 中 华。

浅 水 湾

1=G 4/4 3/4 2/4

张继征词
林贤太曲

♩=96

(6̣ 1 3 3 - | 3 - - - | 0 3 2 1 6̣ 1 2 | 2 - - - |
0 6̣ 1 2 3 2 3 6 | 6 - - - | 3 2 3 6 3 2 3 6 2 1 6̣ | 6̣ - - -)

6̣ 1 3 3 - | 0 3 2 1 6̣ 1 3 | 3 - - - | 0 6̣ 6̣ 1 3 2 | 0 3 2 1 6̣ 1 2 | 2 - - -
浅水湾 湾长水不浅, 水清沙细 香港 第一滩;
浅水湾 湾长水不浅, 滩阔坡平 香港 第一滩;

0 6̣ 6̣ 1 3 3 | 0 1 2 1 3 2 | 0 6̣ 6̣ 1 3 2 | 0 1 2 1 2 6̣ | 2/4 0 3 | 3/4 5 - 5
南海的浪花 在这儿飞舞, 大洋的波涛 在这儿泊岸。 霞 光 点
济世的观音 在这儿佑护, 祈福的天后 在这儿照看。 白 云 朵

3 - 5 | 6 - 6 5 3 | 3 - - | 3 6 3 2 | 2 - - | 3 3 5 | 3 · 2 3 | 2 3 2
点 浪花飞洒 浅 水 湾, 青春的 活力啊 涌上了
朵 海鸥翔翔 浅 水 湾, 生活的 烦恼啊 抛上了

1 0 2 1 | 6̣ - - | 6̣ - 1 | 3 3 0 | 6̣ - 3 | 2 2 0 | 1 - 2 1
浪 尖; 风儿轻轻 伞花绽开 浅 水
九 天; 月儿弯弯 篝火闪耀 浅 水

3 - - | 3 3 5 | 6 · 5 3 | 3 2 1 | 2 0 3 2 | 6̣ - - | 6̣ - - :‖
湾, 情侣的 甜蜜呵 荡漾着 白 帆。
湾, 生命的 美好呵 演绎着 灿 烂。

6̣ - 1 2 | 3 - 5 | 6 - - | 6 - - V ‖ ♩=108 4/4 0 6̣ 1 2 3 3 2 1 | 0 6̣ 1 2 3 - |
浅 水 湾 啊! 浅水湾 得天独厚 水不 浅,

0 6̣ 1 2 3 3 2 1 | 0 3 2 1 6̣ - | 1. 0 1 1 2 3 2 3 5 | 0 3 2 1 6̣ | 0 3 2 1 3 2 1 6̣
浅水湾 湾长 水清 福亦不浅! 人间的 浪漫 激荡 在浅水湾, 人间的 潇洒 舞动

2. 0 1 2 1 6̣ - ‖ 0 1 2 1 3 2 | 1 6̣ 5̣ 6̣ 1 2 | 3 2 3 0 6̣ 1 2 | 3 - 5 - | 6 - - - | 6 - - -
起浅水湾! 人间的 潇洒 舞动起 舞动起 浅水湾, 舞动起 浅水 湾!

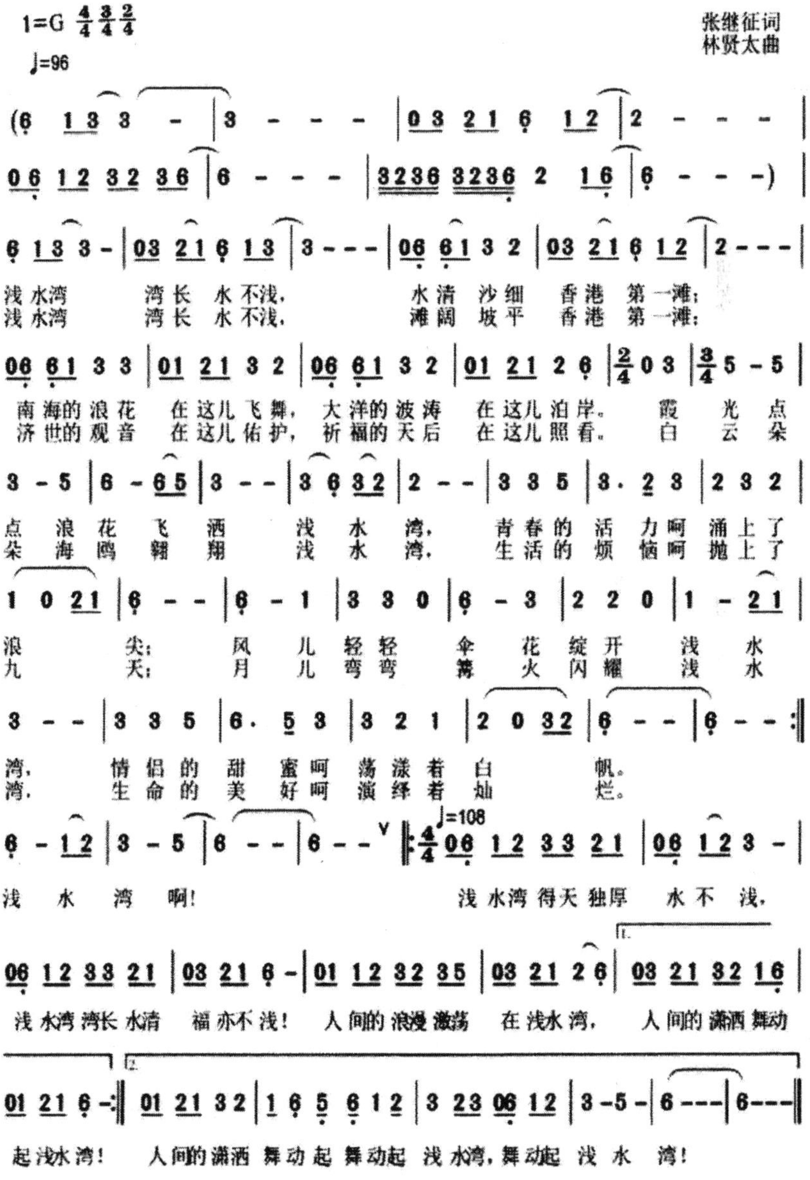

總第二二期（牡丹號，二〇二三年）

張繼征（香港），〈維港兩岸的中國紅〉。

張立國（江蘇），〈戰士到處都是家〉。

王賓玲（廣西），〈不該缺的角〉、〈紫荊花的芬芳〉。

鞠長榮（黑龍江），〈中原魂〉。

范修奎（河北），〈心中愛撐起家〉。

段明旭（雲南），〈出發〉、〈那山那人那曲〉。

張倫（重慶），〈牛〉、〈螢火蟲〉。

〈海青青給石長磊先生的一封信〉。（第三版。從信中看，石先生是個作曲家，爲海青青的〈河南老家〉和〈世界有座牡丹城〉譜了曲。）

〈海青青給聲樂老師楊曉丹的一封信〉。（第四版。說到和周小燕教授學了五六年，一直沒有突破，現和楊老師學，終於有了突破。）

海青青（河南），〈牡丹花中唱牡丹〉。（第四版近全版文章）；同版，有〈海青青給歌友竹心的一封信〉。

阡寒、蔚鶇詞，李家全曲，〈浙江姑娘〉。

程安國詞、錢誠曲，〈潔白的山菊花〉。

梁愛科詞、張文曲，〈高原索瑪〉。

張天平詞、春天曲，〈這樣的日子〉。

洁白的山菊花

1=♭E4/4　　女声独唱　　程安国词

♩=64 深情地　　钱　诚曲

独白：菊花是一位支教老师，为救队友坠下山崖。

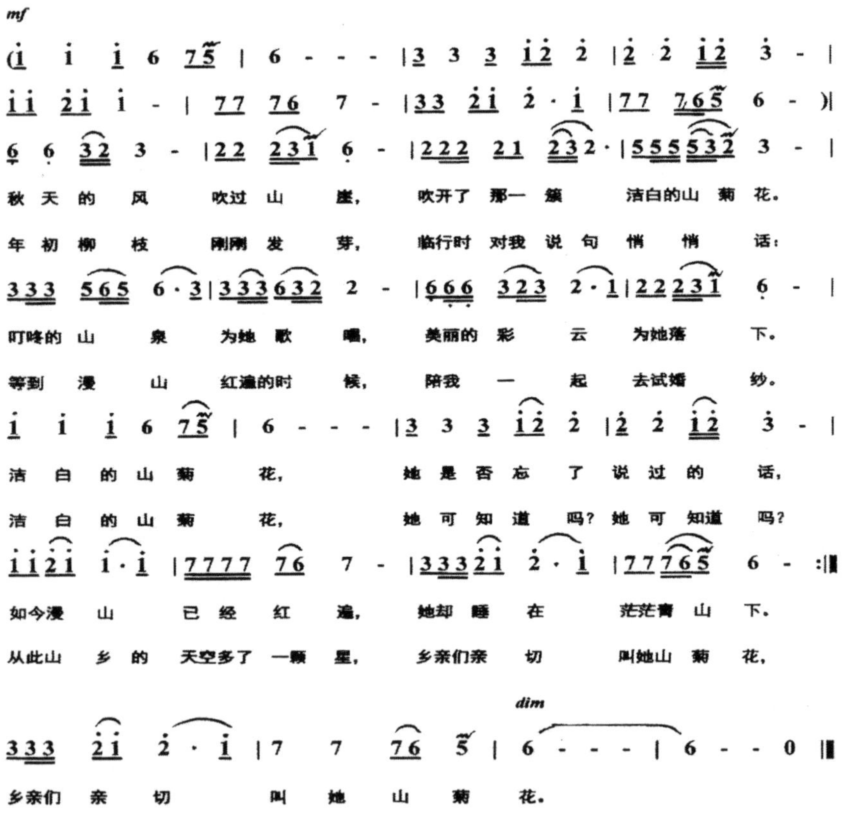
mf
秋天的风吹过山崖，吹开了那一簇洁白的山菊花。
年初柳枝刚刚发芽，临行时对我说句悄悄话：
叮咚的山泉为她歌唱，美丽的彩云为她落下。
等到漫山红遍的时候，陪我一起去试婚纱。
洁白的山菊花，她是否忘了说过的话，
洁白的山菊花，她可知道吗？她可知道吗？
如今漫山已经红遍，她却睡在茫茫青山下。
从此山乡的天空多了一颗星，乡亲们亲切叫她山菊花，
dim
乡亲们亲切叫她山菊花。

程安国 230041 安徽省合肥市夏店路南国玲珑碧玉 2 号楼 707 室　13855851483

钱　诚 243000 安徽省马鞍山市花山区东方城二区 16 栋 1202 室　13955550430

这样的日子

1＝D　2/4
♩=108

作词：张天平
作曲：春　天

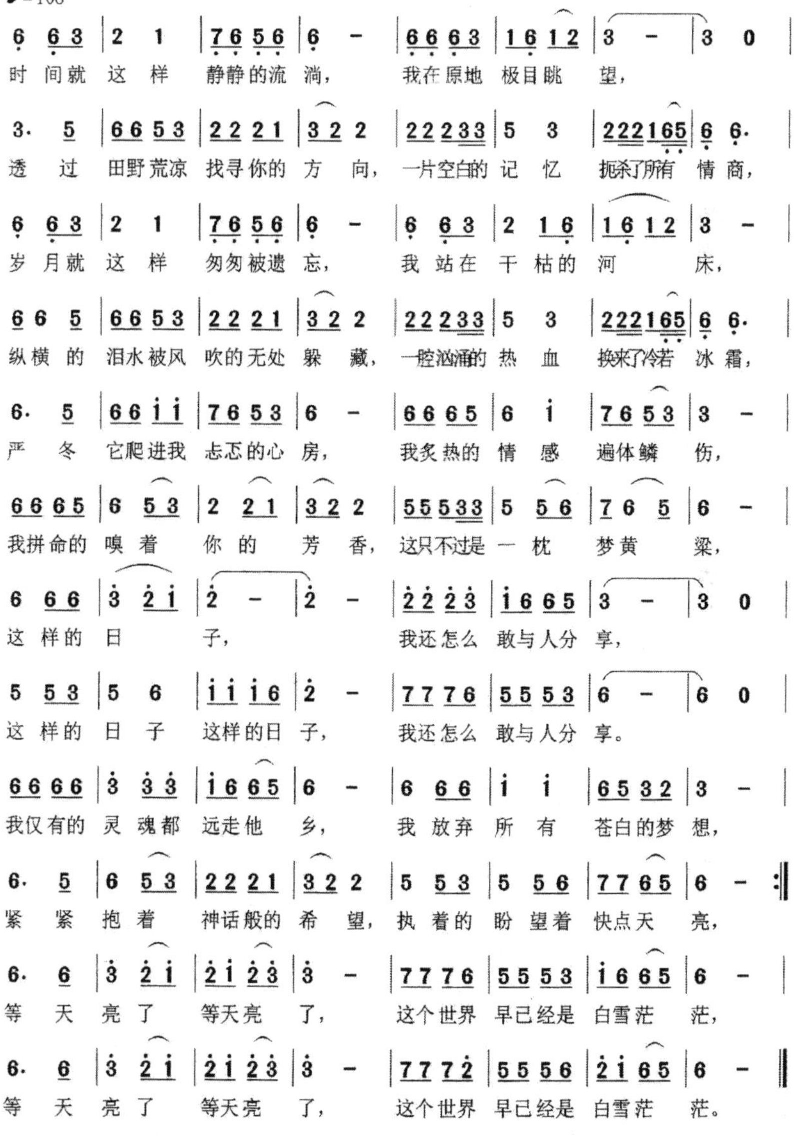
时间就这样静静的流淌，我在原地极目眺望，
透过田野荒凉找寻你的方向，一片空白的记忆扼杀了所有情商，
岁月就这样匆匆被遗忘，我站在干枯的河床，
纵横的泪水被风吹的无处躲藏，一腔汹涌的热血换来了冷若冰霜，
严冬它爬进我忐忑的心房，我炙热的情感遍体鳞伤，
我拼命的嗅着你的芳香，这只不过是一枕梦黄粱，
这样的日子，我还怎么敢与人分享，
这样的日子这样的日子，我还怎么敢与人分享。
我仅有的灵魂都远走他乡，我放弃所有苍白的梦想，
紧紧抱着神话般的希望，执着的盼望着快点天亮，
等天亮了等天亮了，这个世界早已经是白雪茫茫，
等天亮了等天亮了，这个世界早已经是白雪茫茫。

高原索玛

1=D $\frac{4}{4}$

每分钟78拍 真情地

梁爱科 词

张 文曲

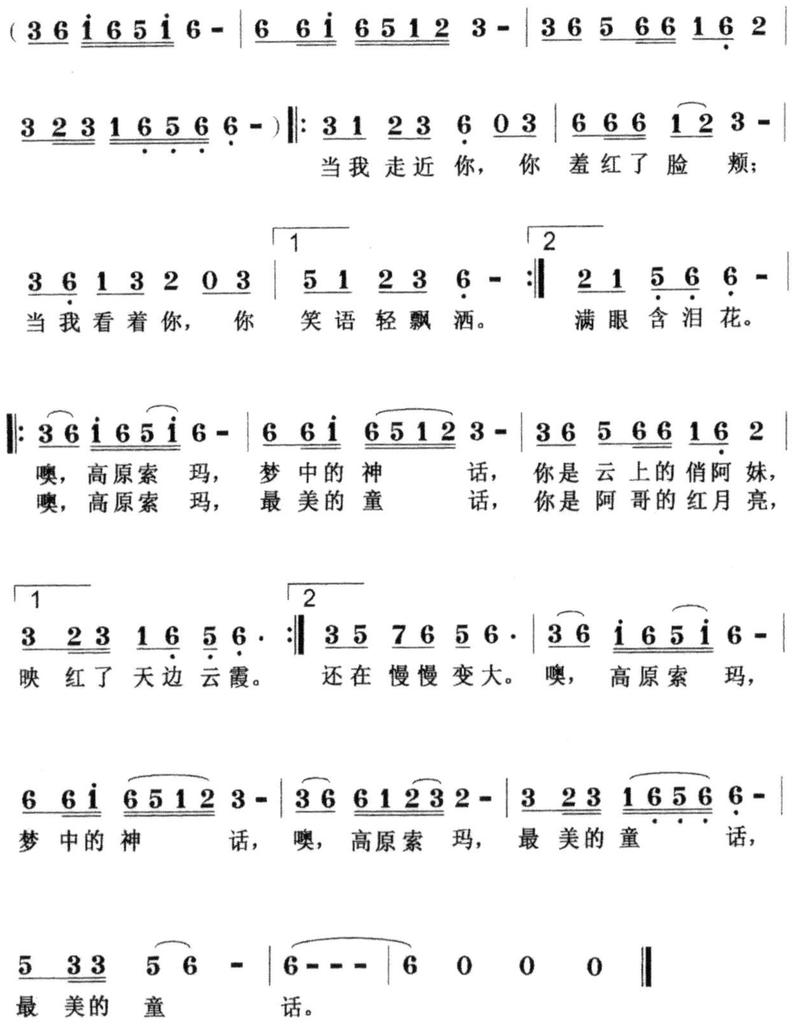

梁爱科 地址：贵州省遵义市新蒲新区长征大道6号市文化馆文学艺术创作室
邮编：563000
张 文 地址：山东省枣庄市八中南校 音乐组　邮编:277000
电话：13563255608　邮箱：1076284158@qq.com

浙江姑娘

——选自《中国姑娘组歌》

1=G $\frac{2}{4}$

每分钟56拍 轻盈、水灵、优美、深情地

阡寒、蔚鹤 词

李家全 曲

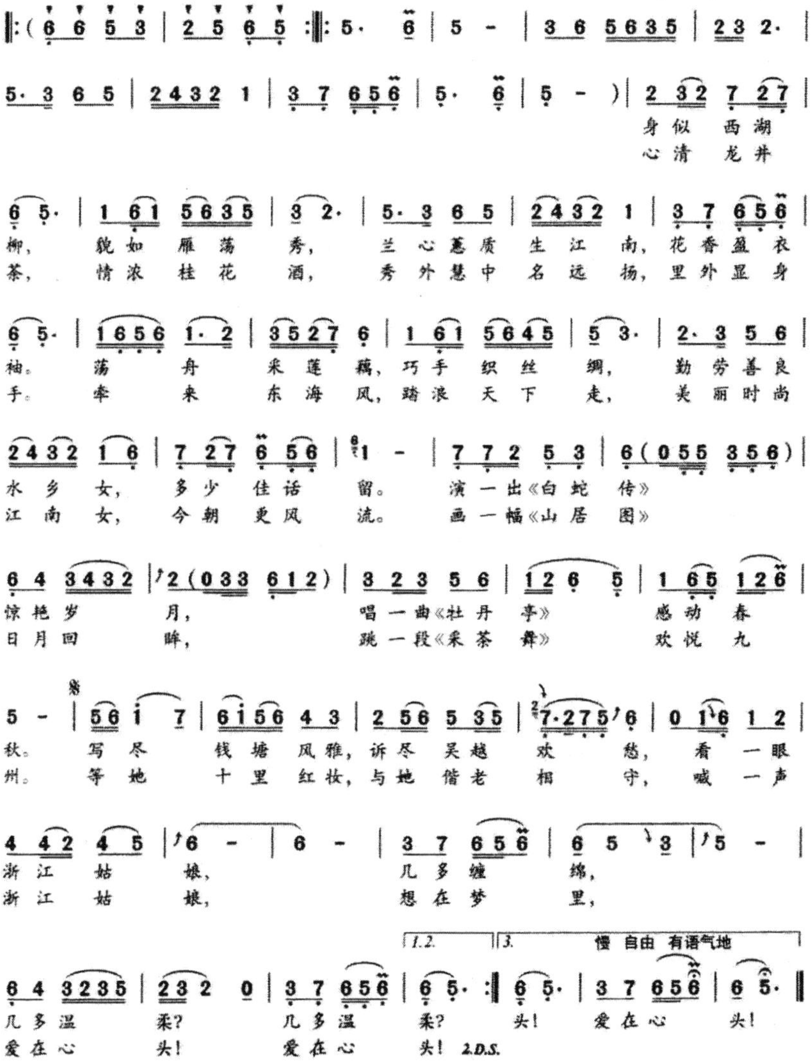
身似西湖
心清龙井
柳，貌如雁荡秀，兰心蕙质生江南，花香盈衣
茶，情浓桂花酒，秀外慧中名远扬，里外显身
袖。荡舟采莲藕，巧手织丝绸，勤劳善良
手。牵来东海风，踏浪天下走，美丽时尚
水乡女，多少佳话留。演一出《白蛇传》
江南女，今朝更风流。画一幅《山居图》
惊艳岁月，唱一曲《牡丹亭》感动春
日月回眸，跳一段《采茶舞》欢悦九
秋。写尽钱塘风雅，诉尽吴越欢愁，看一眼
州。等她十里红妆，与她偕老相守，喊一声
浙江姑娘，几多缠绵，
浙江姑娘，想在梦里，
1.2.
3.
慢 自由 有语气地
几多温柔？几多温柔？头！爱在心头！
爱在心头！爱在心头！2.D.S.

總第二二期（菊花號，二〇二三年）

歌聲（湖南），〈唱一唱今天的中國〉。

張繼征（香港），〈愛在深秋〉。

魏力興（黑龍江）、梁恩錫（甘肅），〈牡丹美〉。

李瀟倩、李安敏（安徽），〈煙雨江南〉。

竹心（重慶），〈神一樣的父親〉。

王志強（甘肅），〈蘭州牛肉麵〉。

李少國（安徽），〈代表作〉。

張立國（江蘇），〈布穀鳥〉。

黎強（重慶），〈千戶苗寨的紅月亮〉、〈黔嶺辣椒紅〉、〈苗嶺的雲彩〉。

張倫（重慶），〈蚯蚓〉、〈南瓜〉。

海青青（河南），〈仡佬族民歌：感於民族男高音歌唱家穆維平先生唱仡佬族民歌〉。

第三版有〈海青青給同學馬淑珍的一封信〉。

玉板白（河南），〈學戲記：跟馬金風親傳弟子、恩師許青枝學習系列筆記之二〉。

〈第四版全版文章〉

張立國詞、錢誠曲，〈我們今天走的路〉。

王國平詞、黃進軍曲，〈老師，感謝有你〉。

張立國詞、劉敏曲，〈女兒的淚花女兒的笑〉。

張鐵橋詞、趙守義曲，〈回家過年〉。

我们今天走的路

1=♭E2/4　　　　张立国词

♩=104 豪迈地　　　　钱　诚曲

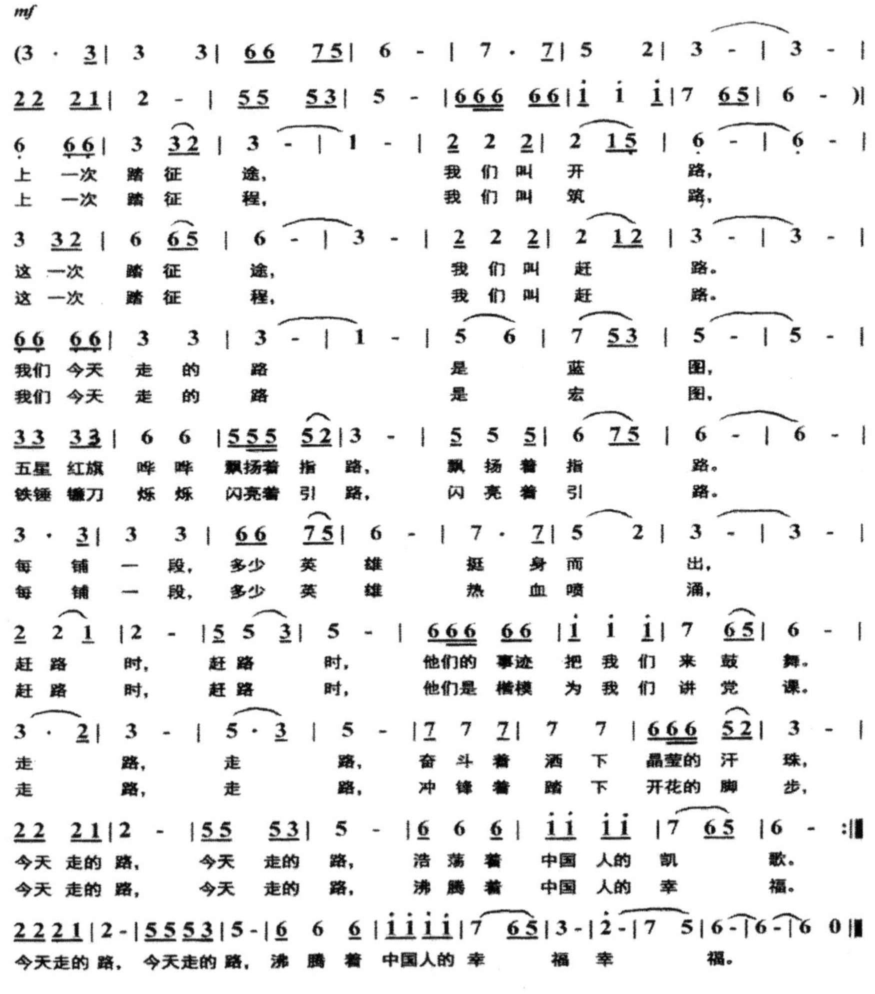
mf
上 一次 踏 征 途， 我 们 叫 开 路，
上 一次 踏 征 程， 我 们 叫 筑 路，
这 一次 踏 征 途， 我 们 叫 赶 路。
这 一次 踏 征 程， 我 们 叫 赶 路。
我们 今天 走 的 路 是 蓝 图，
我们 今天 走 的 路 是 宏 图，
五星 红旗 哗 哗 飘扬着 指 路， 飘 扬 着 指 路。
铁锤 镰刀 烁 烁 闪亮着 引 路， 闪 亮 着 引 路。
每 铺 一 段， 多少 英 雄 挺 身 而 出，
每 铺 一 段， 多少 英 雄 热 血 喷 涌，
赶 路 时， 赶 路 时， 他们的 事迹 把 我 们 来 鼓 舞。
赶 路 时， 赶 路 时， 他们是 楷模 为 我 们 讲 党 课。
走 路， 走 路， 奋 斗 着 洒 下 晶莹的 汗 珠，
走 路， 走 路， 冲 锋 着 踏 下 开花的 脚 步，
今天 走的 路， 今天 走的 路， 浩 荡 着 中国 人的 凯 歌。
今天 走的 路， 今天 走的 路， 沸 腾 着 中国 人的 幸 福。
今天走的 路， 今天走的 路， 沸 腾 着 中国人的 幸 福 幸 福。

张立国 222004 江苏省连云港市海宁西路 9 号中茵名都 28 号楼 202 室　系中国音协会员　15861236279
钱　诚 243000 安徽省马鞍山市花山区东方城二区 16 栋 1202 音乐创作室　系中国音协会员 13955550430

老师，感谢有你

1=D 4/4

♩=66

王国平 词
黄进军 曲

(5 3 2 | 2 - | 0 5 6 1 | 3 5 3 | 3 - | 5 6 3 2 | 2 - | 1 6 1 | 1 - |

i - | i 7 5 | 6 7 6· | 6 4 3 | 2· 6 | 7 7 6 5 | 5 - | 5 - |

i - | i 7 5 | 6 7 3 | 3 4 3 | 2· 3 | 2 5 2 1 | 1 - | 1 -)

5 1· | 3 2 1 1 6 1 | 2 2 0 2 1 | 3 2· 3 5 | 5 1 0 6 1 | 4 3 2 1 | 2 - |
每次 看见你，有 父母 般的 慈祥，你的 呵护如 冬日暖 阳。
每次 课堂上，聆听您 语重 心长，你 给我 播种 未来希 望。

1 1 1 2 | 5 3· | 2 2 3 3 5 | 6 - | 1 1 5 6 | 3· 2 1 | 3 2· | 3 5 2 1 |
沐浴在 知识 知识的 海洋，青春激 情在 校园 熠熠闪
吮吸着 智慧 智慧的 营养，如今我 已 成家 立业 做顶

1 - | 1 - | i· 7 5 | 6 7 6· | 7 7 6 5 | 3 - | 2 2 1 2 | 0 2 2 1 2 |
光。 啊 老 师，感谢 有 你！ 感谢 有你 感谢 有你
梁。 啊 老 师，感谢 有 你！ 感谢 有你 感谢 有你

6 1 1 6 5 | 5 - | 5 - | i· 6 5 | 5 3· | 1 1 1 1 3 5 | 3 - | 4· 5 6 6 |
师情难 忘， 是你 为我 铸造了 高 尚。 你的教诲
恩师不 忘， 是你 为我 指明了 方 向。 你的教导

0 5 6 1 | 3 2 1 | 2 - | 2 - | i· 7 6 5 | 6 3· | 5 5 3 2 | 2 - |
时常在 耳畔 回 响， 无论天南 地北，师生 情谊
让人 受益尽 享， 不论成功 平凡，上下 求索

2 5 2 1 | 1 - | 1 - | 1 0 | 结束句 2 5 2 1 | 1 - | i - | i - | 1 0 |
历久弥 香。 D.C. 方。 D.S. 奔向前 方.
奔向前

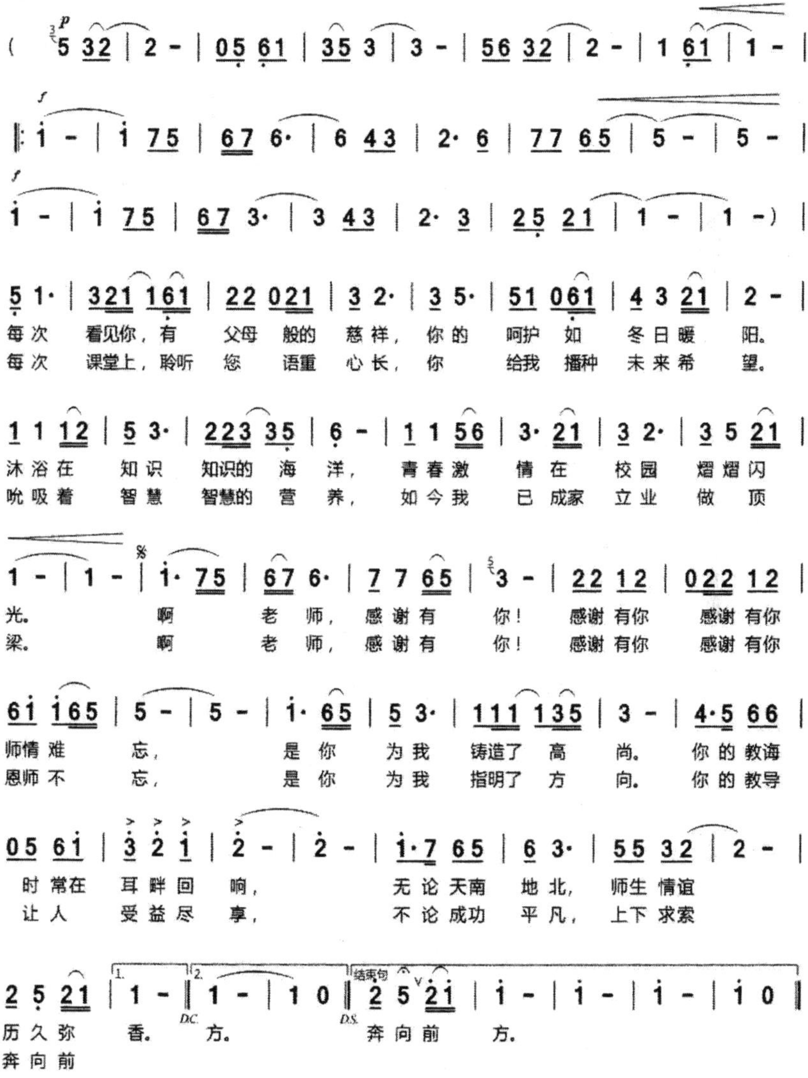

女儿的泪花女儿的笑

1=E 2/4

张立国　词

刘　敏　曲

深情地

（ i·i　765 ｜ 5　035 ｜ 6·6　63 ｜ 5　5· ｜

‖: i·i　76 ｜ 65　3 ｜ 23　53 ｜ 2　62 ｜ 1 － ｜ 1 － ）｜

56　153 ｜ 3 － ｜ 21　61 ｜ 1 － ｜ 56　12 ｜ 36　53 ｜ 31　632 ｜ 2 － ｜

回家 看爸 爸，　回家 看妈 妈，　有时 拎鱼 虾 有时 捎 绿 茶。
回家 看爸 爸，　回家 看妈 妈，　有时 带新 衣 有时 捎 鸡 鸭。

53　656 ｜ 5 － ｜ 31　432 ｜ 6 － ｜ 65　53 ｜ 21　612 ｜ 1 － ｜ 1 － ｜

看见 爸 爸　正在 练书 法，　看见 妈妈 正在 染头 发。
看到 爸 爸　正在 练太 极，　看到 妈妈 正在 打电 话。

iii　i76 ｜ 5 － ｜ 6·3　565 ｜ 5 － ｜ iii　76 ｜ 6·5　3 ｜ 61　543 ｜ 2 ｜

放心了 放心 了，　心儿 全放 下，　女儿的 笑声 里　洒 泪 花。
放心了 放心 了，　心儿 都放 下，　女儿的 笑语 中　落 泪 花。

i·i　765 ｜ 5　035 ｜ 7·7　765 ｜ 6 － ｜ 6·5　643 ｜ 2 － ｜

爸爸 妈　妈，　你们 就是 我的　根，　笑声 伴泪 花，
爸爸 妈　妈，　你们 就是 我的　天，　笑语 伴泪 花，

23　53 ｜ 2　62 ｜ 1 － ｜ 1 － :‖ 23　53 ｜ 2　62 ｜ 1 － ｜ 1 － ‖

你们 百岁 我 牵 挂。　　　你们 长寿 我 有 家。
你们 长寿 我 有 家，

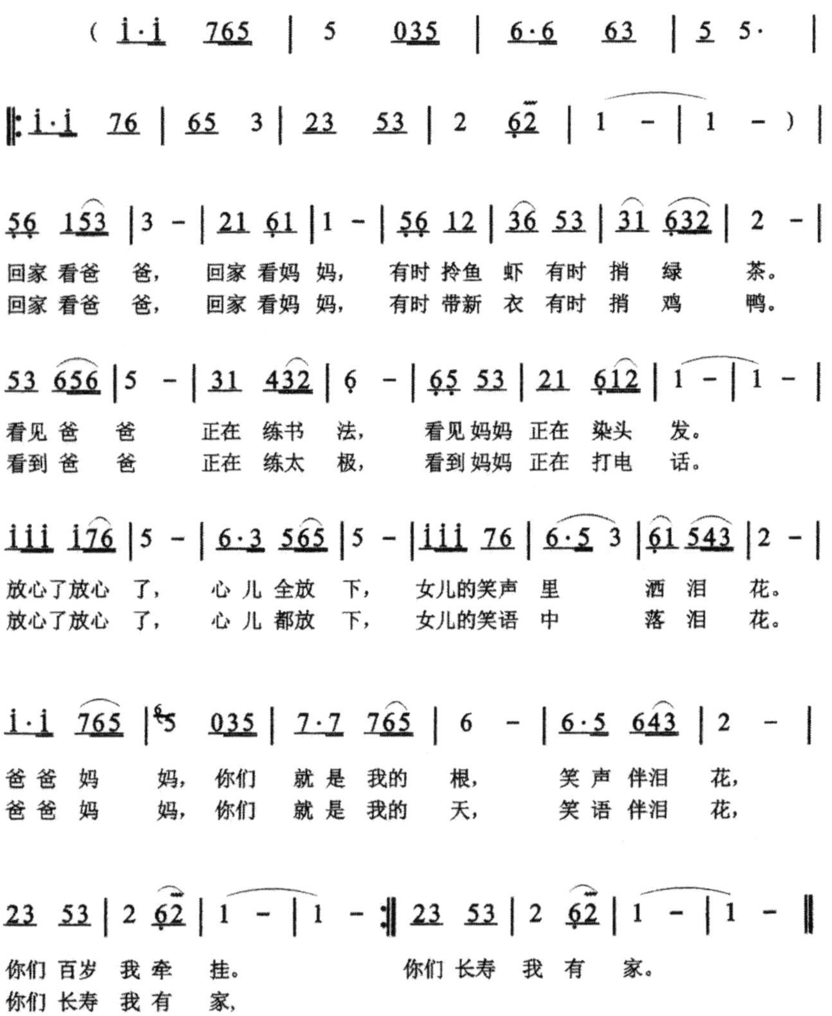

张立国　222004　江苏连云港市海宁西路 9 号中苒名都 28 号楼 202 室　　　　　15861236279
刘　敏　222006　江苏连云港市海州区金辉路 1 号四季金辉二期 9 号楼 1 单元 2102 室　13611558865

回家过年

1＝F或G $\frac{2}{4}$

男声独唱

张铁桥 词
赵守义 曲

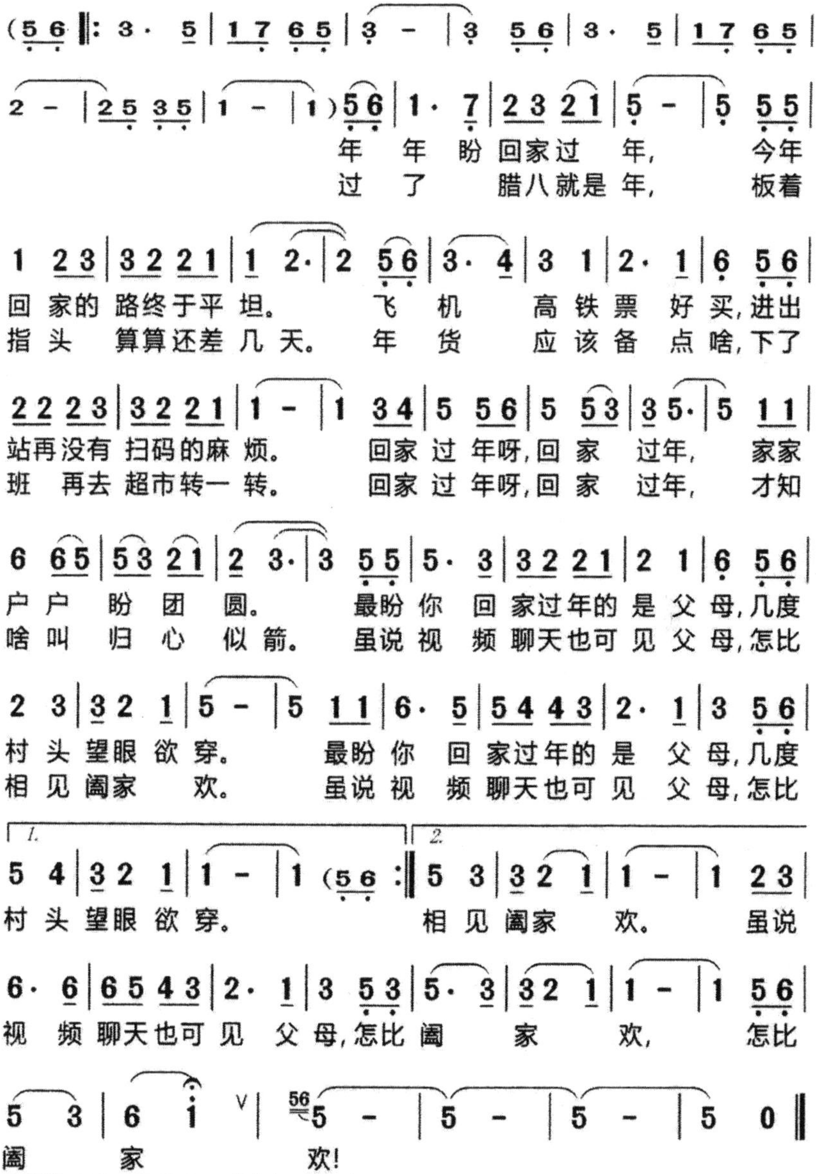
年 年 盼 回家过 年， 今年
过 了 腊八就是 年， 板着
回 家的 路终于平 坦。 飞 机 高铁票 好 买，进出
指 头 算算还差 几 天。 年 货 应该备 点 啥，下了
站再没有 扫码的麻 烦。 回家 过 年呀，回 家 过年， 家家
班 再去 超市转一 转。 回家 过 年呀，回 家 过年， 才知
户 户 盼 团 圆。 最盼 你 回 家过年的 是 父 母，几度
啥 叫 归 心 似 箭。 虽说 视 频 聊天也可 见 父 母，怎比
村 头 望眼 欲 穿。 最盼 你 回 家过年的 是 父 母，几度
相 见 阖家 欢。 虽说 视 频 聊天也可 见 父 母，怎比
1. 2.
村 头 望眼 欲 穿。 相 见 阖家 欢。 虽说
视 频 聊天也可 见 父 母，怎比 阖 家 欢， 怎比
阖 家 欢！

张铁桥：186 6319 6345　赵守义：138 4381 5360

第三篇
《牡丹園》創刊十週年
專刊與木斧論壇

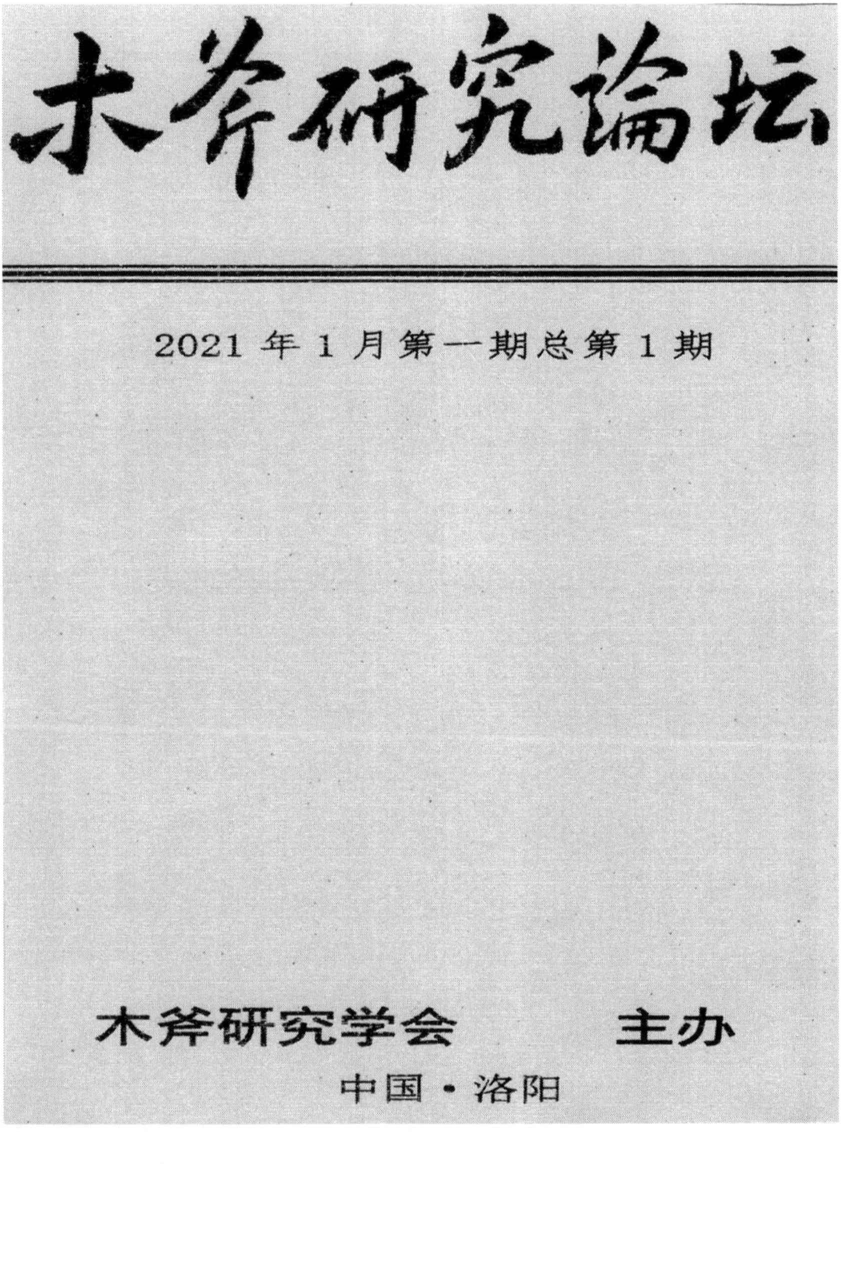

木斧研究論坛

2021 年 1 月第一期总第 1 期

木斧研究学会　　主办

中国·洛阳

第十章　《牡丹園》創刊十週年專刊

《牡丹園》詩刊創刊十週年專刊，即總第五十期「十週年號」（二〇一六年六月出刊）。各類作品作者編目如本章。

邰山詩客（河南），〈有詩的世界才是最美好的世界〉。（封面內面，序文）

《牡丹園》詩刊十週年詩選

木斧（四川），〈賈桂讀狀〉、〈遊湖〉。

文曉村（台灣），〈夢回杜樓〉。

王爾碑（四川），〈喜鵲〉、〈醉鳥〉。
涂靜怡（台灣），〈素描〉、〈燭語〉。
胡品清（台灣），〈無題〉。
顏艾琳（台灣），〈無題〉。
琹川（台灣），〈無題〉。
古月（台灣），〈無題〉。
金波（北京），〈風兒的家〉。
陳廣澧（上海），〈睡〉、〈秋〉。
李肇星（北京），〈「石頭城」塔什干〉。
桑恆昌（山東），〈都在路上〉、〈鈕扣〉。
心笛（美國），〈聽昆曲〉。
海青青（河南），〈中國鐘擺〉、〈清眞寺新月〉。
藝辛（河南），〈二喬〉。
陽荷（台灣），〈茶樹的心事〉。
穆仁（重慶），〈別到……〉、〈老年的變化〉。

白莎（山東），〈枯樹〉、〈圓明園遺址〉、〈石頭〉。

雁翼（四川），〈洛陽情歌〉。

姚欣則（河南），〈木斧〉、〈趙之洵〉。

陶祖德（江蘇），〈上海擁抱你〉。

洛夫（美國），〈周莊舊事〉、〈獨唱〉。

方素珍（台灣），〈不學寫字有害處〉。

凌江月（新加坡），〈生命裡的秋〉。

馬瑞麟（雲南），〈蓋碗盅〉。

劉章（河北），〈一樹梨花細雨中〉、〈半池寒水欲鳴蛙〉。

吉狄馬加（四川），〈回答〉、〈水和生命的發現〉。

娜夜（甘肅），〈美好的日子裡〉。

何小竹（四川），〈二〇〇一年二月十四日，情人節〉。

徐文中（四川），〈後輪〉、〈今年，沒有冬〉。

夏矛（浙江），〈雨〉、〈詩從洛陽出發：祝《牡丹園》創辦十週年〉。

傅家駒（上海），〈江南春〉、〈兩棵美麗的白樺樹〉。

琹涵（台灣），〈水深雲款款〉兩首，〈春茶〉、〈寄向遠方〉。

聖野（上海），〈捲心菜〉、〈燦〉、〈敲門〉、〈最後一片葉子〉。

李幼容（北京），〈馬背學校〉。

韋婭（香港），〈會飛的葉子〉。

南永前（吉林），〈白天鵝〉、〈雨〉。

王亮庭（江蘇），〈默寫〉。

張默（台灣），〈水汪汪的晚霞〉、〈獨白、獨白〉。

陳福成（台灣），〈作家〉、〈春天〉。

毛翰（福建），〈釣魚島之歌〉。

高凱（甘肅），〈雪地上〉、〈老鐘錶〉。

梁登壽（四川），〈低處的母親〉、〈父親是低調的詩人〉。

路志寬（河北），〈蟈蟈〉、〈好好愛我吧〉。

賈懷超（山東），〈秋蟲〉、〈撿拾月色的人〉。

唐宇佳（重慶），〈風一樣的女孩〉。

鄔大爲（遼寧），〈李一座牡丹園：獻給《牡丹園》十週年〉。

吳開晉（北京），〈佛寺〉、〈移民曲〉。

海青青和台灣著名詩人、作家陳福成先生。（2011年9月9日，鄭州）

海青青和台灣著名詩人、前《葡萄園》詩刊主編台客先生。（2011年9月9日，鄭州）

海青青和河南著名詩人、前洛陽作協主席藝辛先生。
（2012 年 2 月 5 日，洛陽）

海青青和黑龍江《烏蘇里江 · 綠色風》主編沈學印先生。
（2016 年 7 月 2 日，鄭州）

海青青和台灣著名詩人、前《葡萄園》詩刊主編台客先生。
（2016 年 4 月 15 日，洛陽）

海青青和《洛陽晚報》著名記者程奇先生。
（2012 年 2 月 5 日，洛陽）

第十一章　牡丹園《木斧》專刊

牡丹園《木斧》專刊，即《牡丹園》「木斧號」第六六期，二〇二〇年四月出刊，區分以下各節編目。

摘一朵白牡丹獻給你：詩人們悼念木斧先生的詩

涂靜怡（台灣），〈懷念木斧大哥〉。

朱先樹（北京），〈知書達理．心想事成：悼木斧〉。

台客（台灣），〈悼木斧〉。

王學忠（河南），〈木斧的畫像〉。

龍郁（四川），〈木斧・木斧：悼楊蕭先生〉。
方赫（四川），〈斧子・詩〉。
曉曲（四川），〈悼念木斧先生〉。
梅香（四川），〈緬懷木斧老師〉。
張效民（廣東），〈沉痛悼念跨世紀詩人木斧先生〉。
蔡長宜（四川），〈沉痛哀悼楊蕭詩翁〉。
游運（四川），〈悼念木斧老師〉。
王立世（四川），〈悼木斧〉。
四川騾二（四川），〈木斧先生竟然走了〉。
海青青（河南），〈父與子：遙寄詩父木斧先生〉（組詩）：〈父與子〉、〈日子〉、〈牽掛〉、〈神木斧〉續編。

永不謝幕的絕唱：木斧先生近作詩選

〈你就是我〉。

〈尋找：給王爾碑〉。
〈國畫〉。
〈磨刀〉。
〈不奇怪〉。
〈荷葉上的淚珠〉。

聞香識花：文友們悼念木斧先生的文章

馬瑞麟（雲南），〈月亮與月光：悼木斧〉。
台客（台灣），〈悼木斧〉。
高平（四川），〈木斧兄慢走〉。
楊然（四川），〈難忘預言．不解預言〉。
李臨雅（四川），〈春日黯淡：寫在木斧老師遠行之際〉。
周道模（四川），〈憶去天上寫詩唱戲畫畫的木斧先生〉。
李啓瑜（四川），〈人生答卷〉。

蕭開秀（四川），〈一顆歉疚的心難以平靜〉。
劉小華（四川），〈想你啊，木斧老師〉。
馬及時（四川），〈木老師，你走好〉。
專刊「天香小徑」，是詩人們書信中的木斧先生。往來書信量很多談到木斧的一些往事，舉其最近者：

二〇二〇年三月十七日，海青青給河南《伊斯蘭文化研究》主編古鳳英的一封信；同月十八日也有一封。
二〇二〇年三月三十日，海青青給前四川《晚霞》雜誌副主編羅西蜀先生的一封信。
二〇二〇年三月三十一日，海青青給台灣《秋水》詩刊主編、木斧先生詩壇唯一的詩妹涂靜怡的一封信。
二〇二〇年四月三日，前北京《詩刊》雜誌編輯室主任朱先樹給海青青的一封信。
二〇二〇年四月六日，蕭開秀文友給海青青的信；同日，海青青給文友蕭開秀女士的一封信；亦同日，海青青給楊樺大姐的一封信。
二〇一七年九月十二日，木斧給詩人游運的一封信；同月三十日，游運給木斧先生的一封信。

專刊「一縷天香伴詩魂」，是詩人、詩刊等各界，悼念木斧的挽聯、悼詞。（從略）。

另，海青青特別貼心，把《牡丹園》和《大中原歌壇》各期中，有木斧訊息都整理出來（亦從略）。

四川文艺出版社

海青青：

收到《牡丹园》59期和60期，如见到久别的亲人一样格外亲切。这里有我许多熟悉的身影，涂静怡、陈福成、唐代林，我和他们长期失去了联系，弥足珍贵；还有推荐的诗作，瓦笛、志宽的，将礼的，王国良的，我都认真地读了。你有你的见地，你有你的情商，你有你的智慧，你已经踏上的诗歌的台阶，我心里是热乎乎的，我们诗的脉络联在一起了，这牡丹园仿佛也是我的。你善于发现人才，就像三十年前我发现你一样，虽未谋面，却融和在一起了。

还记得我写的《八十自寿》么？这首诗被许多报刊发表过，和你的判断一样，山西诗人王立世也认识这首诗是我晚期诗歌成熟的一个标帜。他说："诗人洞彻了生命的真谛，拒绝喧哗与骚杂，甘于淡泊与静谧，另一方面暗示着生命的再出发。读后，感觉意蕴丰厚，对生命的超悟不同寻常，读仰而耐人寻味，这种味不是来自语言本身的魅力，而是来自生命的砥砺和精神的激扬，从艺术特色

(1

四川文艺出版社

来看，好像没有技巧，实际上处处是技巧，只不过没有留下斧凿的痕迹，给人以天然浑成的感觉。这样的诗我很想再多写几首，可是我求也是求不到的，没有来自生命的撞击是写不出来的。在你的鼓励下，我一直在酝酿一首，在腹中反复推敲修改了九十遍，后来写成文字，又反复琢磨，推敲了几十遍，现在，初稿写出来了，但还不是定稿，先抄给你看看：

九十抒怀

木斧

当我题写八十自寿之时
没有想到我还能活到今天
九十大道上居然还有我的足印
还真是缓步，我还得努攀

我还能走到哪一天去呢？
当我身后的一个〇，变成两个〇
长命百岁，突然闯入了我的眼帘
刺激着我胸中的波涛万千

其实，我能活到100岁，或者活不到100岁都不重要，我只要生命要有一个追求，一个目标，就能激发

(2

四川文艺出版社

我的意念，让我勇往直前。我为了能够表达这个诗意，让我翻转了许多睡。写出来，便打通了我自己的思想，让我快快乐乐、甜甜蜜蜜地生活下去吧。

好久没有动笔写作了，一写就写了这么长，我自己也吃了一惊，就此收尾了吧！

问好

木斧

2019.3.4.

(3

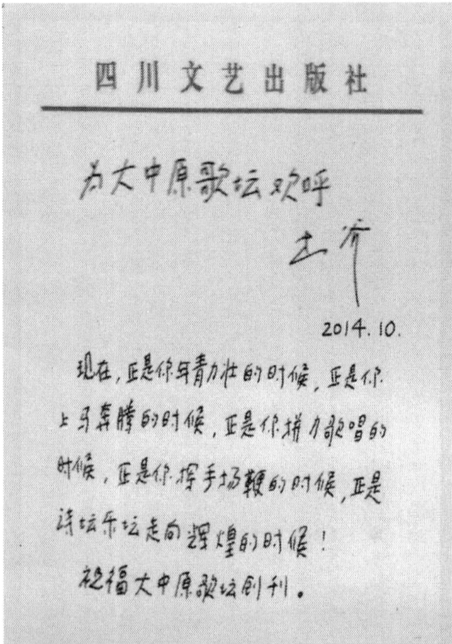

四川文艺出版社

为大中原歌坛欢呼

木斧

2014.10.

现在，正是你年青力壮的时候，正是你上马奔腾的时候，正是你拼力歌唱的时候，正是你挥手扬鞭的时候，正是诗坛乐坛走向辉煌的时候！

祝福大中原歌坛创刊。

照片上左是宁夏作协主席吴淮生，中是云南诗人马瑞麟，右是四川诗人木斧。（1993 年）

四川省作家协会主办的“庆祝新中国成立 70 周年 •从事文学创作 70 年荣誉证书”颁发仪式上。
左起：木斧、方赫、白航、李致。（2019 年）

第十二章 木斧研究學會《木斧研究論壇》總第一期

海青青在《木斧研究論壇》總第一期（二〇二一年元月），卷首語〈面對的勇氣〉一文，說「我很幸運，有慈祥的詩父——聖野、木斧，有支持我的詩哥——台灣作家陳福成，有呵護我的詩姐——李小雨、台灣詩人涂靜怡，還有……」

該文還提到，文曉村、雁翼、陳廣禮、白莎、李小雨、姚欣則、閻肅、劉章、吳開晉、傅家駒、木斧、莫林……如流星劃過。在《牡丹園》總第七十期，海青青用成立「木斧研究學會」，出版《木斧研究論壇》，「發揚木斧精神．開創詩歌未來」，爲最佳紀念方式，《木斧研究論壇》總第一期誕生了，作者作品編目如下。

揭開詩的面紗

陳漱渝（北京），〈快樂的小丑：懷木斧兄〉。（註：〈快樂的小丑〉，是木斧一首詩的篇名。）

詩路跋涉

蕭開秀（四川），〈碎片：與木斧老師相處的零散回憶〉（一）。（附①：〈育種：給谷羽〉；附②：木斧先生給谷羽先生的一封信；附③：張子揚（北京），〈致木斧〉。）

海青青（河南），〈方式與契機：「木斧研究學會」成立〉。（學會以刊物為載體，為文友提供傾訴平台。）

綴滿鮮花的詩篇

周道模（四川），〈清明凌晨夢見詩人木斧先生還活著〉。

海青青（河南），〈憶詩父木斧先生一週年而作〉。

許嵐（四川），〈詩歌田野上最美的旋律：悼木斧先生〉。

詩的求索

康若文琴（四川），〈被磨損著的燈光〉。

白懷崗（陝西省安康市漢濱區葉坪鎮中心學校），〈親人〉、〈餘生〉。

韋漢權（廣西），〈原生〉。

書信集

二〇二〇年四月，《牡丹園》詩刊「木斧號」（總第六六期）出版後，陸續收到海內外詩友來信等。

台灣詩人台客、四川詩人龍郁、河南《伊斯蘭文化研究》主編古鳳英、台灣詩人涂靜怡、四川詩人周道模。

《木斧研究論壇》成立後，海內外詩友來信例舉有：涂靜怡、古鳳英、廣東張效民、四川周道模、北京丁國成、木斧先生女兒楊樺。以及海青青給丁國成和張效民的一封信。

另在「百丑圖」欄目有：海青青，〈詩父的樣子〉；在「我用那漬漬的筆」欄目有：青衫（河南），〈歸春：詩父木斧先生逝世一週年作〉。

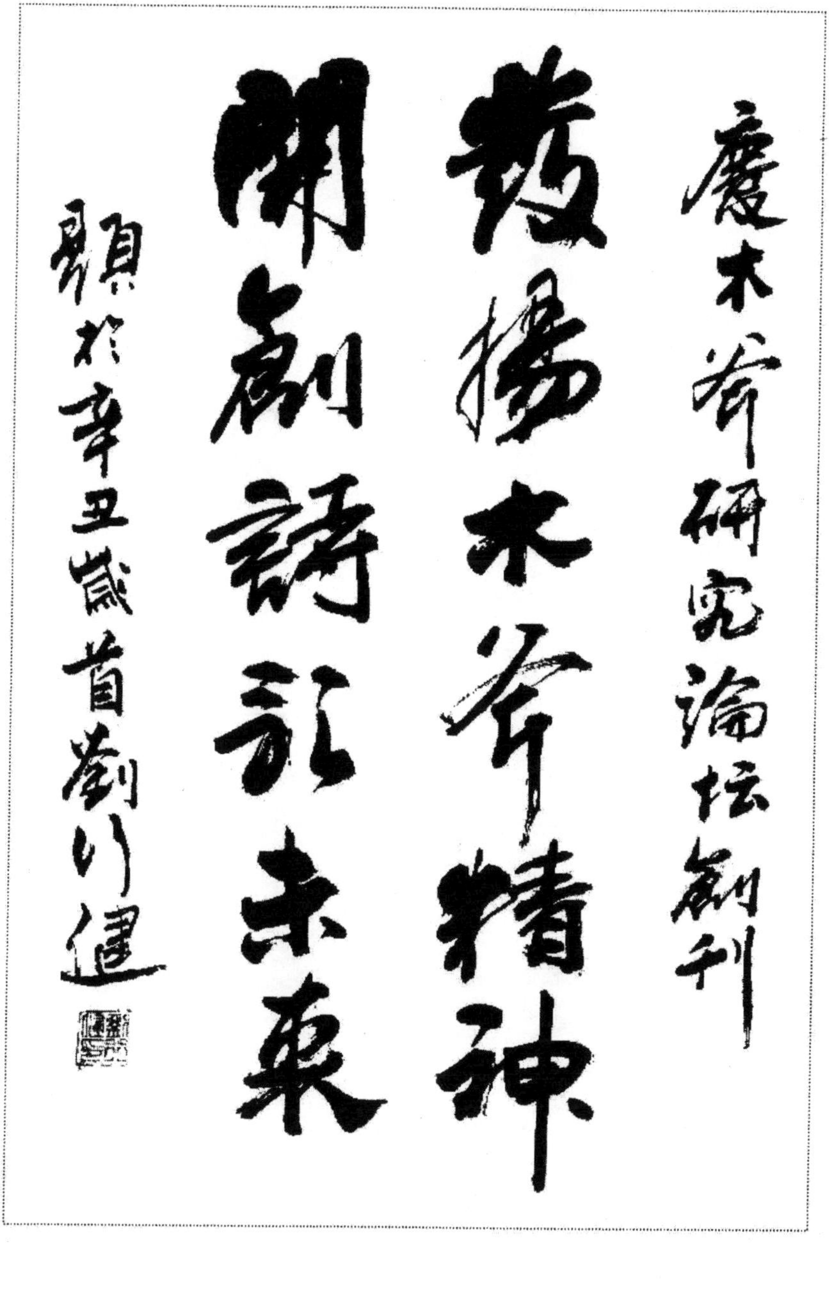
慶木斧研究論壇創刊
發揚木斧精神
開創詩詞未來
題於辛丑歲首

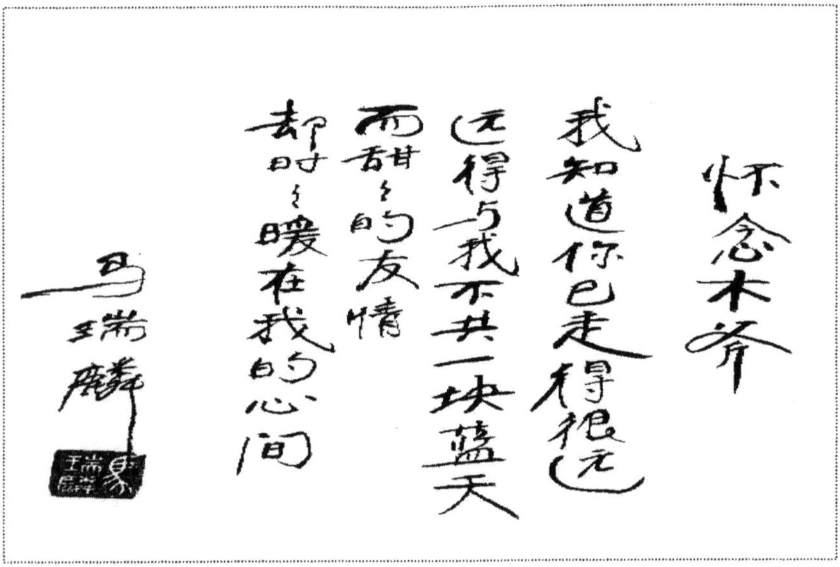

怀念木斧

我知道你已走得很远
远得与我不共一块蓝天
而甜甜的友情
却时时暖在我的心间

马瑞麟

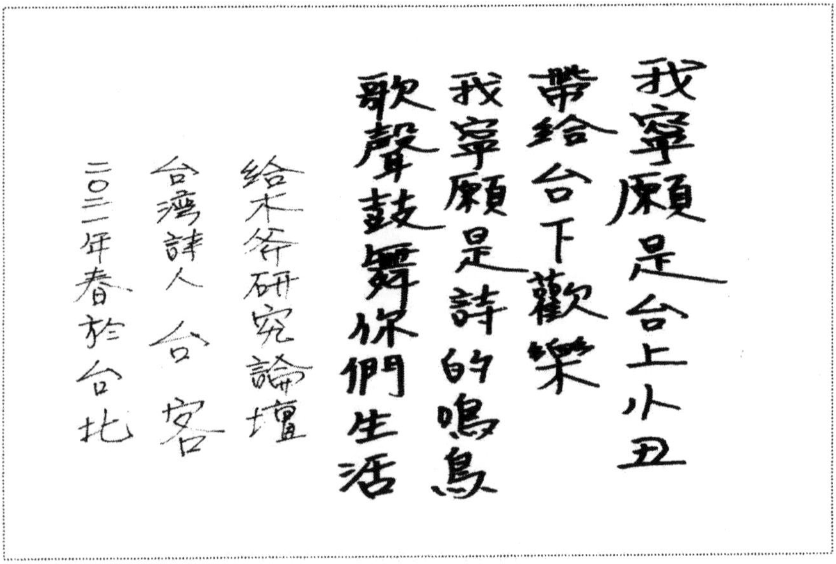

我寧願是台上小丑
帶給台下歡樂
我寧願是詩的鳴鳥
歌聲鼓舞你們生活

給木斧研究論壇
台灣詩人　台客
二〇二一年春於台北

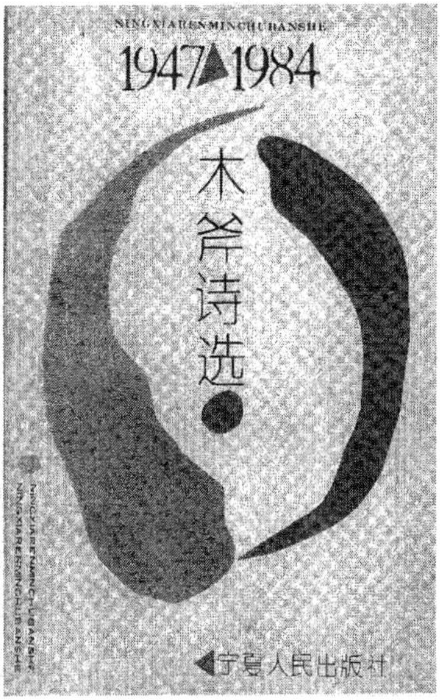

（图一）

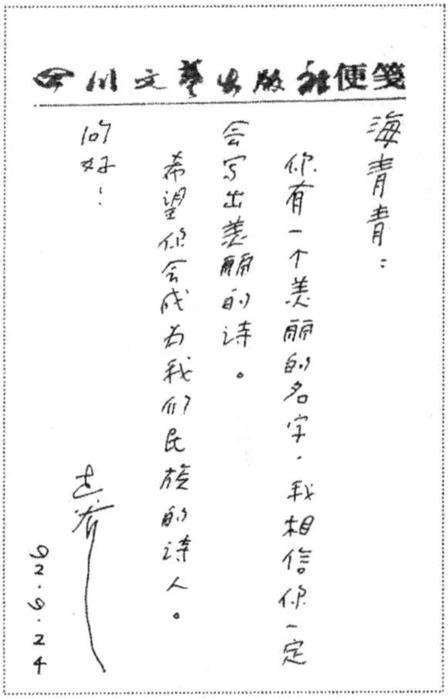
四川文艺出版社便笺

海青青：

你有一个美丽的名字，我相信你一定会写出美丽的诗。

希望你会成为我们民族的诗人。

向好！

木斧
92.9.24

（图二）

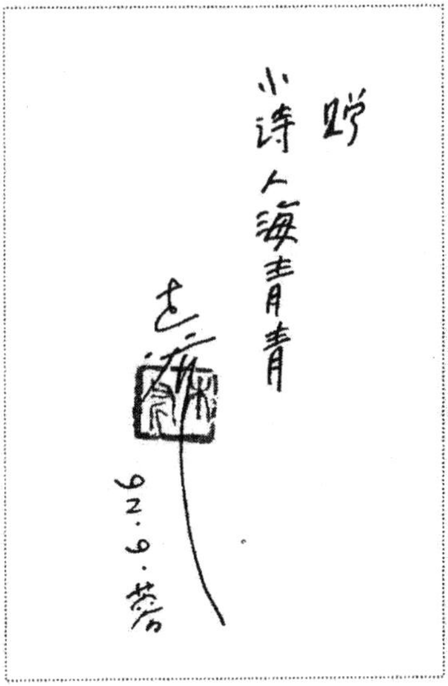

（图三）

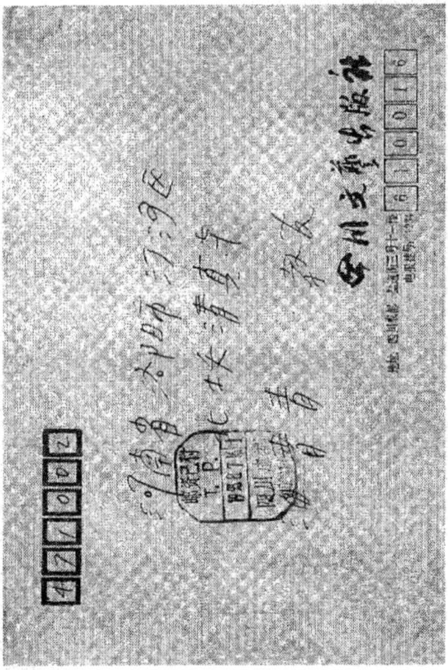

（图四）

第十三章　《木斧研究論壇》總第二期

《木斧研究論壇》第二期（總第二期），於二〇二三年元月出版。海青青在「卷首詩」，〈遲到的相約〉一文，說去年春天，突然患上了慢性咽喉炎、頸椎痛，所有的工作、創作都停了。才使第二期遲至二〇二三年元月才誕生，故說「遲到的相約」，作者作品編目如下。

揭開詩的面紗

王立世（山西），〈淚是笑的燃料：木斧詩歌論〉。（第四到十七頁，約萬餘言之論文，從木斧之早期、中期到晚年作品，進行有系統而完整的研究、評述。）

詩路跋涉

張效民（廣東），〈心中蓄滿露水的詩人：前言〉。（十八到二一頁，約數千言之文論。）

綴滿鮮花的詩篇

沈學印（黑龍江），〈懷念老頑童詩人木斧〉。

谷羽（天津），〈會寫詩的崇公道：懷念木斧先生去世一週年〉。

海青青（河南），〈思念的硝煙：編《木斧研究論壇》雜誌有感〉、〈春淚：憶詩父木斧先生〉。

詩的求索

林琳（香港），〈在高爾基故居〉。

王國良（黑龍江），〈掛在窗口的高粱穗〉。

湯雲明（雲南），〈核酸〉。

在「書信集」欄目中，刊出兩封完整的信。一封是海青青給四川詩人蕭開秀的信，一封海青青給台灣詩人台客先生的信。

《木斧研究論壇》第一期出版後，海內外文朋詩友也有來信或微信，刊出涂靜怡和台客的簡信和微信等。

在「文苑絮語」欄目，登了《懷念木斧老師》詩文集，已於二〇二二年三月出版，這是追思著名詩人木斧辭世兩週年的詩文集。

在「我用那潸潸的筆」欄目，青衫（河南），〈那個春天〉。（因爲你／我記住了那個不尋常的春天／……）

木斧子古
詩書流芳

恭賀木斧研究論壇創刊

木斧研究論壇創刊誌禧　椒笛

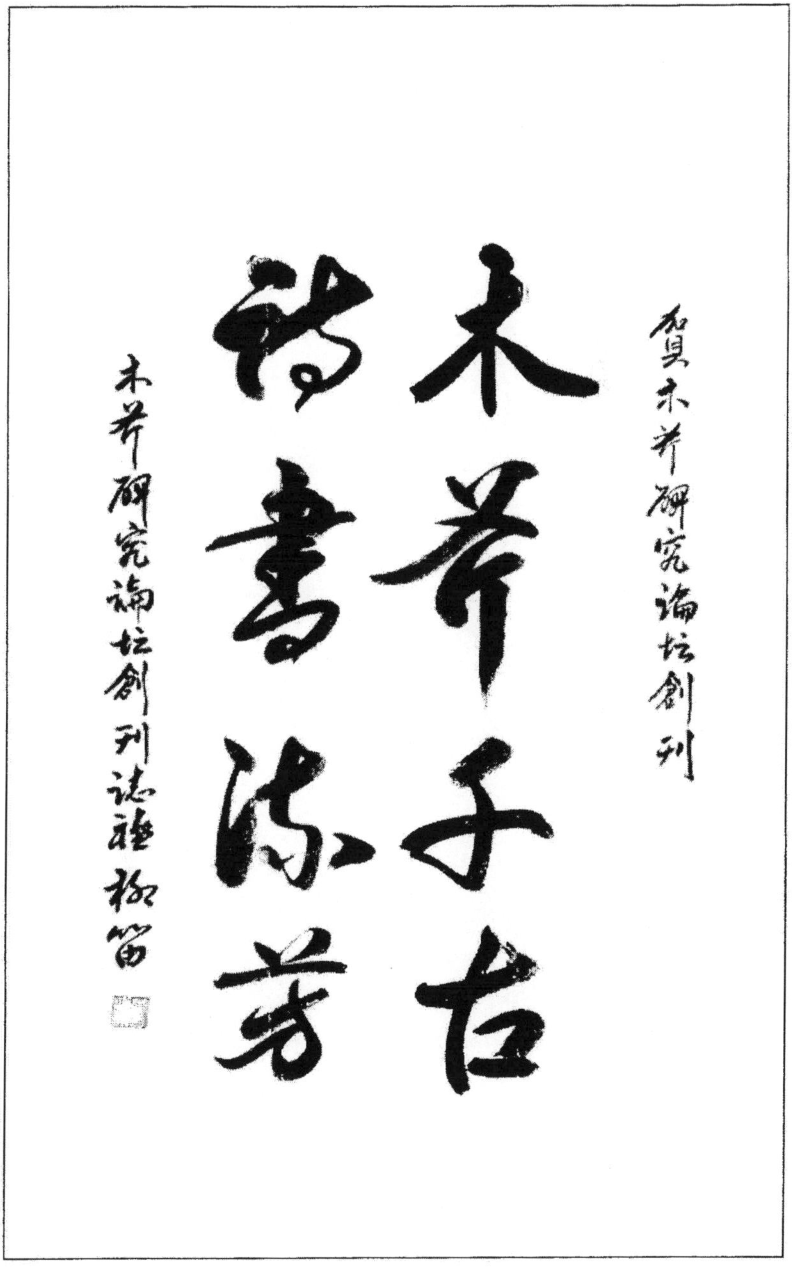

附　件

陈福成：诗友：

您好！

《牡丹园》总第47期、48期和《大中原歌坛》总第6期已出版，现各寄一份，请喜欢！

您的大著《洛阳海青青的天空》，我已陆续寄往洛阳内外的诗友，老中青少各年龄段的，东西南北中各地域的。我也陆续收到大量的书信、电话、短信等，并在《牡丹园》总第48期上，刊登了一些。我们会继续关注这些动态，也会及时在《牡丹园》上刊登。请放心！

由于前段时间，家事繁多，近于2015年12月出版的《牡丹园》总第47期现在才和总第48期一并寄出，请原谅！

您有新作，请寄来，好吗？

再一次谢谢您对我们的支持与厚爱！

另外，由于洛阳市作家协会以及洛阳的诗友们获知您在台湾出版了《洛阳海青青的天空》，我们也因此有幸参加了两次活动：

一、做客洛阳市新闻广播FM88.1《河洛作家》访谈栏目。《牡丹园》总第47期上有报道，请参考。

二、接受《洛阳晚报》记者采访。采访新闻何时出版，另行通知。

祝您健身快乐！

海青青

2016年3月21日、洛阳 白楼村居

陈福成诗兄：

您好！

2016年2月29日《洛阳晚报》刊登了我诗歌创作的相关情况，现寄上一份，请喜欢！

春节前，《洛阳晚报》记者程秀先生看到了您的大著《许青青词示录》，特别惊讶和激动，认为洛阳诗人的作品研究能在台湾成书出版，意义非常重大，决定利用该书对我进行采访。不知什么原因，采访没有刊出。春节后，另一位记者杨文静再次采访我，发了《许以诗意枕书尽是诗》这篇报道。文中提及了您的相关情况，读此文，我也感慨万千。

《许青青词示录》一书在内地面世后，诗友们纷纷以电话、来信、书信、书法等形式，表达了对该书的关注和惊喜之情，令人动容！现寄上著名词作家李胜先生的来信及题词复印件各一份，可知一二！

送上一个个早春的祝福！

许青青

2016年3月1日 洛阳 白精书楼

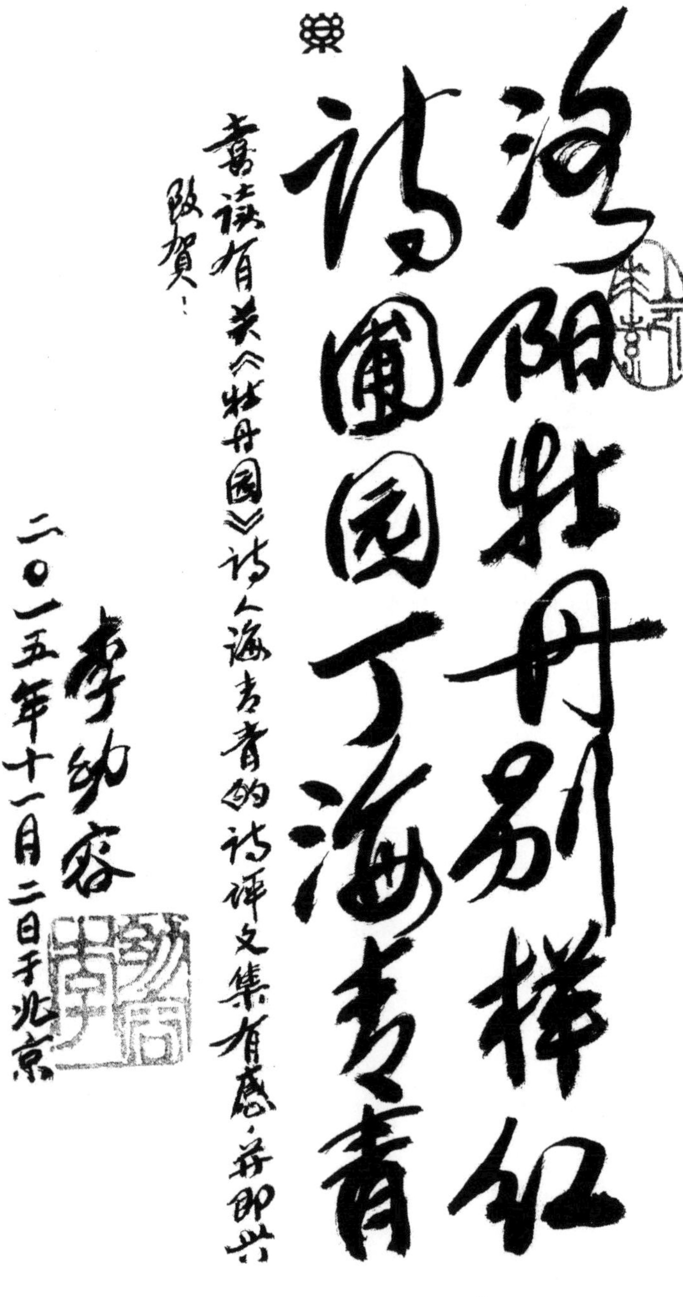
洛阳牡丹别样红
诗圃园丁海青青
书读有关《牡丹园》诗人海青青的诗评文集有感，并即兴
致贺！
李幼容
二〇一五年十一月二日于北京

陈福成诗兄：

您好！

您的新著《中国诗歌垦拓者海青青》一书及之前寄的《海青青的天空》均已收，勿念！

真的没有想到，您上次还是在书信里提到，短短几个月，您的心血终于结成了累累硕果！《中国诗歌垦拓者海青青》横空出世，您付出了多大的努力和艰辛呀。我感到十分惭愧，一来我只是做了我应该做的事情，您却给了我这么大的鼓励，二来我的文学和音乐创作虽没有停下，也在不断地发表各类作品，但已有十年未出版新书了，纵然原因是多方面的。您的成就让我再次萌发了出版新书的决心。我的第二本诗集《醒来犹忆梦里花》其实许多年前已整理出来，刘章先生题写书名，木斧先生和台客先生作序，只待最后的印刷了。虽然只差一步，这一步一走就是十年。

等我把《牡丹园》诗刊的样刊投寄完毕，就陆续展开《中国诗歌垦拓者海青青》的题寄事宜。请放心。

今年春节，我除了平日诗创作外，也展开了散文创作，一口气写了近五万字的二十余篇的散文，也陆续在河南《洛阳晚报》等报刊杂志上发表。单位春节没有放假。本就很累，原打算休息调整一下，就发生了武汉疫情、木斧先生逝世的不幸事件。披着疲惫，揣着沉重，一鼓作气出版了三月份“武汉号”、四月份“木斧号”，刚刚抬起头，又瞥见眼前的五月份“牡丹文化节号”（总第 38 届），咬咬牙把这期也出版了。胃病、心脏病、感冒、腰疼、头疼等接踵而至，情有独钟。平时，我身体还可以，大多是头疼发烧的小病，不曾有过这些症状，估计是不分白天黑夜的劳作，让身体透支了吧，一下子瘦了许多，倒满足了我长期想减肥的愿望。其实我也不胖，只是为未来的舞台演出等做准备。

稍作调整后，就开始给海内外的作者寄样刊、写书信，又忙活了二十余天。不好意思，把您的这封信、香港的曾伟强诗友的信、辽宁的邬大为前辈的信放在了最后。此刻，我才真正松了一口气。

从春节到现在，单位每月很少放假，难得有时间休息调养，这也是一方面的原因。

咱们的《牡丹园》诗刊已长成了帅气逼人的“美少年”，15 岁了。快吧。青春的朝气扑面而来，直抵心底！

《牡丹园》诗刊从今年五月份开办了“十五年·牡丹园，我想对你说……”栏目，目的是为了给海内外诗友们提供一个表达心愿的平台。不用说，您也是感触良多。写吧，诗、散文、书画等都行。我期待着您对这位国色天香的少年，送上真诚的祝福和祈盼！

人到中年，百病入侵。陈兄，平时要注意身体，多休息休息。有了好的身体，才能做更多想做的事，对吧。经过这半年的折腾，我现在注意了这些。以前，只知道往前冲，不计后果。

保重！保重！再保重！
送上一千个夏日的祝福！

2020 年 6 月 20 日　洛阳　兰园书斋

陈福成诗兄：

您好！
久未联系，一切还好吗？

近两年，我的文学创作以散文为主，诗歌也写，但写得不多，断断续续的，多发表在《洛阳晚报》和一些杂志上。散文一直在创作，但都是阶段性的，像这次创作前，已有四五年没写了，趁着这次偶然机遇，其实也是必然，积压了几年的激情一下子爆发了，刹也刹不住车，一口气写了五六十篇，很累也很快乐。原计划今年以诗歌和音乐创作为主，散文写得太多了，也累了，也疲倦了，甚至有些麻木了，停停也好，对身体对散文创作大有裨益。谁知在创作诗歌和音乐的间隙，散文“余音绕梁”，陆陆续续又写了一些，像发表在《洛阳晚报》上的《洛阳牡丹扇》《青春绽放钢厂路》等。进入六月份，诗歌创作停了，开始整理散文集《火烈鸟》。这也是压了好多年欲出未出的集子。整理了两个月，真辛苦！主要是有十几篇早期的文章都是纸质底稿，还要一篇篇打成电子版，另外，散文集里的文章虽然都已发表，但仍需进一步整理，十万余字，整理下来，头昏脑胀，身体几近透支。为改变这种糟糕的状况，八月份再次进入到诗歌和音乐创作中，并在创作之余，把《牡丹园》诗刊四月份、六月份、八月份和《大中原歌坛》总第十六期补齐，这就是为什么很长时间，海内外诗友们没有收到刊物的原因。

近几年，我书店停了，工作换了几次，创作和刊物受到很大影响。您的大著《海青青的天空》《中国诗歌垦拓者海青青》，也没有时间打成简体字，阻碍了在内地刊物上的发表。偶然得知，word 软件有繁体字转换简体字的功能。最近，台湾、香港诗友来稿，我都用这种方法，免去了把繁体字打成简体字的苦恼。由此想到您的这两部著作，便通过台客老师转告您，将这两部著作的电子版发到《牡丹园》诗刊邮箱(mdyshikan@163.com)，我会一一把这两部著作的内容转换为简体字，一来便于在内地投稿发表，二来为将来在内地出版提供便利。好吗？

前半个多月，我和洛阳市图书馆商议，图书馆收藏了我的诗集《梦里不知身是客》，您的大著《海青青的天空》《中国诗歌垦拓者海青青》（收藏证书现随信寄给您），还有《牡丹园》诗刊合订本第一卷(总第一期至总第五十期)。洛阳市图书馆新馆广场很大，建筑恢宏，环境幽雅，馆藏丰富，是一座现代化的多功能的高层图书馆。我经常去参观书法、美术、摄影等展览。

我知道，您笔耕不辍，但也要保重身体，健康第一，好吗？
送上一千个秋日的祝福！

海青青
2021 年 10 月 14　　洛阳　兰园书斋

陈福成诗兄：

您好！

转眼已是七月下旬，时光匆匆呀。

今年四月，我和往年一样展开了牡丹诗词创作，不同的是，却患上了颈椎病和慢性咽喉炎。颈椎病早年前有过，主要是长期低头看书和创作引起。这次比上次严重，不敢低头，哪怕是弹琴弹十几分钟，就会引起低血压而头晕目眩。慢性咽喉炎的症状是喉咙中出现了大米一样大的肿包。因第一次得这种病，没有引起注意，一方面看医生吃药，一方面继续上声乐课，结果病情严重，反反复复。当认识到问题严重时，才停止上课，一天到晚变成了“哑巴”。两个多月后，症状才有好转，期间停止了所有的计划与创作，包括五月份出版《牡丹园》诗刊、《大中原歌坛》歌刊、《木斧研究论坛》杂志等。所以，《牡丹园》诗刊（四月份、六月份）、《大中原歌坛》歌刊（今年第二期）才于近期出版。由于种种原因，《木斧研究论坛》杂志只能往后推迟待定。请见谅！

在《牡丹园》诗刊四月份上，刊登了您的新著《中国新诗百年名家作品欣赏》出版信息以及您为此书写的序。请慢慢欣赏，望喜欢！在《牡丹园》诗刊六月份上，刊登了您的大著《海青青的天空》《中国诗歌垦拓者海青青》被洛阳市档案馆收藏的情况和证书。现证书随此信一并寄给您，望查收！

我的散文集《火烈鸟》已寄给上海一家出版社，现正在审稿，希望今年早日出版。前两年，散文写了不少，也发表了不少，获了一些奖。今年，以诗歌和歌曲创作为主。创作停了三个多月，目前正在适应。

从您新著中获知，您现在退休，过着“世外桃源”般的隐居生活，很少和外界联系。这挺好的。进入中年，不论做什么，首先身体要好。所以，请您千万保重！我现在也是，健康放在第一位。每天早上，都要到洛河岸边跑早操、练练声，一方面预防颈椎病、肩周炎，一方面锻炼身体，为复出做准备。为了学习声乐，我已经十余年没有参加任何演出。

中原前段时间特别热。近一周进入黄河汛期才凉快些。不知宝岛台湾天气怎样，望注意身体！

给您及家人：

送上一千个夏日清凉的祝福！

2022年7月21日 洛阳 兰园书斋

证书编号：2021083

证　书

陈福成先生：

您捐赠的文献（见目录）我馆已接收，我们将妥善保管并供广大读者阅读、研究使用。感谢您对洛阳市图书馆的支持，特颁此证，以致谢忱。

洛阳市图书馆　　馆长

2021 年 10 月 9 日

捐赠目录

文献名称	定价	数量	备注
《海青青的天空》		3 册	

证书编号：2021086

证　书

陈福成先生：

您捐赠的文献（见目录）我馆已接收，我们将妥善保管并供广大读者阅读、研究使用。感谢您对洛阳市图书馆的支持，特颁此证，以致谢忱。

洛阳市图书馆　　馆长

2021 年 10 月 9 日

捐赠目录

文献名称	定价	数量	备注
《中国诗歌垦拓者海青青》《牡丹园》和《大中原歌坛》		3 册	

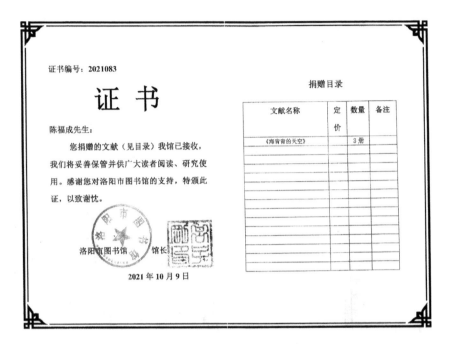

捐贈證書

捐赠编号：2022004

[illegible]：

感谢您对档案事业的关心与支持，您友情捐赠的《中国[illegible]》《[illegible]的[illegible]》充实了本馆馆藏。

谨致谢忱。

洛阳市档案馆

2022年[illegible]月

陳福成著作全編總目

41. 為中華民族的生存發展進百書疏
42. 金秋六人行
43. 漸凍勇士陳宏

捌、小說、翻譯小說

44. 迷情・奇謀・輪迴、
45. 愛倫坡恐怖推理小說

玖、散文、論文、雜記、詩遊記、人生小品

46. 一個軍校生的台大閒情
47. 古道・秋風・瘦筆
48. 頓悟學習
49. 春秋正義
50. 公主與王子的夢幻、
51. 洄游的鮭魚
52. 男人和女人的情話真話
53. 台灣邊陲之美
54. 最自在的彩霞
55. 梁又平事件後

拾、回憶錄體

56. 五十不惑
57. 我的革命檔案
58. 台大教官興衰錄
59. 迷航記、
60. 最後一代書寫的身影
61. 我這輩子幹了什麼好事
62. 那些年我們是這樣寫情書的
63. 那些年我們是這樣談戀愛的
64. 台灣大學退休人員聯誼會第九屆理事長記實

拾壹、兵學、戰爭

65. 孫子實戰經驗研究
66. 第四波戰爭開山鼻祖賓拉登

拾貳、政治研究

67. 政治學方法論概說
68. 西洋政治思想史概述
69. 中國全民民主統一會北京行
70. 尋找理想國：中國式民主政治研究要綱

拾參、中國命運、喚醒國魂

71. 大浩劫後：日本311天譴說　日本問題的終極處理
72. 台大逸仙學會

拾肆、地方誌、地區研究

73. 台北公館台大地區考古・導覽
74. 台中開發史
75. 台北的前世今生
76. 台北公館地區開發史

拾伍、其他

77. 英文單字研究
78. 與君賞玩天地寬（文友評論）
79. 非常傳銷學
80. 新領導與管理實務

2015 年 9 月後新著

編號	書　　名	出版社	出版時間	定價	字數(萬)	內容性質
81	一隻菜鳥的學佛初認識	文史哲	2015.09	460	12	學佛心得
82	海青青的天空	文史哲	2015.09	250	6	現代詩評
83	為播詩種與莊雲惠詩作初探	文史哲	2015.11	280	5	童詩、現代詩評
84	世界洪門歷史文化協會論壇	文史哲	2016.01	280	6	洪門活動紀錄
85	三搞統一：解剖共產黨、國民黨、民進黨怎樣搞統一	文史哲	2016.03	420	13	政治、統一
86	緣來艱辛非尋常－賞讀范揚松仿古體詩稿	文史哲	2016.04	400	9	詩、文學
87	大兵法家范蠡研究－商聖財神陶朱公傳奇	文史哲	2016.06	280	8	范蠡研究
88	典藏斷滅的文明：最後一代書寫身影的告別紀念	文史哲	2016.08	450	8	各種手稿
89	葉莎現代詩研究欣賞：靈山一朵花的美感	文史哲	2016.08	220	6	現代詩評
90	臺灣大學退休人員聯誼會第十屆理事長實記暨 2015～2016 重要事件簿	文史哲	2016.04	400	8	日記
91	我與當代中國大學圖書館的因緣	文史哲	2017.04	300	5	紀念狀
92	廣西參訪遊記（編著）	文史哲	2016.10	300	6	詩、遊記
93	中國鄉土詩人金土作品研究	文史哲	2017.12	420	11	文學研究
94	暇豫翻翻《揚子江》詩刊：蟾蜍山麓讀書瑣記	文史哲	2018.02	320	7	文學研究
95	我讀上海《海上詩刊》：中國歷史園林豫園詩話瑣記	文史哲	2018.03	320	6	文學研究
96	天帝教第二人間使命：上帝加持中國統一之努力	文史哲	2018.03	460	13	宗教
97	范蠡致富研究與學習：商聖財神之實務與操作	文史哲	2018.06	280	8	文學研究
98	光陰簡史：我的影像回憶錄現代詩集	文史哲	2018.07	360	6	詩、文學
99	光陰考古學：失落圖像考古現代詩集	文史哲	2018.08	460	7	詩、文學
100	鄭雅文現代詩之佛法衍繹	文史哲	2018.08	240	6	文學研究
101	林錫嘉現代詩賞析	文史哲	2018.08	420	10	文學研究
102	現代田園詩人許其正作品研析	文史哲	2018.08	520	12	文學研究
103	莫渝現代詩賞析	文史哲	2018.08	320	7	文學研究
104	陳寧貴現代詩研究	文史哲	2018.08	380	9	文學研究
105	曾美霞現代詩研析	文史哲	2018.08	360	7	文學研究
106	劉正偉現代詩賞析	文史哲	2018.08	400	9	文學研究
107	陳福成著作述評：他的寫作人生	文史哲	2018.08	420	9	文學研究
108	舉起文化使命的火把：彭正雄出版及交流一甲子	文史哲	2018.08	480	9	文學研究

109	我讀北京《黃埔》雜誌的筆記	文史哲	2018.10	400	9	黃埔歷史
110	北京天津廊坊參訪紀實	文史哲	2019.12	420	8	遊記
111	觀自在綠蒂詩話：無住生詩的漂泊詩人	文史哲	2019.12	420	14	文學研究
112	中國詩歌墾拓者海青青：《牡丹園》和《中原歌壇》	文史哲	2020.06	580	6	詩、文學
113	走過這一世的證據：影像回顧現代詩集	文史哲	2020.06	580	6	詩、文學
114	這一是我們同路的證據：影像回顧現代詩題集	文史哲	2020.06	540	6	詩、文學
115	感動世界：感動三界故事詩集	文史哲	2020.06	360	4	詩、文學
116	印加最後的獨白：蟾蜍山萬盛草齋詩稿	文史哲	2020.06	400	5	詩、文學
117	台大遺境：失落圖像現代詩題集	文史哲	2020.09	580	6	詩、文學
118	中國鄉土詩人金土作品研究反響選集	文史哲	2020.10	360	4	詩、文學
119	夢幻泡影：金剛人生現代詩經	文史哲	2020.11	580	6	詩、文學
120	范蠡完勝三十六計：智謀之理論與全方位實務操作	文史哲	2020.11	880	39	戰略研究
121	我與當代中國大學圖書館的因緣（三）	文史哲	2021.01	580	6	詩、文學
122	這一世我們乘佛法行過神州大地：生身中國人的難得與光榮史詩	文史哲	2021.03	580	6	詩、文學
123	地瓜最後的獨白：陳福成長詩集	文史哲	2021.05	240	3	詩、文學
124	甘薯史記：陳福成超時空傳奇長詩劇	文史哲	2021.07	320	3	詩、文學
125	芋頭史記：陳福成科幻歷史傳奇長詩劇	文史哲	2021.08	350	3	詩、文學
126	這一世只做好一件事：為中華民族留下一筆文化公共財	文史哲	2021.09	380	6	人生記事
127	龍族魂：陳福成籲天錄詩集	文史哲	2021.09	380	6	詩、文學
128	歷史與真相	文史哲	2021.09	320	6	歷史反省
129	蔣毛最後的邂逅：陳福成中方夜譚春秋	文史哲	2021.10	300	6	科幻小說
130	大航海家鄭和：人類史上最早的慈航圖證	文史哲	2021.10	300	5	歷史
131	欣賞亞媺現代詩：懷念丁穎中國心	文史哲	2021.11	440	5	詩、文學
132	向明等八家詩讀後：被《食餘飲後集》電到	文史哲	2021.11	420	7	詩、文學
133	陳福成二〇二一年短詩集：躲進蓮藕孔洞內乘涼	文史哲	2021.12	380	3	詩、文學
134	中國新詩百年名家作品欣賞	文史哲	2022.01	460	8	新詩欣賞
135	流浪在神州邊陲的詩魂：台灣新詩人詩刊詩社	文史哲	2022.02	420	6	新詩欣賞
136	漂泊在神州邊陲的詩魂：台灣新詩人詩刊詩社	文史哲	2022.04	460	8	新詩欣賞
137	陸官 44 期福心會：暨一些黃埔情緣記事	文史哲	2022.05	320	4	人生記事
138	我躲進蓮藕孔洞內乘涼--2021 到 2022 的心情詩集	文史哲	2022.05	340	2	詩、文學
139	陳福成 70 自編年表：所見所做所寫事件簿	文史哲	2022.05	400	8	傳記
140	我的祖國行腳詩鈔：陳福成 70 歲紀念詩集	文史哲	2022.05	380	3	新詩欣賞

141	日本將不復存在：天譴一個民族	文史哲	2022.06	240	4	歷史研究
142	一個中國平民詩人的天命：王學忠詩的社會關懷	文史哲	2022.07	280	4	新詩欣賞
143	武經七書新註：中國文明文化富國強兵精要	文史哲	2022.08	540	16	兵書新注
144	明朗健康中國：台客現代詩賞析	文史哲	2022.09	440	8	新詩欣賞
145	進出一本改變你腦袋的詩集：許其正《一定》釋放核能量	文史哲	2022.09	300	4	新詩欣賞
146	進出吳明興的詩：找尋一個居士的圓融嘉境	文史哲	2022.10	280	5	新詩欣賞
147	進出方飛白的詩與畫：阿拉伯風韻與愛情	文史哲	2022.10	440	7	新詩欣賞
148	孫臏兵法註：山東臨沂銀雀山漢墓竹簡	文史哲	2022.12	280	4	兵書新注
149	鬼谷子新註	文史哲	2022.12	300	6	兵書新注
150	諸葛亮兵法新註	文史哲	2023.02	400	7	兵書新注
151	中國藏頭詩(一)：范揚松講學行旅詩欣賞	文史哲	2023.03	280	5	新詩欣賞
152	中國藏頭詩(二)：范揚松春秋大義詩欣賞	文史哲	2023.03	280	5	新詩欣賞
153	華文現代詩三百家	文史哲	2023.06	480	7	新詩欣賞
154	晶英客棧：陳福成詩科幻實驗小說	文史哲	2023.07	240	2	新詩欣賞
155	廣州黃埔到鳳山黃埔：44 期畢業 50 週年暨黃埔建校建軍百年紀念	文史哲	2023.08	340	5	歷史研究
156	神州邊陲荒蕪之島：陳福成科幻生活相片詩集	文史哲	2023.10	500	2	新詩欣賞
157	吳信義回憶錄：今世好因緣	文史哲	2023.11	340	6	傳記
158	在北京《黃埔》雜誌反思	文史哲	2024.01	320	5	黃埔歷史
159	在北京《黃埔》雜誌回顧：陸官 44 期畢業 50 週年紀念	文史哲	2024.01	320	6	黃埔歷史
160	黃埔人的春秋大業：北京《黃埔》雜誌展鴻圖	文史哲	2024.03	320	6	黃埔歷史
161	跟台大登山會這些年	文史哲	2024.05	360	2	詩、文學
162	老歌謠史話：150 首可在傳世的老歌謠	文史哲	2024.08	420	2	音樂
163	中庸實踐學會史話：從心靈桃花源到芝蘭之室	文史哲	2024.08	420		學會歷史
164	晶英客棧續集：陳福成詩科幻實驗小說	文史哲	2024.08	360	3	新詩欣賞
165	洛陽海青青詩歌奮戰 18 年：《牡丹園》詩刊與《大中原歌壇》作者作品編目	文史哲	2024.09	420	7	詩、文學

陳福成國防通識課程著編及其他作品

（各級學校教科書及其他）

編號	書　　名	出版社	教育部審定
1	國家安全概論（大學院校用）	幼　獅	民國 86 年
2	國家安全概述（高中職、專科用）	幼　獅	民國 86 年
3	國家安全概論（台灣大學專用書）	台　大	（臺大不送審）
4	軍事研究（大專院校用）（註一）	全　華	民國 95 年
5	國防通識（第一冊、高中學生用）（註二）	龍　騰	民國 94 年課程要綱
6	國防通識（第二冊、高中學生用）	龍　騰	同
7	國防通識（第三冊、高中學生用）	龍　騰	同
8	國防通識（第四冊、高中學生用）	龍　騰	同
9	國防通識（第一冊、教師專用）	龍　騰	同
10	國防通識（第二冊、教師專用）	龍　騰	同
11	國防通識（第三冊、教師專用）	龍　騰	同
12	國防通識（第四冊、教師專用）	龍　騰	同

註一　羅慶生、許競任、廖德智、秦昱華、陳福成合著，《軍事戰史》（臺北：全華圖書股份有限公司，二〇〇八年）。

註二　《國防通識》，學生課本四冊，教師專用四冊。由陳福成、李文師、李景素、頊臺民、陳國慶合著，陳福成也負責擔任主編。八冊全由龍騰文化事業股份有限公司出版。